BUSINESS ECOSYSTEM

商业生态圈

"互联网+"时代，构建互赢共生的商业生态模式

江远涛 ◎ 著

当代世界出版社

图书在版编目（CIP）数据

商业生态圈："互联网+"时代，构建互赢共生的商业生态模式 / 江远涛著. —北京：当代世界出版社，2016.1
　ISBN 978-7-5090-1056-3

　Ⅰ. ①商⋯　Ⅱ. ①江⋯　Ⅲ. ①企业管理－商业模式－研究　Ⅳ. ①F270

中国版本图书馆 CIP 数据核字（2015）第 283408 号

书　　名：	商业生态圈："互联网+"时代，构建互赢共生的商业生态模式
出版发行：	当代世界出版社
地　　址：	北京市复兴路 4 号（100860）
网　　址：	http://www.worldpress.org.cn
编务电话：	（010）83908456
发行电话：	（010）83908409
	（010）83908455
	（010）83908377
	（010）83908423（邮购）
	（010）83908410（传真）
经　　销：	全国新华书店
印　　刷：	北京毅峰迅捷印刷有限公司
开　　本：	710 毫米×1000 毫米 1/16
印　　张：	18.5
字　　数：	235 千字
版　　次：	2016 年 4 月第 1 版
印　　次：	2016 年 4 月第 1 次
书　　号：	ISBN 978-7-5090-1056-3
定　　价：	42.00 元

如发现印装质量问题，请与承印厂联系调换。
版权所有，翻印必究，未经许可，不得转载！

2015年12月16日,为期3天的第二届世界互联网大会在水乡乌镇拉开帷幕,中国国家主席习近平在开幕式上发表主旨演讲。习近平提出的多项主张引起外媒高度关注,更是获得外国领导人力挺。一方面令人振奋的共享经济,将在未来更加开放、安全、互通、共赢的环境下蓬勃发展;另一方面电子商务冲击了实体企业、实体门店,颠覆了原有的生态系统,互联网+的时代,不要忘了实体企业是电商的基础。

未来企业之间的竞争将由"商业模式之间的竞争"上升到"生态圈之间的竞争"。因此如何构建企业的生态系统、打造生态型企业,看谁的生态系统打造得更加完善以及更加高效协作,是所有企业老板不可回避的问题。

企业的生存环境愈加恶劣,平均寿命不足3年,今年企业倒闭如潮,大批的工人失业、老板跑路,不管是传统产业,还是P2P、基建产业,无一幸免,有人说企业的寒冬真正来临,我想说,中国的中小企业还有春天吗?

每年有上百万个企业倒下,再也没有起来;每年有众多的老板被迫跑路,再也没有回来;当你走进餐馆点一份炒菜时,你是否感受到我们和老板都不是定价权的掌控者;当你清点中国的民族品牌时,你是否知道我们中国的大部分品牌已被列强侵蚀；这是一场没有硝烟的产业链战争，这是掌控全球经济的重要手段之一。世界是平的，一体化的，谁掌控了世界产业链的制高点，谁就赢得了世界经济。

当我们被产业链的阴谋所控制，你会发现，中国的企业是如此的悲戚：大量被低价收购、大量倒闭，老板跑路，员工失业，甚至有企业老板无奈自杀……现金流的断裂，是企业噩耗，是企业失败、倒闭的根源。

每每看到这些，我的心都在颤抖；在感恩于中国的强大以及活在当下的同时，一种爱国、责任、使命感油然而生，我们应在有生之年为国家做点力所能及的贡献——那就是产业链整合，其本质是产融整合，聚信达集团应运而生。

整合，这是一个整合的时代，这是一个你不去整合就会被整合的时代；中国的资源遍地都是，不需要再去重复建设，需要什么就去整合什么，你能整合什么你就能拥有什么；而整合的本质是共赢是融合，共赢的本质是共，当你想好如何与别人"共"时，赢是顺其自然的事。

产业链的整合，首先要到产业集群的地方去。我拜访了十多个地方政府的领导，特别是形成产业集群的地方，其中有一个区域，是玻璃产业的集群，位于河北省的沙河市。这里背靠太行山，有天然的原料优势，并拥有40多条大型浮法生产线以及其他深加工、功能产品，一千多家企业，年产值超过600亿元，占据中国大约30%的市场份额。令人振奋的是，这个城市的市委市政府领导，对产业是如此的重视、对产业的理解又是那么深刻。产业集中在沙河经济开发区内，我们拜访开发区领导团队时，被他们的责任感、事业心、创新精神所感染。政府支持的产业，不仅从实业、金融、资本宏观上指导，而且在产品规划、技术引进、销售渠道拓展、人才引进政策等方面全方位支持。玻璃行业是传统行业，是产能过剩行业，但在沙河市委市政府的领导下，该产业主动创新，进行产业升级转型，在传统的平板玻璃生产的基础上，又增加了 LOW-E 玻璃、光伏玻璃、手机玻璃以及各类装饰玻璃、生活玻璃等等。

中国需要这样的产业集群，需要整合各种产业实现集群，实现高效生产、降低成本、产业升级。同时，中国的中小企业需要抱团发展，摒弃传统的"老大"情结，联合起来，重塑整个产业链条，实现资源互补、价值共享。

在大数据、大整合、大平台、大系统的时代，生态圈的构建是如此的重要，而构成生态圈核心引爆力的平台型企业又责任庞大，因为，一旦核心企业土崩瓦解，生态圈系统上的环节也将灰飞烟灭。e租宝事件、泛亚事件……负面影响范围之大，破坏性之大，难以想象。

冬天来了，雾霾笼罩，放眼望去，窗外的央视新楼只能隐隐约约看到顶部，像海市蜃楼又恰如仙境；空气中弥漫着浓烈的北京味道，如此的寒冬里，仍然有无数个中国中小企业老板，无暇顾及雾霾的浸淫，在年底岁末，忙于收款、忙于筹钱发放年底工资。

江远涛

于北京

前言
PREFACE

++

2015年4月14日,在经历了数月的传闻之后,乐视超级手机终于面世。值得注意的是,乐视此次发布的3款智能手机均可以通过购买会员服务降低手机价格。根据乐视发布的条款,也就意味着用户购买5年会员就能够免费得到一部乐视超级手机。

不管是通过购买会员服务获得手机,还是通过手机占有平台,乐视的"醉翁之意"都是其创始人贾跃亭一直强调的开放的闭环生态系统。

那么,乐视近几年花大力气布局的"生态圈"到底是怎样的呢?

贾跃亭在发布EUI系统时,曾经表示乐视超级手机所代表的是一套完整的移动互联网生态系统,其在安卓开放平台的基础上通过独创的live桌面、乐见桌面和应用桌面,将乐视的所有应用进行整合,然后凭借大数据的分析进行智能推送。也就是说,这个"生态圈"能够为用户提供乐视打造的所有应用和服务。

不仅如此,乐视的"生态圈"战略除手机外,还涵盖了乐视的其他产品,比如乐视影业、乐视云视频平台、乐小宝、乐云存储、乐视超级汽车、乐视电视等。为了尽可能地打造一个庞大的生态圈,乐视一方面生产出与核心业务密切联系的产品；另一方面将其统一整合于一个系统之上，借此扩大对用户的吸引力。

++

即便如上文所讲，乐视打造的生态系统已有"巨无霸"级别，但我们仍然需要探讨几个问题：乐视打造的是否是商业生态圈？什么是商业生态圈？商业生态圈具有怎样的价值？

"生态圈"一词来源于生物学，指的是一个由各种生命物质与非生命物质组成的开放且复杂的自我调节系统。在生态圈中，一方面各种生命物质为了生存都需要从环境中获取所需的能量和物质；另一方面生命物质的活动会引发和促进能量的流动和物质的循环，继而引起环境的变化。在长时间的自我调节和相互作用中，生物适应了生态圈中的环境，同时生态圈也具有了一定的自我调节能力。

"商业生态系统"一词最早是1996年由美国经济学家穆尔在《哈佛商业评论》上提出的，意即**与自然界一样，商业界也具有各种各样的生态系统，每家企业都有可能构成商业生态系统当中的一环，其命运不仅受自身因素的影响，也受所在生态系统的制约**。

而商业生态圈的具体内涵，主要体现在以下四个方面：

++

★完整的商业生态圈可以被划分为若干环节，每个环节的角色都由若干企业一起承担，具体的表现方式往往是各企业围绕一家核心企业协同创造价值；

★同一生态圈中各个企业相互依赖、密不可分，各企业成员的利益也与其他企业成员的发展紧密联系，往往当一家企业的运营出现问题的时候，生态圈中企业成员的利益也会受到影响；

★生态圈虽然一般维持相对稳定的状态，但并不意味着生态圈是完全封闭

的,生态圈作为一个平台,不仅能够让企业从中获益,而且可以吸引更多企业加入,以维持整个生态圈的活力;

★由于生态圈伴随企业的成长和发展,所以企业对生态圈有比较强的依赖性,一旦离开这个生态圈,企业的发展将会受到很大程度的限制。

++

以苹果公司为例,在多年的发展过程中,苹果公司已经打造了一个完整的生态系统。由于技术、设计等方面的优势,苹果公司不仅建立了一个应用平台,定义了一系列标准化软件接口,而且推出了iPhone、iPad等极具吸引力的产品,使得其他的个人或企业均可以通过苹果的平台和接口在苹果的产品终端进行操作。另外,苹果生态系统的交易规则和惩罚措施均十分严格,让更多用户和开发者从平台获益的同时,也促进了平台的良性发展。

在2014年的苹果开发者大会上,苹果宣布将开放更多接口和权限。而且,随着苹果平台的逐渐开放,与苹果相关的智能硬件产品未来也会越来越多。

与苹果的生态系统相对封闭不同,谷歌的生态系统则更加开放。可以说,一直以来谷歌都在致力于让Android变得无处不在,从2014年开始,谷歌涉及的领域越来越广,已经延伸到了Android One、Android Auto、Android Wear、Android TV等硬件产品领域。不过,即便Android的月活跃用户在2014年就已经超过了10亿,谷歌的整个生态系统仍然存在比较严重的分散化问题,在这一点上苹果的优势就比较明显了。

不管采取的是怎样的具体策略,苹果和谷歌两家世界互联网巨头的最终目的都是扩大自己的生态系统。通过下图,我们可以对目前苹果和谷歌的生态系统有一个大致的了解。

商业生态圈——"互联网+"时代,构建互赢共生的商业生态模式

谷歌	面向领域	苹果
Google		Apple
Meterial Design	开发者	Swift
Google Fit	系统	Health Kit
Android Wear	可穿戴	iWatch
Android Auto	车载电子	CarPlay
Android TV	智能家居	Home Kit
Android L	协同办公	Contuity

图　谷歌和苹果的生态系统概览[①]

① 图片来源:第一财经

与生态圈相似的一个概念是价值链,该概念是由管学大师迈克尔·波特于1985年提出的,他认为,**企业的运营是设计、生产、销售和发送等活动的集合体,所有的活动可以组合成一条价值链。**

由此可以看出,生态圈与价值链是两个不同的商业概念,其区别在于:**生态圈强调企业的核心平台作用,企业与生态系统内的其他企业是合作共赢的关系;而价值链强调的是企业的各种经营活动,企业与企业之间的竞争是整个价值链的竞争。**

所以,一开始我们提到的乐视打造的"生态圈"目前更接近于价值链,即通过扩大自己的产品线,提升自己的价值体系,而在这个体系当中第三方提供的主要是内容产品。不过,乐视的云视频平台仍然具有了一定的生态圈特征,能够为其他行业和企业提供技术资源和服务平台,所以通过提供视频服务,乐视已经具备了商业生态圈的初级特点,而乐视的生态圈构建之路仍然比较漫长。

从1994年互联网正式进入我国,中国的互联网经济已经经历了20多年的发展。在此期间,互联网不仅使我们的日常生活发生了深刻的改变,也颠覆了企业传统的运营思维和商业模式。

根据艾瑞咨询提供的数据:2014年中国移动互联网的市场规模已经达到了2134.8亿元,同比增长115.5%。而根据投资银行Digi-Capital的预测,到2017年,全球移动互联网营收将达到7000亿美元。之所以会有如此快速的增长,主要源于以下四方面的原因:

++++++++++++++++++++++++++++++++++||||||||++++++++

★随着智能手机行业的竞争越来越激烈,智能手机普及率也逐渐升高;

★运营商大力推广4G技术,移动上网技术得到进一步发展;

★用户碎片化时间的增多和需求的多样性，使得移动互联网更具有市场；

★传统产业加快了互联网转型的步伐，进一步促进了移动互联网市场规模的扩大。

++

商业环境的变化，使得各个企业，尤其是传统企业面临巨大的挑战。比如，移动互联网发展之下，微信的服务模式就已经从扫描个人二维码的1.0时代，发展到了扫描公众码的2.0时代，又跨越到了扫描推广码的3.0时代，由此，企业的营销方式将迅速发生变化。

然而，企业在面临着巨大挑战的同时，也迎来了难得的机遇，而要获得长远的发展，企业就必须探索合适的商业模式，正如"现代管理学之父"彼得·德鲁克所说，当今企业的竞争已经不再以产品竞争为主，而更多的是企业商业思维与模式的竞争。

在"互联网+"时代，单纯投放广告的模式已经不能促进企业的发展，企业要学会寻找合作伙伴形成聚集模式，打造生态系统，实现"互赢共生"。正如阿里巴巴、谷歌等企业的成功主要在于利用平台集聚资源，构建健康的生态圈。

目录 CONTENTS

Part 1　重构与重生：为什么是"互联网＋生态圈"

1.1　商业生态圈："互联网＋"时代，打造万物互联的新商业形态　/2
- 1.1.1　商业生态圈："互联网＋"时代，商业模式的颠覆与进化　/2
- 1.1.2　价值链重构：竞争2.0时代，生态圈的3个层次和特征　/9
- 1.1.3　生态圈简而美：梦想小镇生态模式给创业者带来的启示　/16
- 1.1.4　生态圈大而不倒：详解阿里巴巴生态圈建设的3大逻辑　/21

1.2　互联网新秩序：生态圈模式下组织重构、管理进化与生态布局　/30
- 1.2.1　商业进化论：C2C商业生态崛起，开启个性化定制时代　/30
- 1.2.2　满足个性化市场需求，打造C2C商业生态圈的竞争优势　/41
- 1.2.3　生态战略VS商业布局：未来企业间竞争是生态圈的竞争　/50
- 1.2.4　生态圈VS可持续商业模式：深度解读互联网5大生态系统　/54
- 1.2.5　揭秘BAT的移动互联网生态：布局移动端背后的商业思考　/59

1.3　生态VS跨界："互联网＋"新常态下，传统企业的转型之路　/64
- 1.3.1　传统企业跨界：一场关于技术、产品与思维的"头脑风暴"　/64

1.3.2　产业颠覆 VS 跨界整合："互联网+"时代的传统产业大变革　/71

1.3.3　自我颠覆与救赎：传统企业如何实现移动互联网跨界转型　/79

1.3.4　影视跨界："互联网+影视"，颠覆传统影视商业模式　/84

1.3.5　物流跨界：从顺丰"嘿客模式"看快递大佬的跨界转型之路　/92

1.3.6　房地产跨界：万科布局社区金融，探索白银时代新的增长点　/98

Part 2　互动与共生：什么是"互联网+生态圈"

2.1　互联网生态圈1.0：门户时代，互联网生态圈的萌芽　/104

2.1.1　新浪、搜狐、网易三大网站的盈利模式与发展方向分析　/104

2.1.2　盈利模式探索：地方门户网站如何拓展新的盈利空间　/109

2.1.3　去中心化 VS 后门户时代：门户网站的多元化发展创新　/113

2.1.4　移动门户 VS 社区3.0：移动互联网时代地方门户的逆袭　/116

2.2　互联网生态圈2.0：平台时代，构建多方共赢的平台生态圈　/120

2.2.1　赢在平台战略：一场由平台化思维引发的"生态圈战争"　/120

2.2.2　生态基石 VS 平台战略：商业生态体系中的平台商业模式　/130

2.2.3　移动互联时代，运营商如何制定自己的平台竞争战略　/133

2.2.4　"苹果模式"启示录：平台商业模式必须具备的4个特征　/141

2.2.5　平台型组织 VS 价值链重构：颠覆传统组织架构的商业新思维　/147

2.3　互联网生态圈3.0：移动互联网时代，传统商业生态的颠覆与重构　/154

2.3.1　旧商业生态的坍塌：PC时代向移动互联网时代的生态演化　/154

2.3.2　电商生态之变：传统电商遭遇瓶颈，移动电商成新利润区　/159

2.3.3　移动互联网生态：成熟化+多样化+平台化+企业化+集中化　/165

2.3.4　智能手机生态圈：移动互联网时代，智能终端面临大洗牌　/169

         2.3.5 移动互联网+智能战略：传统企业巨头抢滩布局移动生态圈 /176

         2.3.6 一个App的商业价值：移动互联网商业生态下的创业逻辑 /180

    2.4 互联网生态圈3.5：大连接时代，微信野蛮生长背后的商业生态圈 /190

         2.4.1 揭示微信生态蓝图：微信生态下的商业与生活之变 /190

         2.4.2 微信电商生态：开放微信小店，重构移动电商格局 /195

         2.4.3 支付宝PK微信：阿里巴巴与腾讯两大巨头的支付生态战争 /200

         2.4.4 渗透与价值：第三方开发者如何在微信平台上获利 /210

         2.4.5 微商赢天下：未来微商生态将呈现出怎样的趋势？ /216

         2.4.6 微商生态VS信任经济：如何与顾客建立强信任关系？ /221

Part 3　并进与融和：互联网生态圈未来发展趋势

    3.1 互联网重模式生态圈：互联网巨头布局生态战略，重构传统商业规则 /230

         3.1.1 小米生态圈：一个新创公司4年估值450亿美元的秘诀 /230

         3.1.2 乐视：打造"平台+内容+终端+应用"的垂直整合生态圈 /239

         3.1.3 百度的野心：调整组织架构，构建智能硬件闭环生态系统 /247

         3.1.4 腾讯移动生态战略：打造以社交为核心的移动闭环生态圈 /251

    3.2 互联网轻模式生态圈：如何以最小的投入创造最大的价值 /259

         3.2.1 轻生活VS轻商业：互联网生态模式下的商业思维创新 /259

         3.2.2 玩转电商轻模式：商家如何选择合适的仓储物流服务商 265

         3.2.3 Instacart：共享经济时代，即时生活电商的轻模式运营 270

         3.2.4 爱学贷的轻模式：创造"百万日销"的互联网金融神话 275

Part 1

重构与重生:
为什么是"互联网 + 生态圈"

1.1 商业生态圈:"互联网+"时代,打造万物互联的新商业形态

1.1.1 商业生态圈:"互联网+"时代,商业模式的颠覆与进化

科学技术的极大发展对人类社会生活的方方面面都产生了深远影响,以互联网为代表的信息革命的到来深刻改变了当今的市场特质和消费结构。新时代企业对市场的争夺,已经无法仅仅依靠技术产品的创新和管理方式的变革来实现,而是更多地依赖于适应"互联网+"时代特征的商业模式的转型。正如"现代管理学之父"彼得·德鲁克所说的,当今企业的竞争已经不是产品的竞争,而是商业思维与模式的竞争。

一般来说,**商业模式、管理模式、生产模式和营销模式构成了企业的四大落地系统**。在"互联网+"时代,企业能否适应经济新常态从而在市场中占据竞争优势的核心和关键,在于能否实现企业商业模式、商业思维的转型。具体来说,即企业能否充分利用互联网精神(开放共存、平等协作、分享共赢等)和平台,

重构出更具适应性和竞争力的高效组织生态系统和商业价值链。

从目前的发展状况和趋势来看,"互联网+"时代的新型商业模式可以归纳为下面 6 种类型,如图 1-1 所示。

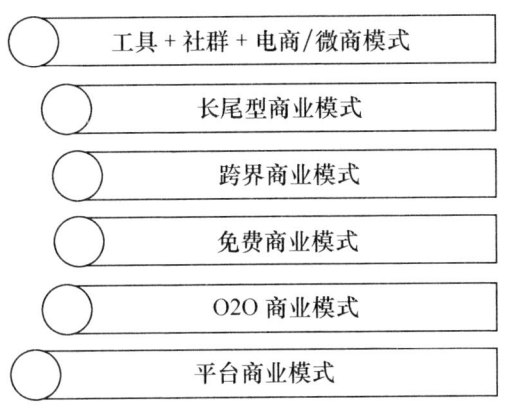

图 1-1 "互联网+"时代 6 种新型商业模式

(1)"互联网+"商业模式之一:工具+社群+电商/微商模式

互联网所具有的超越地域空间限制和开放包容的特质,使得它作为一个平台可以将散落于不同物理空间的个体聚集到一起形成社群。现代社会物质生产的极大富裕和生活水准的提升又充分释放了人们的物质欲望和消费潜能,使得由互联网聚合起来的形形色色的社群具有了极其巨大的消费潜力和市场价值。

由此,便催生了以互联网虚拟社群为市场目标的"工具+社群+电商/微商"的商业模式。**工具是流量入口,能够满足用户需求;社群是关系属性,可以稳定沉淀流量;商业是交易属性,能够刺激社群成员的消费欲望,实现市场价值。**

微信最开始只是一个社交工具,当它成功聚合了大量的用户群体时,又加入了朋友圈点赞和评论等社区功能。这种海量用户的聚集和功能的增加促成了多样化的消费需求,使得不同商家都可以在其中找到自己的目标群体。由此,微信支付、商品精选、电影票购买、话费充值等商业功能相继出现，从而形成了"工具＋社群＋电商／微商"的商业运营模式。

（2）"互联网＋"商业模式之二：长尾型商业模式

不同于工业化时代人们被动接受产品、局限于满足基本需求的消费心理，"互联网＋"时代的到来，一方面使得人们的消费欲望获得了极大释放，消费市场从某种意义上来说可以无限扩张，已经不存在一个固定的增长极；另一方面人们越来越不满足于标准化、同质化的商品，而更倾向于追逐能够彰显自我特质的多元化、个性化的商品，甚至于自己设计商品的定制化消费模式。

社会中这种迥异于以往的消费结构和消费心理，必然促使以市场变化为基准的企业努力寻求新的商业运营模式，来满足"互联网＋"时代用户对多元化、个性化产品的追求，长尾型商业模式便应运而生。

长尾理论由克里斯·安德森首先提出。该理论认为，"互联网＋"时代，商品在存储、流通、展示等环节已经拥有了足够宽广的平台和渠道，这使得产品的生产和销售成本甚至下降到了个人都可以承受的地步。与此同时，人们对多元化、个性化消费的青睐使得任何商品都有了存在的空间（只要有人卖，就总会有人买）。这种消费结构和消费心理的变化对传统的大批量标准化生产模式产生了巨大冲击，大规模定制、订单预售等适应新型市场特征的运营方式开始出现并得到越来越多人的认可。

简单来讲，长尾型商业模式的核心是利基产品的"多款少量"生产，以此来满足"互联网＋"时代人们对多元化、个性化消费的需求。这一模式的关键是企业需要降低库存成本并拥有一个极其强大的运营平台。

++

《商业评论》认为ZARA是长尾理论的最佳样板，并把它称为"时装行业的戴尔电脑"。其实，偏居于西班牙一隅的ZARA能够在短时间内成长为极具竞争力和影响力的国际品牌，主要是因为其对长尾型商业模式中核心要素"多款少量"的精准把握。

不同于传统制造业"品种少，批量大"的生产模式，ZARA一年能够推出多达12000款时装，却又对每款时装只进行限量生产。这一策略在充分满足客户多元化、个性化消费的同时，又通过有意制造的"短缺"来提高每款时装的价值，由此吸引了一大批忠实的追随者。正是基于对市场变化的敏锐把握和企业自身灵活的产业链，ZARA实现了自身规模和效益的突破，创造了长尾市场的奇迹。

++

（3）"互联网+"商业模式之三：跨界商业模式

在"互联网+"时代，跨行业的经营似乎屡见不鲜：雕爷不仅做了牛腩、烤串、煎饼，还进军了美甲业；小米做了手机、电视，还要做汽车、智能家居甚至农业；余额宝推出半年，规模就达到近3000亿……这些不断出现的互联网企业的跨界商业现象似乎正在印证着凯文·凯利所说的："不管你是做哪个行业，真正对你构成最大威胁的并不一定是业内的对手，而很有可能是那些行业之外无法预料的竞争对手。"

那么，互联网企业凭什么在各个领域都能够横插一脚，并以其不可阻挡之势迅速颠覆传统行业呢？大体而言，可以从两个方面来看。

一方面，从互联网企业的内在因素来讲，互联网企业本就是借助于信息革命下互联网的极速变革而产生发展起来的。互联网本身的极大开放性和共享性，使得企业获取传统行业生产中的核心技术和产品（模仿、复制甚至创新）更容易，同时，**适应市场新特征发展起来的互联网企业往往具有高**

效的生态组织系统，可以最大限度地整合商业运营中的各个环节，对传统生产关系实现重构。如利用互联网平台可以直面市场和消费者的优势，直接与用户沟通，尽可能减少运营环节，降低成本损耗。这些都使得互联网企业在进入一个新领域时可以迅速地捕捉行业价值链的关键环节，并利用互联网平台和思维对其进行重构，从而实现对传统行业的颠覆和对该领域市场的占有。

另一方面，从传统行业自身的发展来看，由于行业市场已经基本被瓜分完毕，身处其中的既得利益者在进行互联网转型时往往会受到资源、价值观念等自身因素的束缚，不愿放弃既得利益进行全面的商业转型，而是在尽量保有既得利益的基础上将互联网工具化，**即只是把互联网作为一种技术工具来实现企业效率、服务及利润的提升，而非将其当作一种新的商业模式和商业思维**。

但是，互联网企业主在跨界进入其他领域时是没有这种顾虑的，他们更多的是思考如何打破现有的市场格局以分得行业利润。因此，这种基于互联网的跨界企业由于没有既得利益的束缚，反而更容易实现商业模式和商业思维的创新，并以此对该领域的既有模式进行颠覆和重构。

（4）"互联网+"商业模式之四：免费商业模式

"互联网+"时代是一个信息爆炸的时代，获取信息方式的便捷和多样化使人们不仅时刻面临着对过剩信息的选择，而且关注点不可能始终集中在一个信息之上。由此，"注意力"甚至也成了当今市场的稀缺资源，成了一众互联网企业抢夺的对象。

在"互联网+"时代，企业产品最重要的竞争优势是流量，有了流量才有可能建构出适宜的商业模式，才能够以此为基础创造价值。而流量则来源于用户在无限繁多的信息中将注意力投向某个关注的产品。因此，在某种意义上，如何在"无限的信息中"获取人们"有限的注意力",已经成为"互联网+"时代企业面临的核心命题。

那么,在"互联网+"时代企业如何在市场中吸引更多的注意力以创造价值呢?其实,不论是在传统经济形态中,还是在互联网市场形态中,价格因素始终都对用户的消费选择产生着巨大影响,价格战也一直存在于企业间的市场竞争中。

而"互联网+"时代最具特色的价格竞争则要首推免费的商业模式:**在传统企业用来获利的领域,以免费的、优质的产品吸引传统企业的用户群,然后为客户提供新的多样化的产品和服务,以实现价值链的延伸增值,并在此基础上重构出更加高效、有竞争优势的商业模式。**如360安全卫士和腾讯QQ等模式。

正如信息时代的精神领袖克里斯·安德森认为的,在"互联网+"时代,"免费商业模式"是一种既可以侵蚀当前市场,又能够统摄未来市场的新型模式。在《免费:商业的未来》一书中,安德森归纳出了4种基于核心服务的免费商业模式:**直接交叉补贴、第三方市场、免费加收费以及纯免费模式。**

(5)"互联网+"商业模式之五:O2O商业模式

腾讯CEO马化腾在2012年9月的互联网大会上提出了基于移动互联网优势的新的发展机遇:Online To Offline(O2O)模式。

狭义上讲,O2O就是线上交易、线下消费体验,主要包括两种模式:**一是线上到线下,这种类型目前比较多,即用户在线上购买或预订服务,再到线下商户实地享受服务;二是线下到线上,即在线下实体店体验商品,线上下单购买。**

广义的O2O则超越了上述单纯的商品交易范畴,用互联网思维和模式融合改造传统产业,实现传统产业链的转型升级。具体来讲,就是基于具有开发共享、平等协作、互动迭代等特质的互联网思维，突破线上线下的界线，实现线上线下、虚实之间的深度整合。

线上的优势是方便快捷、选择多样，且不受时空限制；线下的优势在于产品看得见摸得着，能够满足用户对商品的消费体验。O2O的核心价值就在于把两个渠道的优势整合起来，让用户获得更优质的消费体验。

需要注意的是，二维码是移动互联网时代企业连接线上与线下的关键切入口，能够将后端的丰富资源带到前端。因此，企业实现 O2O 模式应该具备一定的二维码开发和运营能力。

（6）"互联网+"商业模式之六：平台商业模式

如今，人们越来越倾向于个性化、多元化的消费体验，这种消费结构和消费心理促使着企业不断升级转型，以更加高效灵敏的姿态应对市场和社会的变化。特别是在"互联网+"时代，单靠企业自身的资源已经很难满足越来越个性化、零散化的市场需求，跨界经营和合作共赢成为企业转型的必然选择，这就涉及一种基于互联网的新型商业模式——平台商业模式。

互联网极大的开放性特征使得市场和资源有了无限扩展的可能。**平台模式的核心就是利用互联网的这一特点打造出足够大的商业平台，努力协调整合网络中的各种资源为己所用，并以合作共赢为宗旨尽可能吸引更多的企业和资源参与进来，最终形成一个高效共赢的组织生态系统，以满足市场对产品的多样化和个性化需求。**

需要指出的是，由于平台商业模式最终是要建立一个以协作共赢为基础的高效生态系统，因此对多数传统企业和新兴小企业来说，并不太适合自己去打造平台，更有利的做法是参与到已有平台之中。这就要求企业能够开发出具有独特优势的产品，围绕核心用户群打造自己的品牌，在生态价值链中拥有自己的价值优势，实现自我和生态系统的共同发展。

1.1.2 价值链重构：竞争2.0时代，生态圈的3个层次和特征

近年来，选秀节目以超高的人气火遍各大卫视，其中，浙江卫视的《中国好声音》从2012年的第一季到2015年的第四季都有极高的收视率，广告价值也随之水涨船高。第一季的广告价格为每15秒36万人民币；第二季的广告费总额则高达10亿元，中间插播的15秒广告价格超过了60万元；第三季决赛夜广告费1条即超过1000万元；第四季的广告总额更是达到了第二季的两倍，高过20亿元。这不但体现出娱乐节目的商业价值及其带给观众的娱乐价值，更重要的是其展示出一个商业生态圈运作的样本。

什么是"商业生态圈"？如今，企业争夺战从1.0向2.0升级，1.0竞争的核心在于企业内部，着眼于利用企业自身的优势和内部建构去争夺战场上的利益，而2.0竞争则把目光放到了外部，注重联合利益相关群体，共同建立价值平台，这种竞争模式突破了企业自身能力的限制，通过整合一切相关联的价值体系，开发其他企业的能力，实际上是以整个平台为更大的动力源来创造价值，从而使自己分得更多的利益。这个由多个企业建立起来的体系，或者说系统，我们称之为"商业生态圈"。

（1）商业生态圈的层次说：共生、互生和众生

共生、互生和众生是商业生态圈的3个层次，如图1-2所示。建立生态系统是商业圈的一次革命，也可以说是一次进化。

共生和互生指的是在这个生态圈中成员之间的关系，共生说明成员之间通过不断的投入来共同创造新的价值，互生则是通过价值分享来促进彼此血液的循环更替，从而维护整个系统的良性发展。众生则是推动整个生态圈呈现出前进的状态，通过不断自我提升和改革来适应持续出现的新的需要和竞争。

① 共生

这是商业生态圈的第一个层次，是圈中成员所呈现出来的一种状态，简单来说就是合理分工，有机联合，共同创造。通过整合成员各自的优势来实现价值的最大化集结，从而创造出整个生态圈的最大价值。

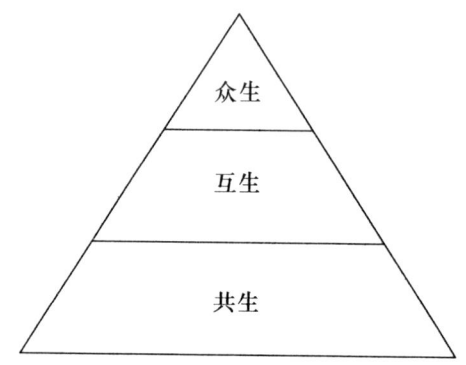

图 1-2　商业生态圈的 3 个层次：共生、互生和众生

共生存在的基础是成员共同创立的价值分享平台，在这个平台上成员可以分享价值，还可以系统化地组织价值创造活动。

++

以《中国好声音》（以下简称"好声音"）为例，这个生态圈便是以收益分成代替传统的买断形式，由制作方浙江卫视与灿星公司在收视率的基础上进行利益分成。这是一种典型的共同创造价值的模式，这种模式的优点在于利益与风险共担，在收视率影响收益的前提下，制作方必须重视节目质量，而不是一味地注重降低成本，如图 1-3 所示。

"好声音"中的导师机制是节目的一大亮点，同时也是商业圈运作的一个创新。选手的作品和作品后续开发所产生的收益由节目方与导师共享，这无疑又为节目带来了强大的助力。一些原本不参加商业选秀的业界大腕的加盟，无论是从实际效果，还是从观众主观感知上都大大提高了节目的水准。而且在利益挂钩的状态下,导师也必将精心打造自己的选手,为选手创造良好的发展前景,所以这无论对哪一方来说都是有利的。

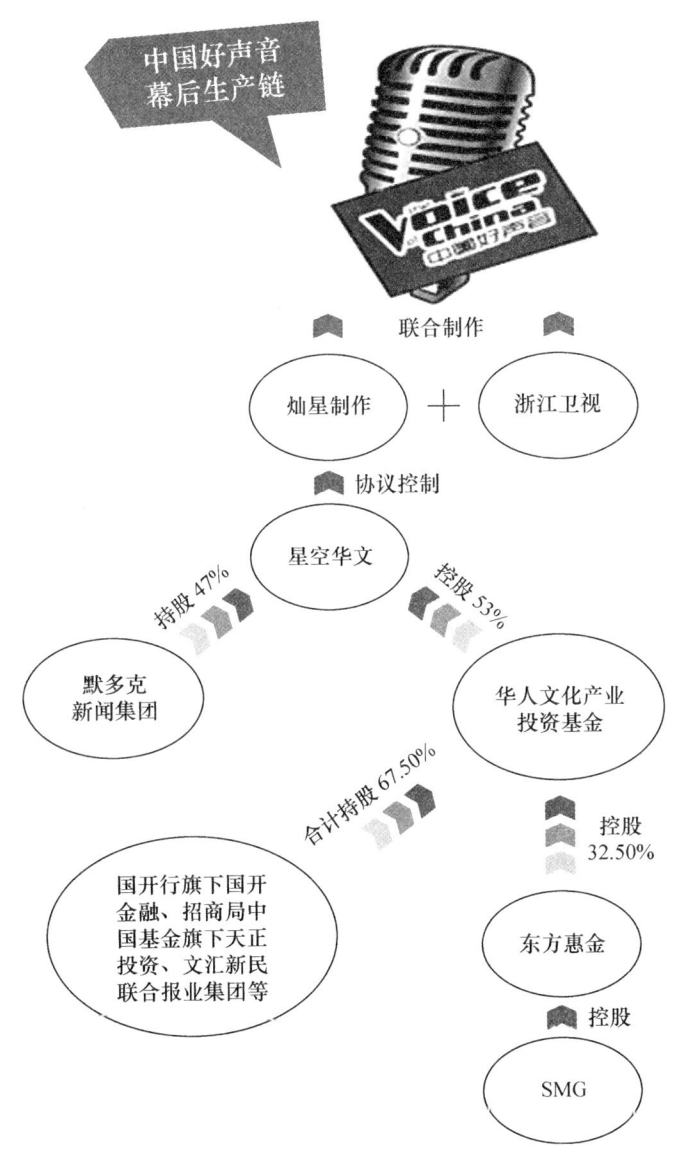

图1-3 《中国好声音》的幕后生产链[①]

① 图片来源:雪球网

此外，移动运营商的引入又是一大创新，在选手的条件不成熟不能走专辑渠道时，移动运营能够适时地提供更多获利渠道，保障该商业生态圈价值的实现。

++

共生状态的参与者们可以将各自的力量都集中到同一个平台中，实现1+1>2的效果，利用合作伙伴的力量解决自己不擅长的问题，从而提高经营效率，在很大程度上避免经营漏洞。通过共同建立的价值平台，参与者不仅可以分享各种资源，共同投入，共同享受产出成果，使得生产活动简单化、高效化，而且能够挖掘出更多的价值产出可能。

② 互生

共生的参与者建立起一个价值平台，在此基础上成员之间还存在着一个互生的关系，即每个成员的利益与其他成员的利益相关联，乃至与整个生态圈的发展态势相关联。成员投入以及创造出的价值在平台上实现共享，这是推动生态圈健康发展的关键因素；但是，若互生的关系出现断裂或不平衡，共享因素就会缺失，那么整个生态圈的健康就会受到威胁，成员很可能就会脱离该生态圈。

促使或者说保证成员在平台上进行价值分享的关键因素之一就是分享的低成本，所以生态圈需要建立并维持一种可保证成员低成本分享的架构和管理模式。

++

以苹果的生态系统为例，苹果的平台笼络了大量软件开发商，原因在于苹果为各类软件提供了一系列标准化的接口，软件公司能通过此接口在苹果平台上实现各自的功能。

软件开发商通过该平台来分享自己软件的价值，同时，该生态圈创造的价值也被开发商们共享。紧接着苹果会在软件公司的收益中提取自己的固定分成，这样的模式简化了相关交易环节，成本便大大降低了。

++

生态圈中每一个业务领域所组成的环节必须保证各自的健康发展，否则任何一个环节出现问题都可能导致整个生态圈的崩溃。而这就需要企业把眼光放到外部，保持企业个体与生态圈之间收益的平衡，如若某家企业的收益超过了整个生态圈，那么这个生态圈就会面临崩溃。

③ 众生

每一种产业的发展都符合量变与质变的发展规律，当量积累到某一个临界点就必须把握时机进行质变，否则就有可能被淘汰。

众生就是指通过对市场和经济发展态势的密切关注，掌握市场和微环境及环境的最新动向，及时转移资源到新的生态圈，及时改革和升级，搭配更好的合作圈，从而在原有市场趋近饱和的情况下开拓更为广阔的市场。

++

以淘宝网为例，其作为中国电子商务平台的龙头，在发展到一个阶段以后，生态圈中的参与者越来越多，便出现了商家资质不一的情况。假冒产品和劣质产品的频频出现，严重影响了淘宝网的信誉，致使部分客户分流到了其他平台。

为了应对这种严峻的态势，淘宝网开始注重网站高品质品牌的建立，推出全新平台"天猫商城"，聚合部分传统品牌，形成了新的商业生态圈。这便是典型再生的产物。

淘宝网一个极为关键的优势在于，通过长时间发展和成熟的系统（包括商品品牌、网络入口、支付系统等）培养了商家和消费者的习惯。在向新的生态圈过渡的过程中，商家和消费者不必改变原有的运营基础和消费平台。这种能随环境调整而不动利益根基，从而持续创造价值的方式，就是众生。

++

（2）生态圈商业模式特征

前面说到，与以价值链为基础的商业模式不同，生态圈下的商业模式最大的特点就是从企业内部转向外部，以自身的经营能力为支点，撬动相关企业的能力和资源，从而实现价值和利益的最大化。由此，生态圈的商业模式存在以下3个特征："轻"、不可模仿以及效应放大，如图1-4所示。

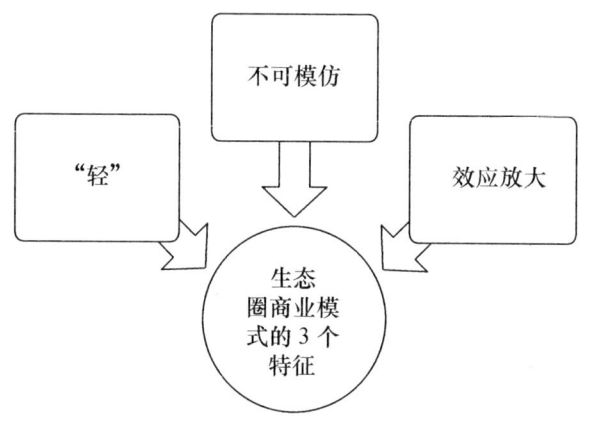

图1-4　生态圈商业模式的3个特征

① "轻"

在价值链基础上的商业模式主要通过企业整合内部资源及压缩成本来提高自身的竞争力，而生态圈下的商业模式则有"轻"的特点，**即通过自身来撬动整个平台的资源，借助合作伙伴的整体力量来实现自己的利益。**

价值链模式下的生产，任何一个环节出现问题都意味着其他的环节也会随之出现损失，这就促使价值链中的主导企业必须不断地去整合资源，尽可能地掌控各环节的发展，以最大限度减少问题的发生。但由于这一过程均发生在企业内部,也就意味着企业要不断加大投入,由此导致企业资产愈发地"重"。

生态圈模式下的价值是由各个企业共同创造出来的,价值平台的存在使得资源的多少取决于有多少企业加入这个圈子,因此主导企业的关注点就从自身的投入转移到吸引伙伴加入生态圈上来。

在生态圈中不同企业所贡献的价值是不同的,价值创造的多元化使得企业的战略重心由资源叠加性的整合转向价值的创造与共享。企业无须持续加大资产投入,而是要着力提升自己,并增加成员间的默契度,在相互配合之下共同创造更大的价值。

② 不可模仿

不可模仿也就是不可复制,生态圈之间必定存在着具有差异的核心部分。

++

★首先,核心竞争力转向整个生态圈,而非存在于某一企业内部。核心竞争力是企业战胜竞争对手的关键因素,正如普拉哈拉德(C.K.Prahalad)教授所指出的,由于组合方式的不同,核心竞争力是极难复制的。

生态圈是由不同的企业以共享和合作的形式共存的,其形式极为复杂,各个企业原本就很难复制的核心竞争力综合到一起便决定了生态圈从根本上的不可复制。

★其次,生态圈具有多元性和开放性的特征,不同公司的加入使得该生态圈具有层次多样的资源等优势,随着其规模不断扩大,会吸引越来越多的公司加入,竞争力会逐步增强。当后来者想要复制该生态圈时,合作伙伴的缺失会使其陷入尴尬的境地。

++

③ 效应放大

生态圈最大的优势在于建立了一个价值平台,在这个平台上公司开展业务时相当于有擅长其他领域的"帮手"前来"帮忙",比如其他软件公司利用微软提供的工具和技术帮微软开发软件,其效果肯定比微软自己单干要好得多,这就是价值和效应的放大。

随着生态圈内部结构的进一步完善,会有更多企业伙伴加入进来,这样生态圈所具有的优势会更加多元化,企业不完全依靠自身而是通过其他成员的资源、技术等优势来获得效益,这种价值创造的优势会越来越明显。

如今,越来越多的企业认识到生态圈商业模式的优势,这种认知势必会使得未来的商业结构发生改变甚至重塑,未来商业将全面进入竞争 2.0 时代,也就是生态圈之间的竞争。

商业生态圈的参与者包括供应商、分销商、顾客、竞争者以及其他利益者等,他们相互为基础,承担着各自的职能,发挥着不同的作用,利益相互牵绊,共同投入,产出共享,从而提高竞争力。虽然"商业生态系统"这一概念提出得比较晚 [由穆尔(James Moore)在《哈佛商业评论》上第一次提出],但这一概念经过学者的不断完善,已经在商业领域掀起了一场革命。

即使企业之间的竞争日趋复杂,交易成本始终是企业关注的焦点之一。随着法律、技术等各方面因素的不断完善,交易成本将会降低到一个可被接受的程度,如此,生态圈的发展将更为顺利。因为企业内部进行自我整合和资产注入所消耗的成本远大于企业间交易的成本,再加上企业核心能力的不断多元化,种种因素使得产业活动由集中到细分更加可能和必要,而商业生态圈将为其提供优质平台。

1.1.3 生态圈简而美:梦想小镇生态模式给创业者带来的启示

最近几年,随着政府对于创新的重视,国内的创新产业迎来了一个高潮期,技术、资金、设备、人才等创新要素源源不断地涌现,国家层面上的政策鼓励及引导支持也为创新产业带来了全方位发展的良好机遇,使得国内进入了"大众创业、万众创新"的新时代。

2015年1月召开的国务院常务会议,明确了顺应网络时代推动"大众创业、万众创新"的形势,构建了面向人人的"众创空间"等创业服务平台。如今,在浙江余杭地区的未来科技城的仓前区域,就崛起了一座占地约3平方公里的众创空间——"梦想小镇",如图1-5所示。

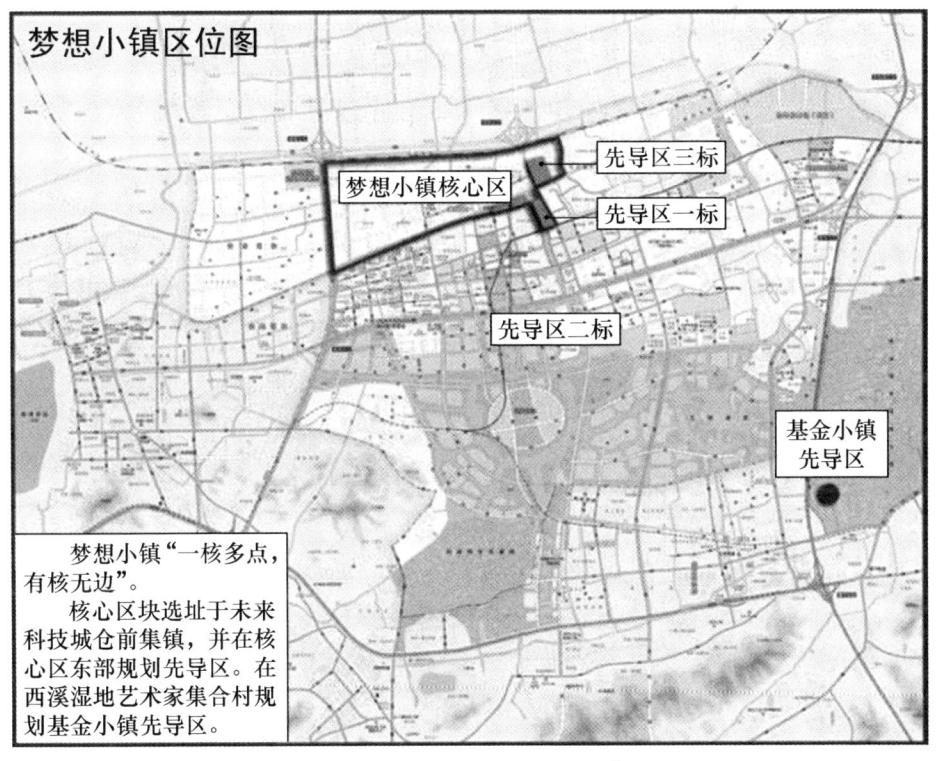

图1-5 "梦想小镇"区位图①

---

① 图片来源:腾讯网

（1）昔日"粮仓"今成"造梦"硅谷

2014年7月，浙江省省长李强提出了要在浙江余杭地区的未来科技城建立一个以互联网产业为主的地方特色小镇。该地区建立互联网产业小镇的优势有三点：其一，地理位置优越；其二，生态环境良好，历史文化底蕴浓厚；其三，高校人才以及阿里人才将会成为重要的人才资源依托。

"梦想小镇"有着众多的头衔，是新型"众创空间"、产业孵化器、青年创业社区、信息经济发展的新动力、互联网产业园等。

该小镇由两部分组成："创业小镇"与"天使小镇"，重点发展互联网技术产业和以科技金融为重点的科技服务业。约3平方公里的小镇建设了17万平方米的先导区，还有12个大型粮仓改造的"粮库咖啡吧"，通过一系列的水系改造、街道调整、环境优化等，这里已经变为了一个"梦想产业园"。

目前，"梦想小镇"的社区基础建设正逐步完善，不仅住房、娱乐、健身、餐饮等配套设施一应俱全，而且涵盖了无线Wi-Fi、宽带、4G网络，确保了网络的流畅性，以支撑这个互联网产业创业"特区"的高速运转。

另外，小镇的宣传推广与招商引资也取得了良好的成效，早在园区尚未建设完成之时，推广部门已经借助互联网的宣传使小镇成了炙手可热的互联网创业园。先后有3000多个创业者、150多个项目达成了入驻意向，最终要通过竞争选拔来确定能够入驻的团队与项目。

根据规划，"梦想小镇"将打造成"众创空间"的新样板、信息经济的增长点、特色小镇的典型示范，其更长远的目标则是打造成全球创业的基地。依托"梦想小镇"，杭州仓前目前已经成为互联网创业者的圆梦之地。

（2）政府成"店小二"，您创业我服务

创业不仅要承担人力成本，还要支付昂贵的房屋租金。为了减轻创业者的

负担，"梦想小镇"为创业者提供了一些优惠政策。2015年3月28日，"梦想小镇"迎来了第一批入驻的创业者——泛大学生群体（毕业10年以内），并为他们提供拎包入住、房租减免、云服务补贴等优惠措施。"梦想、激情、科技、创新"成为小镇创业者的代名词，在这里即使你没有经验、资金、市场也不用担心，"梦想小镇"将会为你提供全面的服务，国内外的知名股权投资机构也会入驻，把你好的创意及项目发展壮大。

此外，"梦想小镇"的创业者在享受租金优惠之余，还将体验到小镇的创业办公空间、精神文化空间、食宿生活空间三项整合的全面服务。

在创业办公空间上，引入部分具有创投运营能力的机构主体，在孵化期，实行阶梯式房租收费制度，根据招商与孵化的效果进行考核，费用先缴纳一部分；在精神文化空间上，建设书店、酒吧、咖啡馆、网吧等休闲娱乐场所，丰富创业人员的精神生活，并通过减免租金的方式推进创业沙龙、高峰论坛等活动的举办；在食宿生活空间上，引入标准的商业化住宿、餐饮等生活配套服务，而且会为一些处于集训期无收入来源的创业者，提供保障性的住宿与食堂。以小米投资的YOU+国际青年公寓为代表的新型创业服务机构，也已经纷纷入驻"梦想小镇"，开始了圆梦之旅。

针对企业发展的不同时期，小镇会提供配套的优惠政策。创业企业在发展初期将会有集训营进行公开的选拔或者由创投运营商推荐，入围的企业将会享受到3~6个月的零成本孵化期，享受免费的办公空间和办公设备。而处于孵化期的企业还可以享受大学生创业的优惠政策。孵化期结束后，加速期的企业会享受到管委会的"育成计划"企业跟踪式定制服务，直到最终完成并购上市。

可以预见的是，"梦想小镇"将逐渐发展成为创业人才的摇篮和创业者的圆梦之地。

（3）天使投资扎堆"梦想小镇"，助力创业者

2014年9月19日，阿里巴巴在美国纽约成功上市，浙江的未来科技城成为全世界目光的焦点。时下，这里已经成了无数投资者的聚集之地，除了阿里巴巴之外，已经汇集了超过100亿元的资本。

我们熟悉的bong手环，就是由自媒体"B座12楼"的发起者项建标投资的，在不到两年的时间里，项建标的投资团队已经投资了将近30个互联网项目，并且收获颇丰。未来的两年他给自己的团队定的目标是要达到100个项目。"B座12楼"搬家到"梦想小镇"使他的团队距离实现梦想又近了一步。

通过"B座12楼"这个自媒体平台，项建标建成了重要的创业者数据库。举办线下活动时，参与者提交的姓名、联系方式等个人信息都可以成为重要的数据。如今国内经济发展的大好形势，吸引了许多海外投资者，而作为互联网创业重镇的杭州，已经成为仅次于北京的互联网投资机构入驻地。

进入杭州的未来科技城之后，项建标通过"梦想小镇"获得了许多新的机遇，而他也坚信在未来"梦想小镇"将成为有梦想的创业者与投资者的圆梦之地。

未来科技城已经吸引了以龙旗科技、省信息产业基金为代表的50多家股权投资机构入驻，资金总量已经突破百亿元。"天使小镇"版块的发展重点是以科技金融为主的科技服务业，其目的是打造成涵盖天使基金、私募基金、互联网金融等能够为企业的各个发展时期提供服务的金融服务体系产业园。

"梦想小镇"的金融服务体系形成了一套完善的机制，鼓励天使投资，支持科技创业孵化链条搭建，完善金融投资网络，探索以互联网金融的研究院、孵化器、交流论坛等为一体的综合发展道路。另外，"梦想小镇"还将引入外界社会基金，成立天使投资引导基金、创业投资基金、产业发展基金等，使民间资本充分发挥作用，创造最大价值。目前，新型的"人才结合资本""基金与孵化并存"模式已经开始发力。

除了以上提到的金融服务外，"梦想小镇"还将创新金融产品、建设创业贷款风险池，以解决初创企业的融资难问题，为企业的上市提供充足的保障。而不远的未来，多层次资本市场的建设完成将会成为企业发展与壮大的强有力支撑。

1.1.4　生态圈大而不倒：详解阿里巴巴生态圈建设的3大逻辑

中国自步入21世纪以来，一直处在一系列的风云变幻之中，在走向复兴和自强不息的过程中，商业在其中发挥的作用越来越大，商业兴国的理念逐渐被更多的人接受和认可。在商业领域，有一些企业正在用自己的实际行动来诠释和证明这一点。它们结合自身特色，采用不同的方式和手段构建起了自己的商业生态圈，缔造了专属于自己的商业生态系统。

比如，以阿里巴巴为代表的企业构建起了创新型商业生态圈，不断创新和推出新产品，产品之间相互联系；以分众为代表的企业构建起了整合型商业生态圈，并通过一系列的并购逐步丰满自己的生态系统，企业之间相互依存；以百丽为代表的企业构建起了进化型生态圈，通过不断地发展，促进自身产业链的改进和完善。

这三种商业生态圈各有自己的特色，演进的模式也不完全相同，但是这三种生态圈的构建都是建立在自身发展特点之上的，并且符合自身发展规律。在众多形态各异的商业生态圈中,以阿里巴巴为代表构建的商业生态圈通过内在的创造力,推动商业生态圈朝着更广阔的范围扩展和延伸。

阿里巴巴创办于1999年,在经历了十几年的发展之后,"阿里巴巴"已经成为一个家喻户晓的名字,并且成为国内首屈一指的互联网公司,建立了领先的电子商务、网上支付、B2B网上交易市场以及云计算等业务。目前,阿里巴巴集团旗下有阿里巴巴、淘宝、支付宝、阿里软件、阿里妈妈、口碑网、阿里云、雅虎中国、一淘网、淘宝商城、中国万网、聚划算等,已经初步完成了电子商务生态系统的构建工作。

阿里巴巴在这十几年的发展过程中经历过迷茫,也失败过,但却勇敢坚韧地活了下来,并且创造了一个又一个奇迹,成就了专属于阿里王国的辉煌。那么,阿里巴巴到底是凭借什么力量走到现在的?在残酷的市场竞争中,通过自身的创造力构建商业生态圈的秘诀是什么?阿里巴巴的成功为国内企业带来了哪些启示?这些问题都值得去深思和探索。

(1)明确战略愿景,为生态圈的构建提供动力

正确的方法是成功的一半,同样,制定一个正确的战略就等于一只脚跨进了成功的大门。无数企业在向人们证明,制定符合自身特点的战略定位对取得成功的重要性,典型的代表就是沃尔玛、三星和GE。拥有正确的战略愿景可以为企业制定企业战略、业务战略和战略保障体系提供一个重要的参考和指导,同时也可以推动企业文化和品牌价值观的建设。除此之外,对阿里巴巴来说,拥有正确的战略愿景也可以为生态圈的构建提供重要的动力。

阿里巴巴的战略愿景可以从三个角度进行理解:一是要持续发展102年,成为成功跨越3个世纪的世界著名企业;二是不断完善自身网站建设,力争上

游，成为全球著名的十大网站之一；三是让天下没有难做的生意，只要是商人，只要做生意，就要使用阿里巴巴。高远的战略愿景，为阿里巴巴商业生态圈的构建提供了重要的动力，推动其在战略愿景的基础上进行了全方位的探索和发展。

从创立到现在，阿里巴巴的整个发展过程就像是经过精准测算一样，按照预期的结果按部就班地进行，利用短短几年的时间就完成了战略布局，如图1-6所示。

1999年
阿里巴巴集团成立，从软银等机构融资2500万美元。

2000年
推出"中国供应商"，为中国中小企业提供外贸电子商务服务。

2001年
实行战略收缩政策，缩减美国和中国香港办事处规模，并撤出韩国市场。

2002年
推出"诚信通"服务。

2003年
成立淘宝网；发布在线支付系统——支付宝。

2004年
推出即时通讯工具"淘宝旺旺"；成立支付宝公司。

2005年
雅虎10亿美元收购阿里巴巴集团40%股份，阿里巴巴收购雅虎中国。

2007年
成立阿里妈妈；成立阿里软件；阿里巴巴B2B业务登陆港交所。

2008年
成立淘宝商城（现更名为天猫）。

2009年
成立阿里云公司；推出全球速卖通平台。

2010年
推出手机淘宝客户端；成立聚划算。

2011年
淘宝网分拆为三个独立的公司：淘宝网、淘宝商城和一淘；聚划算以公司化的形式独立运营。

2012年
淘宝商城更名为天猫；阿里巴巴B2B业务退市；回购半数雅虎持有股份。

2013年
马云卸任CEO，陆兆禧接替；成立菜鸟网络。

2014年
阿里巴巴在纽交所上市。

图1-6 阿里巴巴的发展历程[①]

---

① 图片来源：中国财经网

++

  1999年，阿里巴巴集团正式成立；2000年，阿里巴巴获得2500万美元的投资，开始大力开展电子商务业务；2003年5月，阿里巴巴投资1亿元推出了淘宝网，为个人网上交易提供了平台，并提前实现了当月当日100万元的目标；2003年10月，阿里巴巴推出支付宝，解决了第三方支付的问题，正式进军电子商务领域；2005年8月，阿里巴巴收购雅虎在中国的所有资产，得到雅虎10亿美元的投资，打造了中国最大的互联网搜索平台；2007年1月，阿里软件成立，阿里巴巴进军管理软件领域；2007年11月，阿里巴巴网络在中国香港联交所挂牌上市……

++

（2）顾客视角+创新文化，为生态圈的构建奠定了重要的基础

  除了制定明确的战略愿景之外，阿里巴巴还非常重视内部创新机制和文化的建设，为商业生态圈的构建输送能量，同时还围绕顾客视角，充分利用顾客的价值和外部的市场，通过内外结合为创新型生态圈的构建奠定坚实的基础。

  阿里巴巴内部的创新文化是品牌核心理念内化的直接结果，而顾客视角则是一种外在展示。始终坚持顾客视角，就是从顾客的角度出发，尽可能地满足他们的服务需求和产品需求。从另一个方面来理解，以顾客视角为中心就是将顾客的需求作为判断产品价值的唯一标准。

  正是因为阿里巴巴始终坚持以顾客视角为中心，将为顾客提供最大化的价值为目标和追求，才推动其不断发挥创造力，努力地推陈出新。从刚开始设计架构网站，到后来搭建拥有海量供求信息的交流平台；从最初向国外买家推荐中国的供应商，到后来帮助国内的供应商连接国际买家；从最初组织

创建网络诚信评价体系，到后来网络安全支付平台的创建……都是在尽可能地满足顾客的需求，让他们获得最大化的价值。可以说，阿里巴巴在以顾客需求为中心构建商业生态圈的同时，也完成了相应的战略布局，使得一众竞争对手只能望尘莫及。

（3）双向战略实现生态圈产业链协同

在有了动力和基础之后，影响阿里巴巴商业生态圈构建的关键因素就在于切入点了。通过横向和纵向一体化战略的实施，阿里巴巴开展了B2B、C2C、软件服务、在线支付、搜索引擎、网络广告六大业务，完成了将中小企业电子商务化各大环节都囊括其中的战略布局，并推动了产业链的不断完善，实现了产业链之间的协同作用，如图1-7所示。

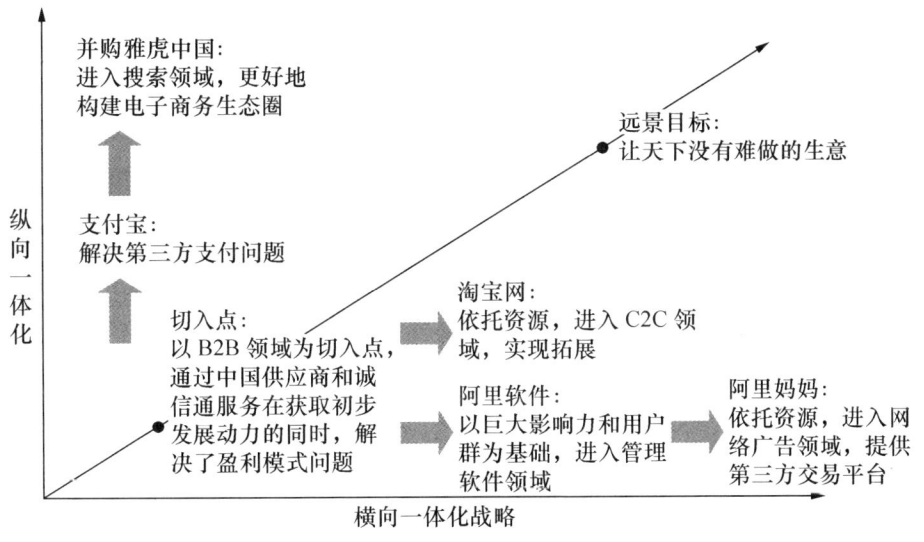

图1-7 阿里巴巴的战略路径①

---

① 图片来源：中国财经网

① 切入点精准

阿里巴巴精准的市场切入点，为其商业生态圈的构建提供了最佳突破口。在经过初步发展之后，阿里巴巴准确抓住了电子商务发展中的一个关键问题：诚信，并认定其为在 B2B 领域竞争中决胜的关键因素。为了尽可能地降低诚信问题带来的交易风险和交易成本，让消费者更放心地消费，阿里巴巴专门推出了诚信通服务，对平台上的商户进行信用方面的评价。

而且，平台上的商户如果要使用诚信通服务，还需要花钱购买，这样就为阿里巴巴开辟了一条新的盈利途径，在一定程度上也增加了阿里巴巴的营收，为集团的发展提供了资金支持。

综上所述，阿里巴巴锁定中小企业为主要的目标群体，在准确定位和把握市场环境的同时，推出了中国供应商服务。此外，在解决影响电子商务发展中出现的诚信问题的同时，创造性地推出了诚信通服务，开辟了一种新的盈利模式，为阿里巴巴的发展找准了方向，提供了动力。

② 横向一体化战略

阿里巴巴还以资源整合为工具，充分挖掘资源价值，并通过横向一体化战略不断扩展电子商务生态圈。

在将 B2B 业务做大做强的基础上，阿里巴巴充分挖掘和利用资源价值，在认真研究和分析市场环境的前提下，大举进军 C2C 领域。在与 eBay 争夺市场份额的竞争中，凭借免费策略和正确的营销策略，阿里巴巴取得了巨大的成功，使得淘宝网以强势的劲头在商业领域纵情驰骋。

2007 年，阿里巴巴推出了阿里软件，正式进军管理软件领域，自此，简单的商业信息提供平台正式在原有服务的基础上向用户提供管理软件，为用户的后台管理提供重要的支持。阿里软件向用户提供的并不是大型的企业管理软件，而是常用的进销存和财务管理软件服务，主要服务对象是中小企业。这一服务项目的推出，使得阿里巴巴在向用户提供帮助和服务方面可以发挥更大的作用，同时也增强了阿里巴巴的用户黏性。

阿里妈妈的上线标志着阿里巴巴开始进军广告服务领域，它颠覆了传统的广告模式，为广告位供需双方提供了一个交流沟通的平台，而阿里巴巴的中小企业主、淘宝店铺、企业用户等都可以成为客户。阿里妈妈在发展的过程中充分学习和借鉴阿里巴巴 B2B 和 C2C 电子商务平台成功运营的经验，同时还结合了阿里巴巴的搜索功能、诚信体系、安全支付等，形成了一个独具特色的互联网广告服务模式。

③ 纵向一体化战略

在采用横向一体化战略的同时，阿里巴巴也在充分采用纵向一体化战略，将其商业生态圈的范围拓展到了支付和搜索领域。

阿里巴巴成立之初，国内还没有诚信度比较高并且独立的第三方支付机构，无法保证网络支付的安全性。为了有效解决网络支付安全问题，让消费者更放心地购物，体验网络购物带来的乐趣和便利，阿里巴巴在 2003 年 10 月正式推出了"支付宝"。同时，支付宝的推出也意味着阿里巴巴将业务拓展到了电子支付领域。支付宝凭借其推行的"全额赔付"制度而逐渐发展壮大起来，除了应用于阿里巴巴和淘宝网之外，支付宝也独立应用于其他多个领域。目前，支付宝除提供网购担保交易、网络支付、手机充值等支付服务外，还推出余额宝等理财。

阿里巴巴对雅虎中国的收购是纵向一体化战略最直接的体现，很多网上的交易都离不开"搜索"这个环节，而阿里巴巴收购雅虎中国，不仅可以获得其所拥有的搜索技术，还可以对电子商务上游的产业链进行控制，为阿里巴巴电子商务的发展提供更多的便利。而事实也证明，雅虎中国在阿里巴巴的B2B、C2C、网络广告等领域都发挥了巨大的作用。

④ 产业链的协同

阿里巴巴以B2B作为突破口和切入点，综合运用横向和纵向一体化战略，构建起了囊括B2B、C2C、软件服务、在线支付、搜索引擎、网络广告等业务的电子商务生态圈，整个电子商务生态圈中的业务相互影响、协同和支撑，并通过资源的整合应用将各项业务的价值最大化，实现产业链的协同，凭借这一点，阿里巴巴走上了高速发展的道路。鉴于阿里巴巴在产业链协同方面获得的成功，其他企业也纷纷采用类似的手段，例如，百度充分利用其拥有的丰富的搜索资源和社区资源，全力进军C2C市场。

（4）生态圈：商业新势力

纵观阿里巴巴的整个发展历程，其商业生态圈的构建主要有3个关键点，如图1-8所示。

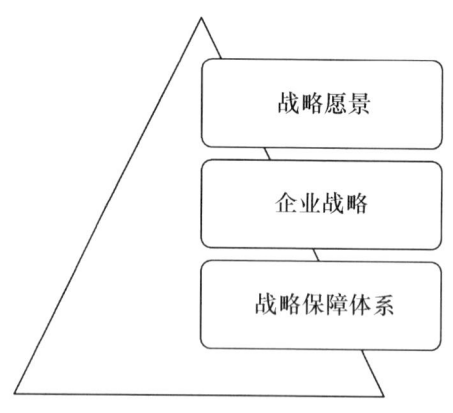

图1-8 阿里巴巴生态圈的3个关键点

① 战略愿景：在对企业的内部情况和其所处的外部市场环境进行研究和分析的基础上，阿里巴巴制定了企业的战略愿景，为其商业生态圈的构建提供了原始的动力和方向。"让天下没有难做的生意"的战略愿景，就是阿里巴巴在电子商务生态圈的构建过程中始终追求的一个目标。

② 企业战略：根据市场的发展规律和特点，以正确的切入点进入市场，可以起到事半功倍的效果。阿里巴巴以B2B领域的发展为基础，充分利用资源，通过横向、纵向一体化战略的结合，不断扩大和完善商业生态圈，并通过相互之间的协同作用，获得价值的最大化。

③ 战略保障体系：有了明确的战略愿景和企业战略，接下来就是有关执行的问题了。对阿里巴巴来说，保障其战略顺利执行的秘诀在于其始终坚持顾客视角，并重视企业内部创新机制和文化的建设。这已经成为阿里巴巴在商业生态圈的构建过程中不可或缺的一部分。

虽然阿里巴巴凭借以上3个关键点成功构建起了电子商务生态圈（图1-9），但是其生态圈也将面临诸多的挑战，比如增值服务不够健全，各种专业细分网站的发展将来会成为阿里巴巴的重要威胁等。基于这一点，阿里巴巴的商业生态圈在未来也将会不断发展和完善，最终将生态圈这一商业新势力的价值发挥到极致。

生态圈这一商业新势力已经逐渐成为商业舞台上的重要角色，不管是作为商业巨头的阿里巴巴，还是其他企业都在用这种方式构建属于自己的竞争优势。未来，会有越来越多的企业关注商业生态圈，商业生态圈也会变得更加丰富。

图1-9 阿里巴巴生态圈盘点①

1.2 互联网新秩序：生态圈模式下组织重构、管理进化与生态布局

1.2.1 商业进化论：C2C商业生态崛起，开启个性化定制时代

随着全新的消费理念以及消费方式逐渐为大众所接受，C2C商业生态模式应运而生。可以预见：在日新月异的商业时代，以C2C为主导模式的新兴企业将会以其良好的发展态势取代那些利益至上的企业。

---

① 图片来源：中国财经网

移动互联网、大数据、3D打印等新兴产业的发展给传统经济带来了极大的冲击，让整个商业世界猝不及防。曾经占据通信领域半壁江山的黑莓、诺基亚以及影印大鳄柯达的衰落让我们不禁疑惑：为什么那些"老牌"企业无法在当前的商业环境中存活下来？

互联网以及移动互联网的兴起和发展使我们开始从实体物理社会向虚拟数字社会过渡，整个商业环境也处于虚实之间。不得不说，商业环境的跨越式发展改变了我们陈旧的消费方式、消费理念，取而代之的是正在形成中的足以颠覆传统经济的"C2C商业生态圈"。

历史发展的每个阶段都有驱动经济发展的商业模式，而工匠店铺定制可以说是最早的商业模式。随着社会的发展，一些传统的商业模式已成为"被封存的记忆"，而个性化规模定制则成为当前信息社会的商业发展模式。

（1）个性化定制的3种模式

个性化定制在互联网大环境的带动下出现了至少3种模式，如图1-10所示。

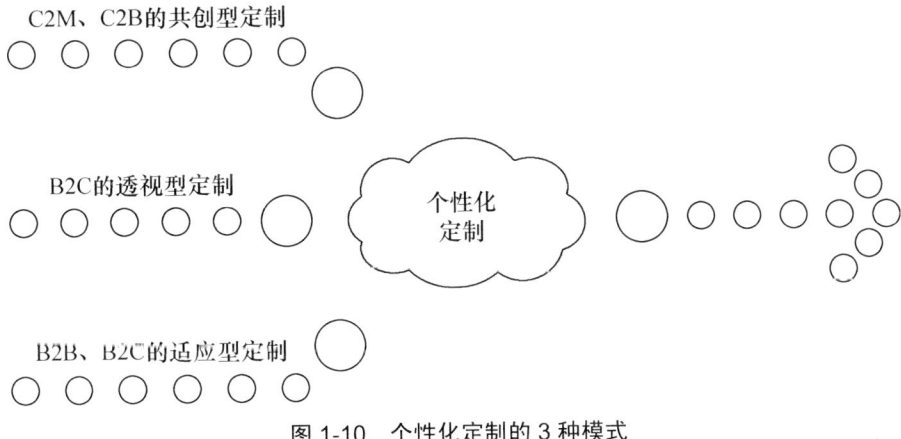

图1-10　个性化定制的3种模式

① C2M、C2B 的共创型定制

特点：顾客对工厂或企业提出需求，企业可以"量体裁衣"，双方可以对产品进行共同开发，如小米手机、阿迪达斯、尚品宅配等。

② B2C 的透视型定制

特点：企业根据已有的客户信息以及通过客户体验所获取的数据，将个性化的产品提前提供给客户，如亚马逊、京东商城等。

③ B2B、B2C 的适应型定制

特点：企业与企业或客户之间形成内部网络，客户可以在企业的标准产品平台上进行个性化产品的定制，如 Facebook、阿里巴巴、苹果等。

无论是以上哪种个性化定制模式，都正逐渐改变着传统企业。其中，颠覆传统的关键要素有两个：需求和供给，如图 1-11 所示。

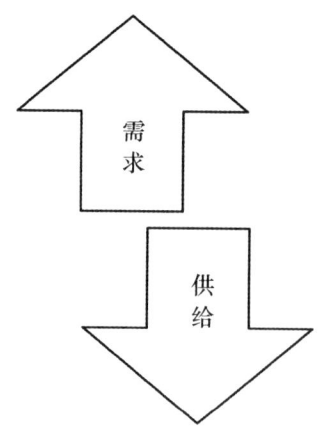

图 1-11 个性化定制模式的两大关键要素

所谓需求，就是要将客户需求放在首位，真正实现"以客户为中心"驱动的经济发展和管理；所谓供给，就是指要建立新的竞争优势，完善供给渠道，形成全新的商业生态体系。正是这两个关键因素催生了"C2C 商业生态圈"这一新模式。

C2C 即 Customer to Customer。第一个 C 是指基于客户为中心的个性化需求体系；第二个 C 则代表客户参与制造和供应的供给体系。C2C 从需求到供给到消费，都是由消费者自己完成的。我们可以说，**C2C 已然形成了一个人与人、人与物、线上与线下环形链接的循环商业生态模式。**

C2C 模式的出现，使消费者不再是被动购买者，高交易成本的经济局面被打破，同时减轻了中间环节所带来的消费压力，真正实现了"以客户为中心"的商业配置。

不得不说，在 C2C 模式的带动下，每个人都扮演着消费者、企业家、销售者等多种角色。而那些大型企业的衰落与新兴企业的逆袭也反映出 C2C 商业模式在当前商业文明中的重要地位。

要深入了解 C2C 生态模式就要从需求和供给这两个关键要素入手。首先，我们就从"以客户为中心"来分析 C2C 是如何刺激需求、颠覆传统经济模式的。

研究表明，在传统的实体商业世界和当前虚实交错的商业世界，"以客户为中心"的内涵和实现方式是有本质区别的：**前者是以客户为中心的"围剿模式"，后者则是以客户为中心的"求爱模式"。**

（2）以客户为中心的"围剿模式"

"围剿"说明消费者是被动的，没有话语权。那么，为什么将传统经济时代的以客户为中心称为"围剿模式"呢？我们可以通过包括产品（Product）、价格（Price）、渠道（Place）、促销（Promotion）的 4P 营销理论来进行阐释，如图 1-12 所示。

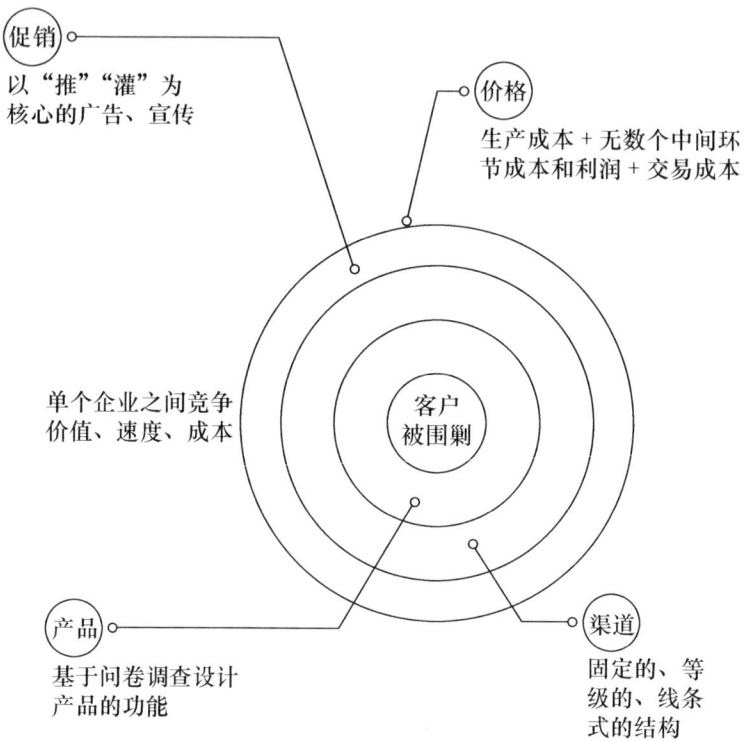

图1-12 以客户为中心的"围剿模式"[1]

++

★产品：主观性导向

每种产品都应具有独特的卖点，产品的功能诉求是营销的重点内容。传统企业采用问卷调查的方法收集客户需求进行功能设计。某些企业也会通过第三方中介调研机构获取客户需求，根据问卷和调研结果进行产品的设计、开发。

其实这只是一种单向的市场调研，仅通过问卷上的几个问题是无法深入了

---

[1] 图片来源：雪球网

解客户需求的。同时，问卷调研的反馈数据带有迟滞性，企业无法获取即时的客户需求，这种简单的方式无法帮助企业真正了解顾客。

★渠道：强权式架构

传统的商业社会中，企业并不是直接面对消费者的，企业与消费者的联系依赖于第三方甚至是第四方的打理，这就使得销售以及消费渠道是固定的、受限的。

曾经的通信业巨头诺基亚就是以这种渠道来与客户进行连接的。这种渠道结构弱化了企业与消费者的关系，使得企业既无法感知消费者的需求也无法获得即时的反馈。

★促销：进攻性广播

传统经济时代以"推销""灌输"为主要促销方式。企业强行灌输自己的进攻性广告，忽视消费者的个性化需求。"推销""灌输"有时也伴随着虚假宣传，这对消费者来说是一种欺骗性"围剿"。

★定价：逐利式定价

传统商业的产品价格是依据生产成本、无数中间环节的成本、利润以及交易成本进行制定的。通过转嫁成本，最终实现对消费者利益的"围剿"。

++

通过以上分析，我们可以看出"围剿模式"本末倒置，没有将客户需求放在首位，而是将着眼点放在如何模仿同类企业的做法上，加剧了企业间的不良竞争。"道不通，术必败"，"围剿模式"所带来的零和博弈，必然不能帮助传统经济持续健康发展下去。

（3）以客户为中心的"求爱模式"

与被动的"围剿模式"不同，"求爱模式"的客户是自由的。C2C商业生态模式就是"求爱模式"的典范：倾听客户的需求，以此进行设计，交付之后给予客户满意的服务，以各种高效的方式进行营销，由此形成一个充满关爱的商业生态圈。

这正是虚实交错的商业世界中以客户为中心的本质内容，这样的"求爱模式"可以使客户始终获得全方位的关爱。同样的，我们也通过4P理论来分析一下"求爱模式"的内涵，如图1-13所示。

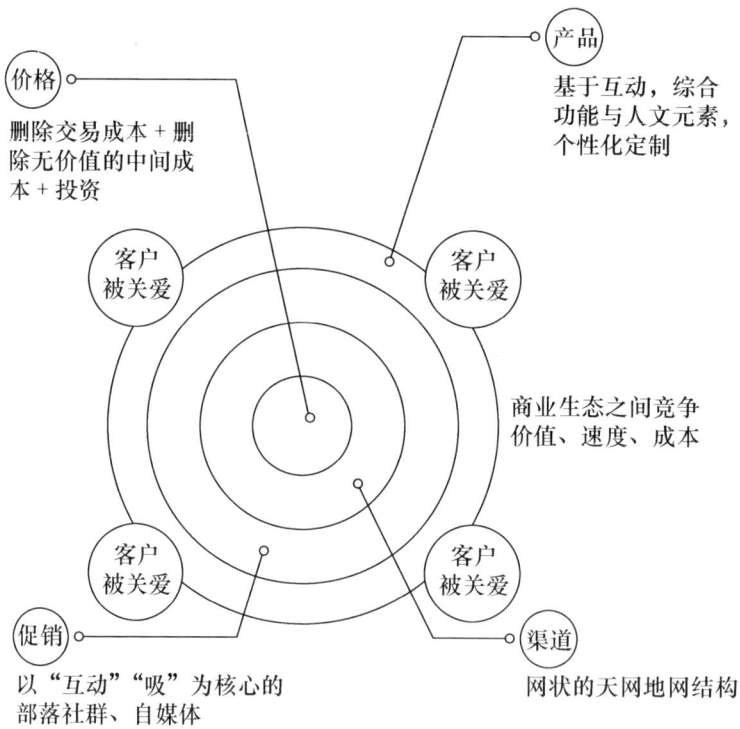

图1-13 以客户为中心的"求爱模式"①

---

① 图片来源：雪球网

★产品：个性化定制，刺激"动物精神"

"求爱模式"下的产品是基于互动，进行个性化定制而产生的。"动物精神"是诺贝尔奖获得者乔治·阿克洛夫和罗伯特·希勒所提出的，该理论表明影响资本市场及经济发展的因素不仅有供应和需求，人们的心理和行为也发挥了重要作用。

借助"动物精神"这一理论，我们不难发现个性化定制是C2C商业模式的中心环节。人与企业、人与人之间基于互动，在产品中注入个性化创意，客户从中找到共鸣并产生心理和行为上的变化，最终转化为交易行为，实现产品的商业价值。

"求爱模式"中的产品首先必须是有灵魂的，这个灵魂源于消费者自己的创意。

产品要将消费者的个性化需求融入其中，展现消费者的自我意识。在实现个性化的过程中，消费者的角色转变为设计师。企业或者商家通过平台设置，实现客户的角色转换。

其次，产品中要充满人文元素，给客户眼前一亮的感觉。

所谓的个性化定制，除了客户自己的创意，还要求企业要对产品进行颇具人文关怀的设计，使产品在充满个性化的同时让客户产生不敢相信的惊喜感。

这样，消费者所经历的就不只是简单的购买过程，而是一个个性十足的人与物、人与人的互动过程。

★促销：互动式参与，消费者就是媒体人

随着互联网和移动互联网的发展，传统经济时代单靠媒体打广告、喊口号的促销模式已被历史的车轮碾过。现在，消费者可以通过微博、微信、百度贴吧等平台，开启"自媒体"模式进行互动式参与。

消费者对于任何产品都有自己的主张、判断。他们可以通过自媒体表达自己对产品的爱憎，在这里消费者的角色又转换为媒体人。

不论是消费者还是商家，都可以在微信上建立公众号或社群圈，拥有粉丝、客户，成为自媒体。当前的现实就是大众对一款产品的了解不再是偏听商家的介绍，更多是倾听朋友、粉丝的声音。

小米可以说是 C2C 商业模式的受益者。小米在 3 年内实现了 300 亿元的收入，这是一个商业奇迹。究其原因，这与其一开始就建立的粉丝社区不无关系。小米在 2010 年建立了 100 个种子用户群，与其进行深入互动，彻底抛弃了传统商业的进攻式促销方式，转而进行温和的嵌入式互动。

传统的促销方式是企业打广告说好，而小米则是通过种子用户之口表现产品优势。小米没有在电视、广播这种主流媒体上做广告，而是依靠种子用户的口碑效应造就了小米奇迹。正是这样互动式的营销使小米在不到一年的时间里发展出 50 万个发烧友用户，这是传统商业望尘莫及的。

★ 渠道：天网地网式，消费者就是全渠道的起点

与传统商业模式渠道的中间商逐级传递结构不同，C2C 商业生态模式的渠道是 360° 的网状结构。无论多么好的产品、多么广的传播范围，在传统渠道中总会有传播不到的死角，而 C2C 的全渠道平台完美地解决了这个问题。

消费者是这个全渠道平台的起点，全渠道又分为"天网"和"地网"。所谓"天网"就是与移动互联网相关的微博、微信、论坛等；而有人群聚集的地方则归为"地网"，如商场、影院等。

说到 C2C 的渠道不得不提到小米的"天网"。小米之所以能火起来，与其打造的集微博、微信、社区、QQ 于一体的渠道平台有着密切的联系。小米首先建立社区来积累忠实客户，然后通过微博、QQ 进行产品传播，最后通过微信展开

客户服务。截止到 2014 年年中,小米已经积累了 2000 万的用户,成了家喻户晓的智能手机品牌。

★定价:裸价送投资,消费者就是创业者

在 C2C 商业生态模式下,消费者参与了从产品设计到营销的全过程,产品的定价是删除交易成本、删除无价值的中间成本之后的裸价。消费者获得了实惠,同时也避免了企业间的不正当竞争。

定价变为裸价的同时,消费者还可以因口碑传播而获得佣金,刺激消费者参与经营。这样的社会化营销模式将消费者转变为创业者,实现了其创业梦想。

++

C2C 商业生态模式真正实现了"以客户为中心",个性化定制实现了消费者的角色转换,消费者可以是设计师、媒体人、渠道商,甚至是颇具挑战性的创业者。个性化定制开创了新的需求体系,这可以说是 C2C 商业模式一个非常重要的特征。

通过个性化定制模式,个人的创造潜能得到释放,人与人、人与物之间的直接交流使市场结构发生变化,曾经冷门小众的内容会逐渐向大众市场中渗透并最终成为商业市场的支柱,这也是 C2C 模式的特征之一。

(4)走向小鱼淹没大鱼的时代

克里斯·安德森曾提出著名的长尾理论:大众市场注重流行需求,而人们极具个性化的、零散的需求则在市场中呈现出一条长长的"尾巴",但是若将这些少量的需求汇集起来,其市场份额足以超过大众产品的市场份额。未来,商业时代的成功不在于"the head"而在于"the long tail",如图 1-14 所示。

商业生态圈——"互联网+"时代，构建互赢共生的商业生态模式

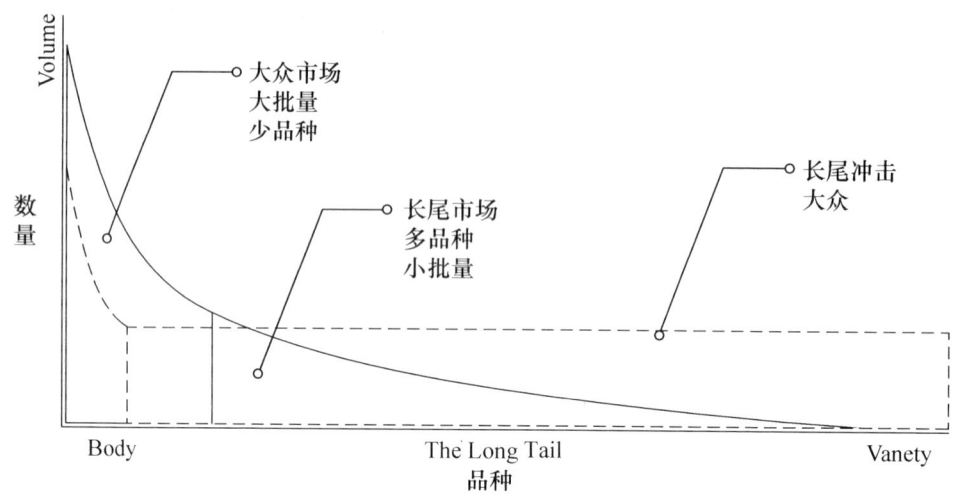

图1-14 "长尾理论"模型示意图①

"大鱼吃小鱼"是市场的游戏规则，而企业为追求最大化的经济利益，会不断为消费者提供一成不变的大众产品。我们可以回想一下：曾经的电视广告好像一个模子刻出来的，我们看到的电视节目也表现着大致相同的主题。在传统企业占主导的时代，那些注重个性化需求的企业只是"小鱼"，注定只能在夹缝中生存。

随着互联网和移动互联网的迅猛发展，那些"小鱼"将以其数量优势淹没"大鱼"。不同于传统企业大手笔的广告费用，长尾企业以其低成本的宣传手段、个性化的产品在移动互联网时代的商业世界中将表现出明显的竞争优势。

长尾企业创造了更加透明的市场规则，消费者可以通过微信、微博等社交网络发挥自己的主动权，个性化的消费也取代大众产品成为时代新潮流。我们可以预见，当长尾企业足够多的时候，不仅会以其个性化冲击大众市场，更会形成多品类商业生态圈，并最终取代大众市场。

---

① 图片来源：雪球网

C2C 商业生态模式专注于消费者的个性化定制，也就是长尾企业所注重的少量需求。并且，C2C 模式颠覆了传统大众市场的经营管理方式，通过社交网络平台建立用户体验，借助客户力量进行个性化定制，实现"小利润大市场"，最终形成经济驱动的新轴心。

就如同盖房子打地基，个性化需求体系是 C2C 商业生态圈形成的基础环节。在此基础之上，建立客户参与制造的供给体系是实现 C2C 模式高效运转的关键环节，这就是我们所说的 C2C 中的第二个 C。

当前商业市场的竞争已不再是单个企业之间的竞争，而是升级为商业生态之间的竞争，只有深入了解商业体系，建立商业生态圈优势，企业才有可能在这场战争中获胜。

1.2.2 满足个性化市场需求，打造 C2C 商业生态圈的竞争优势

商业体系是随着时代的发展不断演进的，18 世纪手工作坊时代的商家专注于个体竞争；到了 20 世纪就进入了大批量生产时代，规模化的经济效益使企业注重价值链的竞争；而 21 世纪的专业化分工、合作的新时代，则使整个商业体系扩大为商业生态圈。

所谓商业生态圈，就是消费者、制造商、供应商、分销商等商业组织分工合作，建立价值平台，共同为同一客户群体服务。

企业从密集的手工作坊发展到垂直线条的价值链，再到现在网状的商业生态圈，这样的逐级演进，使得整个市场竞争的焦点在不同时期产生不同的变化，引发了三次市场竞争形态的重大变革，如图 1-15 所示。

① I 型竞争

这种竞争形态延续了几百年，其市场内容主要是进行简单功能性产品的买

卖交换，缺乏资源创新。如手工作坊的产品，其竞争的成败主要取决于产品的制作工艺能否世代相传。

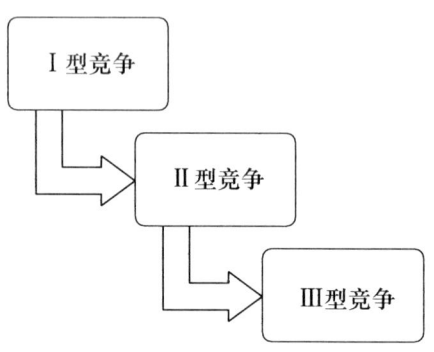

图 1-15　市场竞争形态的 3 次重大变革

② Ⅱ 型竞争

随着历史的进步，产生了聚焦标准化、规模化经营和市场品牌推广的 Ⅱ 型竞争，如可口可乐品牌、福特汽车流水线等。这一时期，企业成功的法宝在于卓越的品牌建设和精细的企业管理。

该型竞争持续了 100 多年，但由于条块分割的需求，供给体系难以做到真正以客户为中心，该形态在金融危机之后正处于崩溃瓦解状态。

③ Ⅲ 型竞争

互联网的发展使企业竞争进入了低成本、高品质的分工合作时代。该型市场竞争的焦点在于能否建立低成本、高品质、快速度的商业生态圈。无论是 PC 互联网时代的微软、沃尔玛，还是移动互联网时代的小米、腾讯、苹果，都是商业生态竞合关系的典范。

在 Ⅲ 型竞争当中，企业的成败不是只看企业自身的发展，更重要的是看企业能否进行商业整合，建立跨界平台，打造商业生态圈，或者是被他人整合，融入生态圈当中。

对企业和消费者而言，Ⅲ型竞争是终极的市场竞争形态。如果一个企业可以按照客户需求进行个性化定制，并以此与各类企业进行分工合作，这就意味着该企业完成了 B2C、B2B、C2B 等个性化定制模式的连接与整合，形成了一个完整的顺应时代的 C2C 商业生态圈。只有这样的企业才能在激烈的市场竞争中取得最终胜利。

（1）建立 C2C 商业生态圈的竞争优势

C2C 商业生态圈与以往的小型工匠作坊和单打独斗的企业价值链竞争相比，具有低成本、高品质、快速度的优势。下面我们就从 3 个方面进行深入分析，如图 1-16 所示。

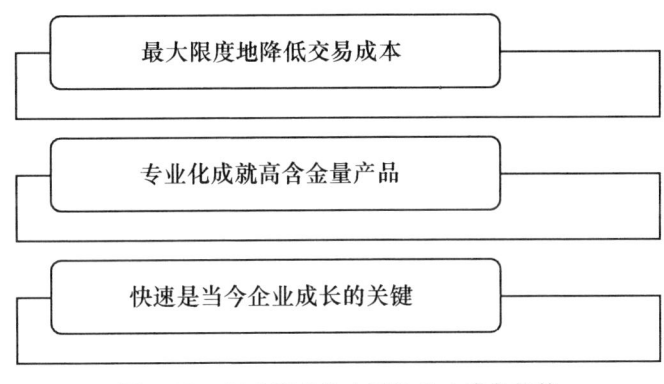

图 1-16　C2C 商业生态圈的 3 大竞争优势

① 最大限度地降低交易成本

"交易成本"是企业生产面临的首要问题。经研究表明，在众多产生交易成本的因素中，信息的滥用和一味追求利益是企业产生高交易成本的主要诱因。

传统企业没有分类整合的观念，各企业间是孤立的。企业间的产业链条被分割，企业追求利益而不求合作，导致资源浪费；同时客户流、商品流、资金流等信息的严重不对称和滥用，也为企业增加了不必要的成本。

与传统商业相比，C2C 商业生态圈则借助新商业模式和系统内协同管理的方法最大限度地降低了交易成本。

C2C 的首要特点就是实现个性化规模定制，这是一个涵盖设计、制造、消费、服务等多个环节的模式，必须要实现各个环节的协同管理，而建立统一经营目标、**打通各环节的信息接口是实现成本降低、协同创新的关键**。

协同创新的威力是不容小觑的。比如，通过群体共同决策或群体合作进行产品的控制，不仅可以提高生产效率，同时也能够减少中间环节，有助于消除中介暴利和成本浪费，最终实现交易成本的降低。

协同创新促使交易成本降低不仅使消费者受益，也使定制型企业在商业生态圈中获得了长足的发展。

++

【案例一】

沃尔玛是 B2C 透视型定制的倡导者，也是商业生态圈的早期践行者之一。在企业运营的过程中，沃尔玛同生态圈的其他环节建立了协同创新平台。

沃尔玛的包装、订货以及物流系统都是在与其他企业的协同整合下完成的，同时，沃尔玛借助大数据建立了商业生态的信息流、资金流体系，这样的协同创新在很大程度上帮助企业提高了效率，降低了交易成本。

沃尔玛节省成本的数据是惊人的：在传统的商业体系中，物流支出占交易成本的 30%～50%，而沃尔玛由于商业生态的协同整合，其物流支出成本只占 2%～3%；传统商品的仓储安全期是 40 天，而沃尔玛则是 0 天。仅这两项，沃尔玛每年节约的成本就不容小觑见！

除此之外，在商业生态模式的帮助之下，沃尔玛每年节约了 350 万美元的运输费用、2500万美元的燃料费用、727个船运货柜以及1300桶原油，减少了资源浪费，实现了资源的高效利用。

【案例二】

尚品宅配遵循的是共创型定制模式，建立了相对封闭的商业生态圈。尚品的生态圈依赖5个成员的协同合作来实现高效运转：软件公司圆方根据客户的个性化要求进行定制；新居网为客户提供展示界面；唯尚制造提供统一订单生产；尚品宅配和维意展开个性化的市场营销。

这5个生态成员一方面以共创型定制的业务价值为基础，共同对客户需求进行"量体裁衣"；另一方面又本着内部协同型定制的企业价值，5个成员通力合作，协同创新，最大限度地降低交易成本。如此一来，一套三室一厅的全屋定制价格甚至有可能低于一套进口沙发。

++

事实上，交易成本高的企业想要在当前的商业世界中存活下去绝非易事。德勤前沿研究中心的研究表明，高交易成本是导致500强企业寿命骤减的主要原因，它们很难同那些低成本、高品质的个性化定制企业相抗衡。

② 专业化成就高含金量产品

要想在C2C商业生态圈中占据竞争优势，企业必须要具备近乎极致的专业化水准以及同其他企业一起帮助客户解决问题的协同能力。具备这两点优势的企业在商业世界的地位是其他企业无法企及的。苹果就是一个很好的范例。

++

苹果是智能产品的代名词，旗下的iPhone系列更是智能手机时代的巅峰之作。毫无疑问，苹果公司在智能时代创造了一个奇迹。有人将苹果的成功归功于产品简洁大气的设计、乔布斯的英明领导、完美的线下体验以及完善的专卖店服务。

  但是,在虚实交错的商业世界,仅靠这几点理由阐释苹果的成功似乎有些单薄。苹果的成功,更重要的是其从设计、供给、营销到服务,都形成了自己的商业生态圈。一部 iPhone 的诞生所需要的是无数个专业化生态企业的协同合作,如图 1-17 所示。

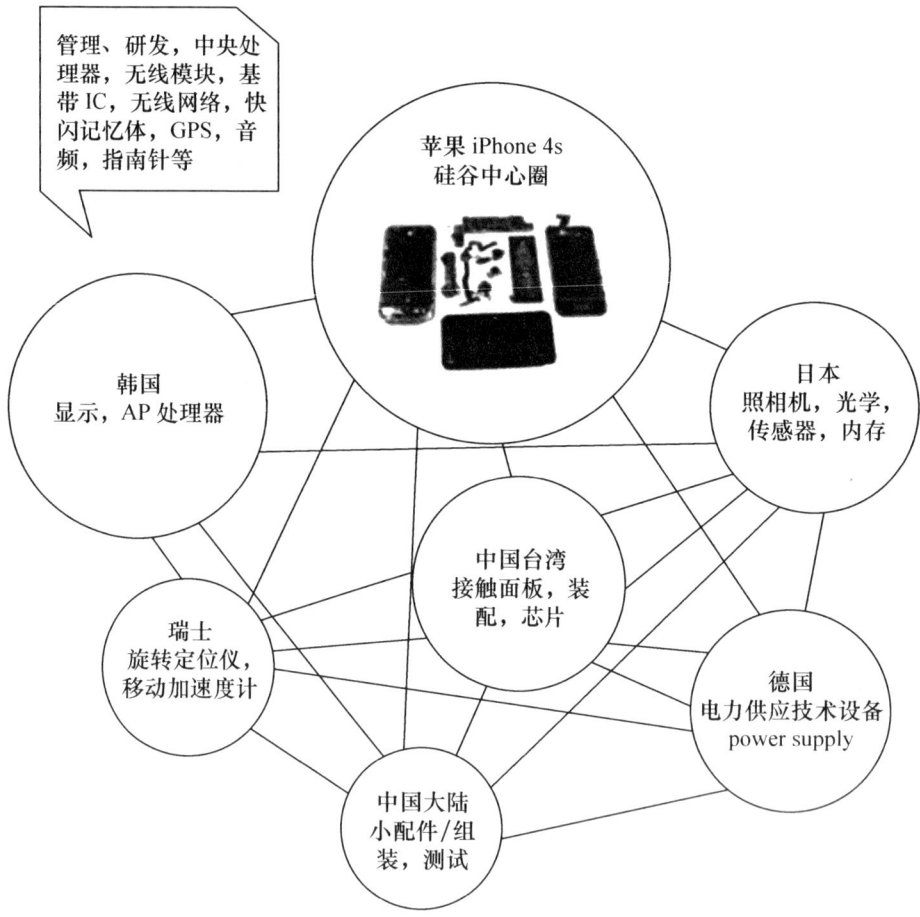

图 1-17 以 iPhone 4s 为代表分析苹果的商业生态圈[①]

[①] 图片来源:虎嗅网

首先，苹果公司将手机设计、生产的不同任务发布到全球，以严格统一的标准选择合作伙伴。所要合作的企业必须具备与苹果公司相同的价值观，对技术品质的相同信仰，更重要的是，都要具备高品质的专业化水准。因此，苹果的商业生态圈连接了众多卓越的企业进行协同创新，并最终创造出了卓越的产品。

++

在商业生态圈中，企业所获得的利润是按照创造价值的含金量来分配的。企业所创造的价值高则获得高利润，反之亦然。这就有效地驱动了以客户为中心的专业化创造，从而创造出符合客户需求的高含金量产品。

③ 快速是当今企业成长的关键

这是一个日新月异的时代，速度毫无疑问已成为重要的竞争元素。一个企业发展为领袖级企业需要几十年甚至几百年的时代已经不复存在。在互联网、移动互联网时代，一个企业发展壮大有时候仅仅需要几年的时间。

在电子科技领域，像华为、联想这样的企业经过二十多年的积累才有了超过百亿元的业绩，但像小米、Google、科通芯城却能在几年时间内创造出百亿量级公司。

老牌电子企业大都是个体发展模式，最多做到垂直价值链模式，发展更新没那么快速，但像科通芯城这样的创业企业所使用的是商业生态平台模式和协同管理的方式，在3年内就实现了百亿元业绩，跻身到了领袖级企业的行列。

企业能够快速发展不得不提到以下几个原因，如图1-18所示。

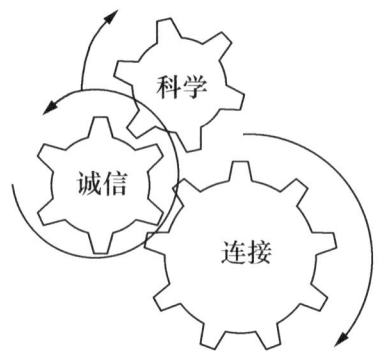

图 1-18　企业快速发展的三大原因

++

★ 连接，即快速

世界范围内各产业的竞争格局基本都由大鳄引领，中国的电子元器件产业也不例外。几家数量占 1% 的大企业的采购量约占市场销售总规模的 60% 以上，而其余 99% 的中小企业每年只贡献 2 万亿元左右的采购量。由于订单小、地域分散，这些企业往往就被分销商忽视了。

但是科通芯城却关注到其中的商机，建立了 IC 元器件的新型商业生态平台和协同管理平台，通过协同创新与管理，帮助这些低能、低效的长尾企业实现透明决策、快速交易。如该企业创造性地将微信变为协同众多企业家决策的平台，极大地提高了解决问题的速度。同时，科通芯城也在商业生态平台上得到了快速成长，迅速壮大起来。

★ 诚信，即快速

诚信是企业的立身之本，同时也是企业快速成长的关键因素。在这一方面，科通芯城的做法值得我们借鉴。

科通芯城面向的是中小企业，这些企业更看重的是产品质量和技术支持。对此，科通芯城倡导品质保证，假一赔十。客户采购之后，无论出现产品质量问题，还是方案设计问题，科通芯城都会本着诚信的理念予以解决。这样不仅使交易高效快速，企业也可以迅速发展起来。

★科学，即快速

随着互联网、移动互联网的发展，许多领袖级企业建立了生态内的O2O协同管理平台。将微信作为公司数据库、IT系统的核心前台，用大数据驱动精准化管理，实现与决策层的直接联系。

企业决策者可以通过微信直接与生态系统内其他企业的关键人进行沟通，足不出户就可以实现各个环节的协同管理，将采购决策转化为实际交易量。

比如，科通芯城就通过手机的即时智能语音询价、报价、下订单、查订单等功能，获取了PC端无法触及的客户，帮助其更加高效快速地服务客户。
++

（2）转型，还是被终结

C2C商业生态圈的竞争无疑是激烈的。传统型企业要想在当前的商业世界中存活下去，转型是唯一的出路。大公司更需要向平台化方向转变，通过汇集那些小而美的个性化企业来实现自身的发展。
++

SAP的NetWeaver平台能够全面整合企业与员工，同时在开放的社区平台上拥有超过150万工程师和近50万专家，使之与市场进行无障碍衔接，为企业创造新的价值；Google也将公司转变为巨大的开发平台，卓越的企业和个性化的人才可以为智能产品贡献力量；除此之外，亚马逊、Facebook也都通过建立平台在商业世界站稳了脚跟。

马云可以说是中国建立商业生态圈的第一人。他建立了阿里巴巴适应型定制平台,无论是中小企业还是个人都可以在这个平台上创造价值;同时,他又汇集了物流、金融服务等生态企业,实现了众多企业和个人的协同发展。如"美亿佳"的创始人黄崇鉴正是由于阿里巴巴的平台机会,在三年时间内创造了1000万元的销售业绩。

腾讯通过自己打造的微信平台,不仅成就了大批新型自媒体,也使自己在短时间内拥有了6亿以上的用户。

++

以上案例都说明在当前这个虚实交错的商业世界,大公司的平台转型势在必行。C2C商业生态模式虽然还处于雏形期,但是其发展速度与规模不容忽视,未来这种模式终将颠覆传统企业,成为商业发展的潮流。

▶1.2.3　生态战略VS商业布局:未来企业间竞争是生态圈的竞争

美国著名管理学大师德鲁克曾说:"当今企业之间的竞争,不是产品之间的竞争,而是商业模式之间的竞争。"然而时至今日,互联网正以前所未有的速度渗透到社会经济与生活的各个领域——工业、农业、医疗、教育、金融、零售、影视、物流、交通、音乐、出版……在当今这个"互联网+"时代,企业之间的竞争正逐渐由"商业模式之间的竞争"上升到"生态圈之间的竞争"。因此,如何构建企业的生态系统、打造生态型企业,对所有的企业而言都是不可回避的问题。

那么,一家企业的生态系统究竟是什么样子的?通俗而言,企业的生态系统就如同大自然的生态系统。众所周知,大自然的生态系统是由水、阳光、空气、河流、山川、植物、动物等众多要素构成的,而企业的生态系统亦然。就整个"商业生态圈"来说,传统企业只是其中的一个要素。而所谓的"**生态型企业**",则是企业依靠自身平台，通过整合业务资源、延伸产业链，从而构建自己的企业生态系统。

（1）生态型企业出现

大自然生态圈的形成有它自己的过程，那么跟其相似的生态型企业又是如何构建及发展的呢？简单来说，生态型企业之所以能够发展起来，完全得益于平台的发展，而平台的发展又源于双边市场的兴起。

双边市场也称为双边网络（但通常我们称之为多边网络），顾名思义，双边市场是指一个或几个用户通过缴纳一定的费用借助平台进行交易（交易的范围广泛，可以是有形产品，如食品、服装等，也可以是无形产品，如服务），以期获利或至少不损失利益。双边市场的模式在很多行业中都有应用，如在操作系统平台中，软件的使用者和开发者在市场中各据一端；包括B2B、C2C、B2C在内的电子商务平台也是如此，市场的一端是买方，另一端是卖方。

网易、腾讯、百度、阿里巴巴这些"平台型企业"就是基于互联网领域的四大基础应用——邮箱、im(即时通信)、搜索和电子商务而诞生的。平台型企业的发展一般都有一个固定的模式，在开始阶段为吸引更多的用户，而采用让用户免费体验的手段，一旦绑定用户之后就开始收费。如作为搜索引擎的百度最早涉足的是支持用户免费体验的新闻、博客、im等领域，在拥有一定的用户规模后，又开始进军网游市场。

近几年，随着智能手机的热卖，移动平台市场出现了多强争霸的局面。根据市场调研机构TrendForce发布的调查报告：2014年全球智能手机的销量为11.67亿部，预计到2015年底将达到12.90亿部；其中，三星和苹果分别以28%和16.4%的市场份额占据前两名，而中国生产的智能手机所占的市场份额为40%，如表1-1所示。

表 1-1　2014 年全球智能手机销量排行榜[①]

排名	2013年	市场份额	2014年	市场份额	2015年	市场份额
1	三星	32.5%	三星	28.0%	三星	26.6%
2	苹果	16.6%	苹果	16.4%	苹果	16.4%
3	联想	4.9%	联想+摩托罗拉	7.9%	联想	7.4%
4	华为	4.4%	LG	6.0%	华为	6.6%
5	LG	4.3%	华为	5.9%	小米	6.5%
6	索尼	4.1%	小米	5.2%	LG	4.1%
7	酷派	3.6%	酷派	4.2%	TCL	4.1%
8	中兴	3.2%	索尼	3.9%	酷派	4.0%
9	诺基亚	3.0%	中兴	3.1%	中兴	3.4%
10	RIM	2.5%	TCL	2.7%	索尼	3.1%
	其他	20.9%	其他	16.7%	其他	15.8%
合计（亿部）	92.72		116.69		129.03	

通过平台的支撑，企业将各个产业链连接起来，进行资源共享，构建"生态圈"，成为生态型企业。阿里巴巴就是通过它的电子商务平台，将各个企业、创业者连接起来，实现信息共享，抓住消费者，以期打造健康的生态型企业。在阿里巴巴的"生态圈"中，庞大的用户群和良好的平台优势是企业发展的有利土壤。

成立于 1999 年的阿里巴巴，发展的速度十分迅猛。2006 年，阿里巴巴平台国内交易市场企业的商铺数量为 156 万家，国际交易市场企业的商铺数量为 50 万家；2007 年，二者分别增长了 45% 和 35%。可以想见，阿里巴巴凭着自身电子商务平台的优势，轻松进军域名注册及服务市场就是水到渠成之事了。

2010 年之前的阿里巴巴，其生态圈的基本构成十分鲜明：三大互联网板块为企业间交易、个人购物和个人生活服务；三大平台为阿里巴巴、淘宝网和阿

[①] 数据来源：威易网

里妈妈；三大群体为中小企业、自主创业者和消费者；而主要的工具和资源则包括雅虎口碑、阿里旺旺、支付宝等。2008年4月，阿里巴巴推出具有个性化的高级服务平台——旺铺。而目前，随着大数据、云计算等互联网相关技术的发展，其生态圈还囊括了统计分析一类的网络营销工具。

（2）企业利用生态圈竞争

如今，生态系统的作用在企业间的竞争中越来越明显。就拿微软来说，它依靠PC操作系统平台的强硬地位和庞大的合作伙伴队伍，迅速构建起一套自己的生态系统。通过这套生态系统，微软使生态系统中的企业为微软提供产品服务，依赖于微软的平台，并与微软协同工作。凭借庞大的合作伙伴生态系统，到2007年，微软Windows Mobile操作系统已经在140多种手机上运行。

由于对产业链的无限追求，企业开始在横向和纵向上扩展自己的势力范围，而在企业扩展的过程中，生态型企业应运而生，这便是我们常说的控制动机。以阿里巴巴为例，在纵向一体化维度，阿里巴巴解决了第三方支付问题，并且并购雅虎进入搜索领域；而在横向一体化维度，阿里巴巴以B2B平台为切入点，以阿里软件进入管理软件领域，以阿里妈妈进入网络广告领域。

企业进入生态圈的直接目的便是降低成本，增加利润，扩大企业的规模，实现协同效益。在实现并购后，企业获得的利润可能会超过两家公司预期的现金流之和。2007年，微软在中国每创造一元钱，跟微软合作的企业就会有16.89元的收入。基于此，我们可以看出，企业构建生态系统的目的便是控制产业链和享受协同效益带来的便利。

（3）未来是生态型企业的天下

随着客户需求的不断增加，一体化的解决方案必将应运而生，而这将带动产业链由单一的线型向生态型转化，再加上生态系统内部良好的平衡能力与抵御风险的能力，使得企业可以在出现问题时迅速地自我调整与修复，将损失减少到最低。可以肯定地说，未来必将是生态型企业的天下。

在生态型企业占据未来市场的同时，也应注意处理好产业链开放、专注用户与核心业务等问题。

首先，企业要想发展成生态型企业，打造自己的生态圈，必须重视顾客的作用，将顾客的需求放在企业发展战略的重要位置。百度在这一点上就做得很好，在进军im时就非常重视用户的作用，利用一切条件来使用户对其产生依赖感。

其次，生态型企业也不应忽视自己的核心业务而去遍地撒网，盲目扩张。阿里巴巴为同行业的人树立了一个榜样，它构建生态系统的每一步都是基于相关的部署。

然而，在生态型企业迅速发展的同时，它们在管理上的问题也凸显出来。由于生态型企业在财务核算上具有独立性，这就不可避免地造成了各个子公司跟其下属部门协同时的摩擦。如果不能在短时间内进行信息的交流沟通，这势必会影响公司管理的效率。除了这些显而易见的问题，生态型企业也需注意应对开放产业链中恶性竞争的问题、打造专注用户以及如何让消费者明白"企业是做什么的"等问题。

1.2.4　生态圈VS可持续商业模式：深度解读互联网5大生态系统

"可持续发展"是所有行业发展的终极目标，互联网行业也是一样，经历了多年的迅猛发展，很多互联网企业通过与上下游公司的合作，开始构筑完整的生态系统，逐步迈入互联网生态系统时代。

2013年，互联网开始逐步颠覆各种传统行业，伴随互联网成长起来的80后

90后成为社会经济的主体,利用互联网实现产业发展的跨越逐渐成为现实,同时,随着上下游链条连接得愈发紧密和不断延伸,互联网产业生态体系逐步搭建成型,大大提升了互联网行业的服务水平,加快了对传统行业的颠覆与创新。

截止到2014年,互联网进入中国已经20年,中国互联网行业已经出现了众多的行业巨头,除了百度、阿里巴巴、腾讯三巨头之外,还有从互联网行业逆袭传统硬件厂商的颠覆者,以及互联网金融等新兴领域的开拓者,它们开拓了很多互联网生态系统模式,有些在市场的考验中逐渐没落消失,有些则经受住了考验,取得了巨大的成功。

(1) 百度(baidu.com)——有事问百度,中国人都知道

互联网先天的信息传播基因,决定了搜索引擎不可动摇的地位,多年发展造成的信息爆炸,更是让搜索引擎成为互联网最重要的权力核心,而百度正是全球最大的中文搜索引擎。中国数亿网民每天产生近百亿的流量,其中数十亿都流向了百度平台,在几千万页面中对这数十亿流量进行匹配,这使得百度逐渐成为一个无比庞大的生态系统。

用户从百度搜索框和百度联盟网站进入百度平台,再由百度平台通往各家企业,百度的商业价值就在这个过程中得以实现。在整个生态系统中,百度价值链牵引和推动着三方势力。

++

百度联盟是百度搜索广告植入的网站,通过为百度导入流量,获取百度提供的收益回报;与百度合作的企业,通过百度对接到有商业需求的用户,进行价值转化,将产生的一部分价值回馈给百度;搜索引擎营销诵过帮助百度的上下游企业与百度对接,从而提升整个百度平台的运转价值。

++

商业生态圈——"互联网+"时代，构建互赢共生的商业生态模式

以搜索为核心，三方势力在持续的运转过程中互相促进和成长，构成了百度生态系统。未来，随着整个系统基础层的持续优化，百度价值链的运转会变得更有效率，通过不断的循环往复，百度生态的价值会变得越来越大。

（2）腾讯（qq.com）——你可以没有电话，但不能没有QQ

毫无疑问，腾讯QQ是中国服务用户最多的互联网企业，几乎覆盖了所有的中国互联网用户。到2014年上半年，QQ的活跃用户数接近9亿，最多的时候，近2亿用户同时在线。这个强大的即时通信应用，深刻地影响和改变了数以亿计网民的沟通方式和生活习惯，同时也为基于QQ账号的其他网络应用开辟了广阔的前景。

随着微信、腾讯网、腾讯游戏、QQ空间、无线门户、搜搜、拍拍、财付通等一系列网络平台的开通，腾讯逐渐打造出了中国最大的网络社区，能够满足用户的沟通、资讯、娱乐和电子商务等各方面的需求。

基于此，腾讯成了中国最大的互联网综合服务提供商之一，构建出了"互联网增值服务＋移动及电信增值服务＋网络广告服务"的互联网生态系统。目前这个生态系统已经延伸到了电子商务、在线支付、搜索引擎、信息安全以及游戏娱乐等众多领域，腾讯正从方方面面影响着人们的生活。

（3）阿里巴巴（1688.com）——中国电子商务的代名词

作为中国电子商务的代名词，阿里巴巴在中国互联网行业掀起过无数的"狂风暴雨"，仅在2013年这一年，阿里巴巴就创造出了一个又一个互联网商业奇迹。

++

2013年6月，阿里巴巴旗下第三方支付平台支付宝打造的余额增值服务"余

额宝"上线18天就吸引了超过250万的用户，超过了当时国内排行前十位的货币基金客户的数量之和，到2014年3月，余额宝规模已超过2500亿元，客户数超过4900万，天弘基金一举成为国内最大的基金管理公司。

2013年"双11"当天，阿里巴巴旗下电商平台天猫交易额达到362亿元，订单量高达1.67亿笔，占当天全国消费零售总额的一半以上；到2014年"双11"，支付宝当日成交金额为571亿元，天猫仅用3分钟就突破了10亿元的交易额；2015年"双11"，天猫交易额再创历史新高，达到912亿元，其中移动端占比为68%。

++

创建于1999年的阿里巴巴，目前已经成为全球最大的在线电子商务企业。十几年来，阿里巴巴凭借天猫、淘宝、阿里巴巴国际站、1688等电子商务平台成功积累了上千万的卖家，吸引了上亿的消费者。而电子商务的发展，又带动了营销、物流、软件等周边行业的发展，一大批相关行业的互联网第三方服务商借此发展起来。

此外，阿里巴巴还深耕细作了网上支付、云计算等多个领域，建立起了完整的电子商务生态系统，形成了强大的电子商务帝国。随着对其他互联网企业的不断收购，阿里巴巴逐步拓展着帝国的版图，其在互联网领域的布局变得愈发完备和深入。

（4）乐视（letv.com）——互联网生态颠覆传统电视行业

2004年11月，刚刚在北京成立的乐视网还只是一家名不见经传的视频网站，2010年8月，这家网站已经在中国创业板成功上市，成为行业内首家IPO上市公司，也是国内A股唯一一家视频网站。然而，乐视网的野心远不止于此，上市之后，乐视网又进行了一系列让市场"大跌眼镜"的动作。

++

2013年5月,乐视网联合夏普、美国高通、富士康和播控平台合作方CNTV,正式推出乐视超级电视,以国内同类型产品售价的一半向大众销售,挑战了整个行业的定价体系;在营销方式上,乐视超级电视更注重于互联网营销,颠覆了传统的电视行业营销。

与超级电视同时推出的,还有操作系统LetvUI,再加上乐视云视频平台、乐视网、Letv Store,乐视逐步建立起一个"平台+内容+终端+应用"的"乐视生态系统",构筑了独特的乐视生态圈。而乐视的生态系统门槛极高,业内同行难以复制,所以这也成了乐视模式的核心竞争力所在。

++

到2014年7月,乐视网已经在美国洛杉矶和硅谷创立了两家子公司,开启了乐视生态业务全球化战略。未来,乐视颠覆的脚步将走向更广阔的市场。

(5) 91金融(91jinrong.com)——正在崛起的互联网金融新贵

互联网支付、P2P网贷、众筹等都已成为互联网领域的热门词汇,这些概念共同组成了互联网金融。从2013年起,互联网金融得到迅猛的发展,一大批互联网金融公司如雨后春笋般涌现,其中,成立于2011年的91金融增长速度十分惊人,在行业内已经声名鹊起。

早在成立之初,91金融就获得了经纬创投的首轮投资;2013年9月,获得田溯宁旗下宽带资本等多家机构6000万人民币的第二轮投资;2014年6月,91金融完成了新一轮融资,由海通证券子公司领投,前期投资方跟投,融资金额达到2亿元人民币。

刚刚成立的时候,91金融的定位只是为消费者提供金融产品导购服务,经过几年的发展,这家公司与银行、券商、保险、信托等金融机构的合作越来越深,积累了大量的金融用户数据和产品数据，凭借这些数据，91金融开始由单纯的营销通道业务，逐步延伸到金融交易以及产品业务。

++

2013年，91金融开始与银行合作发行金融产品，为企业提供定制化服务；2014年，91金融开始与更多的金融机构合作，推出更加完善的金融服务，并进一步拓展资产证券化业务。

如今，91金融凭借旗下的在线金融产品与服务导购平台91金融超市、面向中小企业理财服务的91增值宝、互联网理财平台91旺财、基于网络平台大数据形成的91金融云和91金融开放平台，建立了完整的金融生态系统，这个系统成功对接了数万家金融机构、中小微企业以及上亿金融消费者，每天产生的金融消费业务达到上百万笔。

++

截至2014年，91金融已经为超过200万的金融消费者提供了专业的金融服务，累计完成交易量近1000亿元，成为中国最大的互联网金融服务提供商。

1.2.5 揭秘BAT的移动互联网生态：布局移动端背后的商业思考

移动互联网相关技术的发展和智能手机的普及，使互联网的发展进入了一个新的阶段。而移动互联网的到来不仅使原有的商业模式和商业思维受到冲击，还重构甚至颠覆了旧的商业生态。因此，面对移动互联网的汹汹来势，企业只有顺应移动互联网的发展趋势，才能获得长远的发展。

相比传统互联时代，移动互联网时代商业生态的重心已经从流量转向了粉丝，而且更加重视用户体验和用户黏性，对跨界融合也有更高的要求。接下来，我们就以移动互联网商业生态的基本特征以及盈利模式为切入点，揭秘互联网三大巨头BAT（百度、阿里巴巴、腾讯）布局移动端背后的商业思考。

（1）移动互联网商业生态揭秘

随着移动互联网颠覆传统的商业生态，重新构建新的商业生态模式，互联网领域必将掀起一股新的浪潮，而我们则需以全新的心态去面对这一变化。

2014年8月27日，阿里巴巴提交给美国证监会SEC的更新后招股书显示，阿里巴巴集团旗下的淘宝、天猫、聚划算在二季度时的总交易额高达5010亿元，而移动端业务凭着庞大的用户群以及高达1.88亿的月活跃用户数为二季度业绩增长做出了重大贡献。

移动互联网在全球已呈井喷式的发展态势。迄今为止，全球移动互联网的用户已超出15亿。在中国，至2014年6月，中国的网民已达6.32亿，其中手机网民以5.27亿的用户数首次超越传统PC网民用户数。而在美国，使用智能手机的用户数已是计算机用户数量的4倍。

（2）生态特征

正如腾讯CEO马化腾说的那样："在移动互联网面前，每一个企业家都应有归零心态。"相比于传统的商业模式，移动互联网最大的亮点就是方便人们随时随地消费，从而拓展消费市场。

移动互联网商业生态模式相比传统的PC互联网，有自己的特征，具体如图1-19所示。

① 由重流量转向重粉丝

PC互联网的商业逻辑是通过流量盈利，通过入口级产品来吸引用户，获取网络流量，再将流量变现，以此盈利。而移动互联网由于碎片化的特征导致无效流量增加，无法能过简单的流量变现实现盈利。此外，相比PC互联网通过标准产品和服务获取用户，移动互联网则通过非标准产品或服务获取用户。

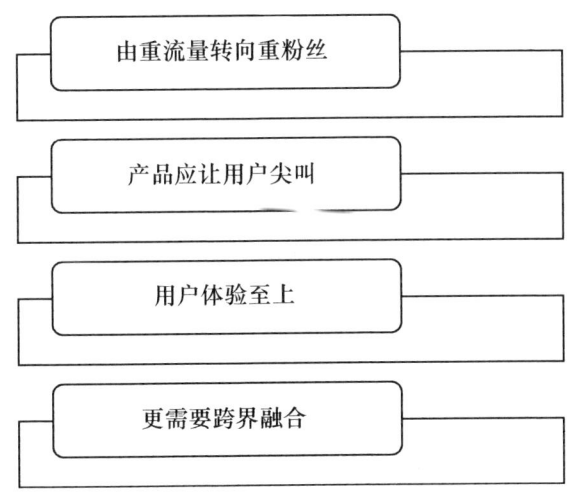

图 1-19　移动互联网商业生态模式的 4 个特征

根据中国电子商务研究中心的调查，移动互联网要获得发展，就要把用户变成粉丝，重视粉丝经济，忽视流量经济。基于此，移动互联网的商业逻辑也发生了重大变化。移动互联网在利用非标准产品获取了用户之后，利用用户的黏性和忠诚度形成自己的粉丝群，并且其强社交属性又能增加用户平台的黏性。

腾讯、百度、阿里巴巴在 PC 互联网的流量经济时代并称三雄，而在移动互联网的粉丝经济时代，由于三者的商业逻辑不同，腾讯和阿里巴巴的移动客户端更强，分别以微信和支付宝来获取用户，提高黏性，而百度则以流量分发为强项。

② 产品应让用户尖叫

移动互联网时代是用户为王的时代。在移动互联网中，要想提高用户黏性，就需找到用户的痛点，细分移动互联网应用的功能，将产品和服务做到极致，让用户尖叫，以此提高用户的黏性和忠诚度，形成粉丝群。

③ 用户体验至上

在移动互联网时代，企业想要抓住用户，提高黏性，获得市场认可，还需重视用户体验，寻找用户参与的驱动力。用户只有在良好的体验过企业推出的产品和服务后，才会积极响应，否则只会变成"僵尸粉"。

④ 更需要跨界融合

在移动互联网的大态势下，企业想要让更多的开发者加入其中，成为人生赢家，必须积极应对移动互联网应用开发的需求，构建更加多元的信息化技术生态和更加开放的IT系统。因此，企业必须要有开放合作的心态，通过跨界协作，整合资源，给用户提供更好的产品和服务，并实现效率最大化，以满足用户的多元需求。

终端、软件和应用已成为移动互联网产业链的三大业务层。其中，智能手机、平板电脑、电子书、MID等构成终端层，操作系统、中间件、数据库和安全软件等构成软件层，休闲娱乐类、工具媒体类、商务财经类等则组成应用层。

而云端和数据则是移动互联网终端的制高点。内容生产、内容聚集、内容发送、内容接收构成移动互联网生态系统价值链的四个主要的环节，但是完全参与这四个环节的企业却很少，一些企业只参与了其中一个或两个环节。

（3）盈利模式

中国电子商务研究中心对2013年互联网公司的盈利情况研究发现，游戏、广告、电商三者的盈利总和为93%，成为传统PC互联网的三大主要盈利模式。而腾讯、百度、阿里巴巴这传统PC互联网的三大巨头也是由游戏、广告和电商的细分方向发展起来的。

中国电子商务研究中心的调查也显示，移动广告是移动互联网的主要盈利来源。不过，尽管为数众多的企业希望在移动互联网上做广告，但广告模式想要在移动互联网上实现必须依靠创新，没有创新，手机广告只不过是 PC 互联网上广告的缩小版，既干扰用户又耗电，而且更容易引起用户的反感。从这个角度来看，有可能手机游戏才是最适合向用户收费的模式。

互联网平台想要满足线下商户多种类、多样化的产品和服务的需求，必须提供客制化程度很高的 LBS、移动支付和移动社交等服务，但是如此一来，互联网平台就缺乏简单流量变现的模式，这必然使增值服务成为它的主要盈利来源。基于此，增值服务将成为继游戏、广告和电商之后，互联网的第四大盈利模式。

移动互联网的收费模式主要有前向收费、后向收费和衍生收费 3 种模式，如图 1-20 所示。

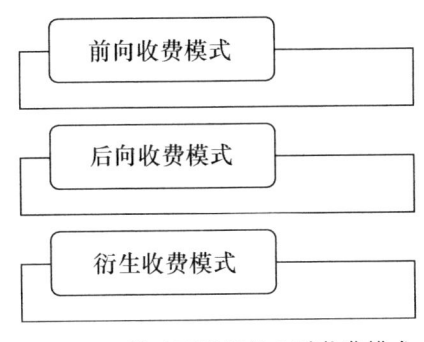

图 1-20　移动互联网的 3 种收费模式

① 前向收费模式

基于内容需求的刚性程度，向服务和信息的直接使用者或浏览者收费，如移动网络流量费、包月费、点播费等。采用此种收费模式的网站具有较强的吸引性和不可替代性。目前采用前向收费模式的行业主要有网络游戏、在线秀场以及在线文学等。

②后向收费模式

后向收费模式与前向收费模式相反，它基于网站的流量导入能力，并具备广告合适的展示方式，向企业或内容和服务的提供者收费，如广告发布费、竞价排名费、会员费等。采用此种收费模式的行业主要有搜索引擎网站、在线视频、电商网站等。

③衍生收费模式

衍生收费是在前向收费和后向收费的基础上产生的。内容和服务的提供者通过向用户提供优质的服务增加用户黏度，并引入新的产品和服务，吸引用户尝试这些新的产品和服务，并向新产品和服务的提供商收取费用。

比如，iPhone 上一款直升机操作的游戏 App，就是在积累足够多的用户和人气之后，引入玩具直升机供应商，这样游戏开发者就可以双向收费了，既向下载游戏 App 的用户收费，又向玩具直升机供应商收费。

1.3 生态 VS 跨界："互联网＋"新常态下，传统企业的转型之路

1.3.1 传统企业跨界：一场关于技术、产品与思维的"头脑风暴"

百度董事长李彦宏在 2013 年的百度联盟大会上曾发表演讲，认为传统企业正在迅速被互联网淘汰，虽然互联网在中国还是一个比较小的产业，但是互联网以外的产业都将受到互联网产业的巨大冲击。

互联网确实正在以前所未有的速度与能量深刻影响着中国的各个产业，然而需要指出的是，传统企业也可以是或者更应该是互联网创造的新机会的受益者。传统企业应该加速淘汰竞争者，而这需要通过互联网跨界来实现。

（1）互联网对其他产业的影响才刚刚开始

在工业时代，规模化生产带来的规模效益是推动产业发展的最重要力量，而在如今的后工业时代，能够推动产业进步、时代发展的则是服务与品牌。换句话说，"创新"在以前只被当作一个口号，而今，它已成为中国各个产业、各个企业都不得不面临的选择，因为创新意味着节约成本、创造利润，是企业发展的根本动力。

++

几年前，我到浙江、福建等地进行考察时发现，那里大多数制造企业都是代工厂，没有自主品牌，或者品牌知名度非常小，只能依靠压缩成本、降低价格获取竞争优势。

然而，如今创新与差异化经营已经成了所有企业破局的共识。在福建厦门有一家灯具企业，便是战略升级成功的典型代表。该企业在当地外贸出口领域排在前五位，每年也有几亿的销售额。后来，因为外贸出口的竞争加剧，形势严峻，便转型做内贸。然而在转型内贸的三年间，销量很不稳定，再加上做直销、开店面的投入太大，一直入不敷出。虽然也考虑过进入商超销售，但一方面因为品牌知名度有限，另一方面商超压货压款，也难以为继。

最终，该企业选择了电商这一救命稻草。通过电商渠道，该企业不仅打响了自己的品牌，还扩充了新的差异化的产品线，找到了创新点，巩固了自身的竞争力。

++

像这家企业一样，如今很多行业的很多企业都已将电商列为企业战略升级的选择。而互联网对传统企业的影响远不止于此，**互联网与移动互联网所推动的电商模式，正在从 TOC 模式（买方是客户个人的商业模式）向 TOB 模式（买方是企业或商户的商业模式）改变着**。如果说之前 TOC 模式影响的只是人们的购买习惯，那么 TOB 模式对商业领域的影响则更加深远，因为企业推动了社会的进步与发展。

比如，之前靠成本取胜的中国中小制造公司，也开始关注新技术和新趋势，期望通过产业升级来实现新发展。另外，以前那些著名的只服务于大客户的高科技企业也开始通过互联网"接地气"了。比如，INTEL（英特尔公司）就成立了在线事业部，旨在通过在线方式，服务于中国的中小企业客户。

正如著名的无线通信半导体领域技术创新者——博通公司中国分销总监所说："中国是一个长尾市场，如何服务他们？TOB 企业需要品牌，如何打造？而似乎，只有互联网才能解决这些问题。"

不管怎样，互联网对其他产业的影响才刚刚开始，就像李彦宏所说的："互联网产业本身并不大，但大的是，互联网所能影响到的产业。"

（2）无限的机会仍然属于传统企业

以互联网为契机的产业机会是无限的，而且已经摆在了所有人的面前。那么，这些机会到底属于谁？很多人可能会理所当然地认为，这些机会是属于互联网人的。然而，仔细想来，传统企业也并不是毫无机会，相反他们的发展机会丝毫不比互联网人小，因为传统企业在以下几个方面是互联网创业者短期内难以超越的。

① 商业思维

也许大多数人听到的是对传统商业思维的批判，但是在这里，我们所说的是对商业本质的认知。"商业模式"似乎是互联网创业者经常挂在嘴边的一个词，但遗憾的是，很大一部分创业团队就是因为商业模式的缺失而最终倒下的，"流量——广告"模式也一直在互联网创业圈中上演，然而现实是流量无法代表一切。而传统商业领域的很多商业思维都是互联网难以学到的，比如如何为产业链上下游创造价值。

② 资源优势

这里所说的资源优势既包括供应链资源，也包括服务链优势。以京东商城为例，它已经算得上电子商务领域的大手笔、大制作了，然而与在大家电领域积累多年的苏宁相比，同样难以超越苏宁的供应链和服务链优势。

事实上，供应链资源与服务链资源都是需要时间积累的，很难在短期内构建完成。与此同时，这意味着其门槛越高，商业价值也越大。而这些都是传统企业的优势，只要利用好这些优势，在互联网环境下勇于创新，机会依然属于传统企业。

（3）传统企业与互联网的融合

近两年来，互联网大佬们为一轮又一轮的并购重组忙得不亦乐乎，互联网创业者们也是前仆后继。那么，在此期间，传统企业又在干什么？电商对传统企业而言到底意味着什么呢？

电子商务3.0时代的到来，可以说在很大程度上得益于2008年的金融危机，众多传统企业在金融危机中受创，进而开始进军互联网。如今几年过去了，让人遗憾的是，除了像苏宁一样杀出一条血路的少数企业之外，绝大多数传统企业的电商之路都算不得成功。对传统企业而言，互联网沦为了它们甩尾货的通路。另外，也有很多人认为，互联网对于传统企业的价值就是搜集客户信息，并指导产品生产的渠道之一。那么，互联网对于传统企业的价值是否仅仅如此呢？

当然不是，李彦宏曾说："互联网和传统企业正在加速融合，互联网产业最大的机会在于发挥自身的网络优势、技术优势、公司治理优势等，去提升、改造线下的传统产业，改变原有的产业发展节奏，建立起新的游戏规则。"

未来，也许不会再有所谓的单纯互联网企业，或者所谓的传统企业，它们将彼此融合，最终成为一体。作为传统企业，应该将互联网以及移动互联网作为发展和创新的重要工具，使其更好地服务于客户，提升企业内部的运营管理效率，进而重新建立一套传统企业与互联网融合的商业规则。换句话说，传统企业应该加速自身的融合与战略升级，从而淘汰掉那些落后的传统企业。

根据李彦宏提到的网络优势、技术优势和公司治理优势，结合传统企业自身的情况，下面我们将互联网对于传统企业的价值归结如图1-21所示。

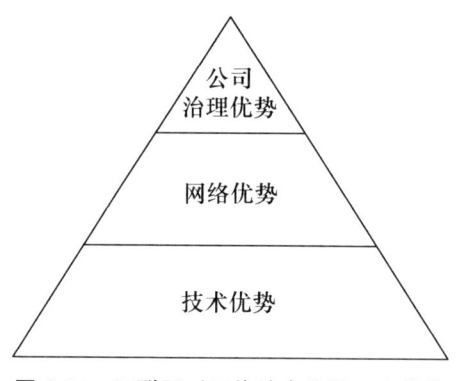

图1-21　互联网对于传统企业的3个价值

① 公司治理优势

所谓公司治理优势，更多的应该理解为战略层面的互联网创新基因。企业能够走多远，能够发展多大的规模，最终都要归结于思维。从京东Logo的更换,以及苏宁的云商,我们都能看到企业向综合服务商转型的思维。

在传统企业中,更多的是讲究"一个萝卜一个坑",每个部门、每个员工都按部就班地工作。然而,在互联网时代,企业需要的是学习力、创造力以及自下而上的改造力。这是一种互联网思维,传统企业若能够充分借助互联网基因加强自身的改造,一定能够焕发出新的生机与活力。

② 网络优势

网络优势不仅仅局限于产品销售这个环节,更重要的是网络营销,而网络营销至少要包含3个层面,如图1-22所示。

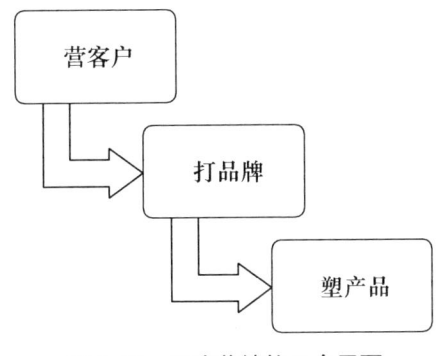

图1-22 网络营销的3个层面

++

★**营客户**:对传统企业而言,尤其是TOB的传统企业,营销是其最关键的环节。而互联网能够改造传统的销售模式,让传统企业快速触碰到以前难以触及的大量长尾客户;

★**打品牌**:如果说以前企业打造品牌只能靠打广告,那么小米的成功营销、淘品牌的层出不穷都向我们证明了一点:利用互联网可以低成本、高效率地打造品牌。对传统TOB企业而言,这一点意义重大;

★塑产品：这里指的是通过C2B（电子商务模式的一种，即消费者对企业——Customers to Business）重塑产品。互联网能够搜集到大量的长尾数据，利用这些数据能够反向指导企业的生产，从而重塑产品。

++

③技术优势

对传统企业而言，在ERP（企业资源计划，即Enterprise Resource Planning，由美国Gartner Group公司于1990年提出的供应链管理思想）之后，很多企业都没有再进行过业务历程的升级与再造了。而在互联网技术的革新之下，借助App、微信、微博、网站等各类互联网及移动互联网的手段来服务于客户，已经不仅仅是让服务客户的手段更加多样化那么简单了，这实质上是再一次的企业流程再造。

以企业采购为例，一位客户向某公司采购了2000件货物，公司已经发了1000件，还有1000件尚未发货。等到需要将另外1000件发货时，客户会致电该公司的销售人员，要求发货；而销售人员在不清楚发货情况的前提下，要先致电公司客服人员，客服人员查询后要再向销售人员反馈，而销售人员需要提交流程或邮件进行确认，之后才能通知仓库管理员发货；仓库管理员发货后，还要再通知客服人员，客服人员再通知销售人员，销售人员再通知客户……整个流程是多人对多人的人人交互的繁琐过程。然而在互联网技术的推动下，这个过程可以变得很简单，一个"人机交互"的微信应用就能实现。企业只需要通过一个绑定的微信公众账号，交互过程的参与人都可以查询信息，并且发送指令，而后台系统可以自发地将信息推送给相关人员。

传统企业应该充分利用互联网与移动互联网工具，加速自我升级改造。事实上，这也是一个自我淘汰的过程，从技术到产品，再到思维，这种淘汰将无处不在。

1.3.2 产业颠覆 VS 跨界整合："互联网 +"时代的传统产业大变革

随着网络覆盖范围的扩大和相关技术的发展，互联网已经深入人们的生活的各个方面，传统产业壁垒森严的界限也被打破，其产品形态、销售渠道和服务方式等均经历了翻天覆地的变化，在互联网发展不可逆转的趋势下，传统产业借助互联网的力量开展跨界融合，能够推动互联网与传统产业之间的"核聚变"。

在互联网的推动下，传统产业经历了从最初的蒙昧到如今的清醒，并将在未来几年实现跨界逆袭。

（1）互联网 + 金融

"互联网金融"成为当下最炙手可热的词汇之一，传统金融产业在互联网的参与下又重新燃起了激情，并推出了第三方支付、P2P、众筹、虚拟货币等业务，这些业务一经上市，就受到了广大民众的欢迎，如图 1-23 所示。比如，百发百中刚上线 4 个小时销售额就超过了 10 亿元，而阿里巴巴的余额宝 2015 年第一季度末的规模已经超过了 7000 亿元。

在互联网的参与和冲击下，银行不再是金融行业唯一的主角，在这个一切皆网的时代，金融产业必须突破传统的经营业态，通过与互联网的跨界融合共同创立新的利益格局。

2014 年是互联网金融发展火爆的一年，越来越多的用户开始倾向于选择互联网理财工具打理闲置财产。调查表明，银行仅仅为 2% 的中小微企业提供了金融服务，可见互联网金融在面向小微贷款的服务方面有更大的发展空间。而 P2P

等细分领域在互联网的冲击下必将会淘汰一部分弱者，不合规和风控差的企业将逐渐淡出人们的视线。

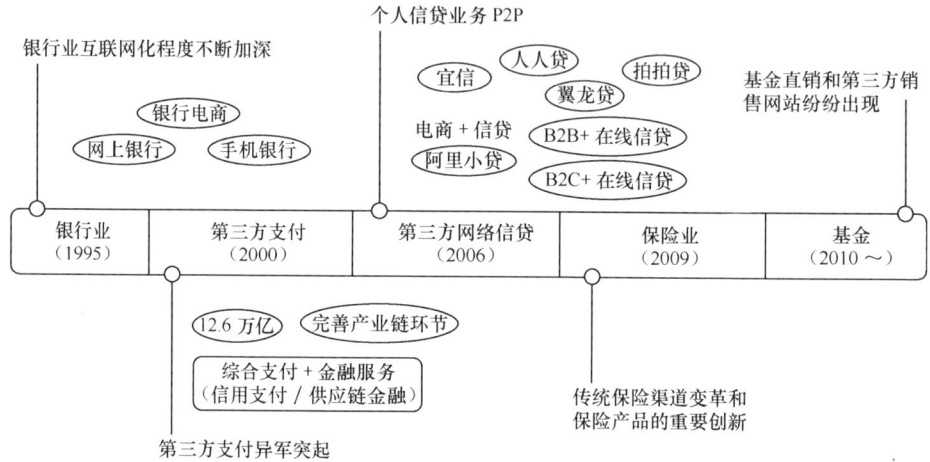

图1-23 互联网金融的发展路线①

（2）可穿戴设备

可穿戴设备就是可以直接穿在身上或者当作配件的一种便携式设备，它不仅是一种硬件设备，还可以通过相应的软件支持以及数据交互和云端交互等方式来发挥更大的作用。

2012年因为谷歌眼镜的出现被称为智能可穿戴设备元年。近年来随着智能手机的不断普及，智能手机的发展空间越来越小，市场增量也接近饱和状态，许多互联网企业和智能手机品牌商开始将战略目光转向智能可穿戴设备，引爆了智能终端产业的新热点。

在智能可穿戴设备得到市场广泛认同的前提下，各路人马纷纷投身于该领域，可穿戴设备也在激烈的竞争中不断得到优化和升级。根据中国信息通信研

---
① 图片来源：360媒介

究院发布的《可穿戴设备研究报告》：2015 年，中国智能可穿戴设备的市场规模为 125.8 亿元；预计 2016 年这一市场规模将达到 200 亿元。

2013 年 6 月，由盛大网络旗下的果壳电子自主研发的 Bambook Smart Watch（图 1-24）正式上市，并实现了语音、导航、时间管理、健康测试、物联网等功能；在智能医疗行业出现了康康移动智能血压仪；百度联合咕咚网推出了名为"咕咚手环"的智能可穿戴设备……各式各样的可穿戴设备充斥在智能终端市场上，许多企业已经意识到硬件设备的市场空间越来越窄，硬件与软件的结合才是这个时代的王道。

图 1-24　Bambook Smart Watch[①]

（3）互联网 + 电视

互联网的出现曾经让电视一度面临被淘汰的危险，但是 2013 年对电视行业来讲是一个重要的转折年，因为在这一年里出现了电视盒子，它为互联网和电视牵线搭桥，双方开始握手言和，携手开创一个电视产业的新时代。盒子在宽

---

① 图片来源：物联网世界

带有线电视网的基础上融合了互联网、多媒体、通信等多种技术，打破了互联网与电视之间的界限，不仅将互联网的东西搬到了电视屏幕上，还使用户通过电视实现了互动。

最先发现这个商机并全力攻占该领域的是小米，继小米盒子之后，乐视也推出了自己的电视盒子。随后，爱奇艺与创维合作，阿里巴巴与华数传媒合作，也分别推出了各自的产品，使得这一市场热闹非凡。有数据表明，2013年全国使用有限电视机顶盒的用户已经超过了2.6亿，与2012年相比增长了20%。

在盒子领域的战争刚刚打响之时，由于小米和乐视抢占了先机，在众多的盒子产品中暂时处于领先地位，但是随着各种盒子产品的出现，市场竞争也会愈演愈烈，而竞争的焦点则会转向技术和服务方面，谁能在技术和服务方面率先实现突破和升级，谁就有可能在互联网电视领域掌握话语权。

（4）互联网+教育

教育是立国之本，是民族振兴和社会进步的重要基石。在互联网的冲击下，传统的教育模式也有了新突破，在线教育逐渐被人们接受和认可，教育行业在新力量的推动下突破了旧有制度的藩篱，迎着时代之光一路向前。

当在线教育这块蛋糕出现时，许多企业陆续推出了其在线教育产品。百度的百度教育和淘宝的淘宝同学几乎同时上线；慧科教育推出了在线教育平台"开课吧"，在互联网教育领域获得了迅速成长；腾讯也推出了自己的在线教育产品"腾讯课堂"。在线教育市场成为继电商、社交、金融、旅游等领域之后的必争之地。速途研究院公布的调查数据显示，2015年我国在线教育的市场规模将达到1482.6亿元，预计2016年为1885.9亿元。在线教育细分市场如图1-25所示。

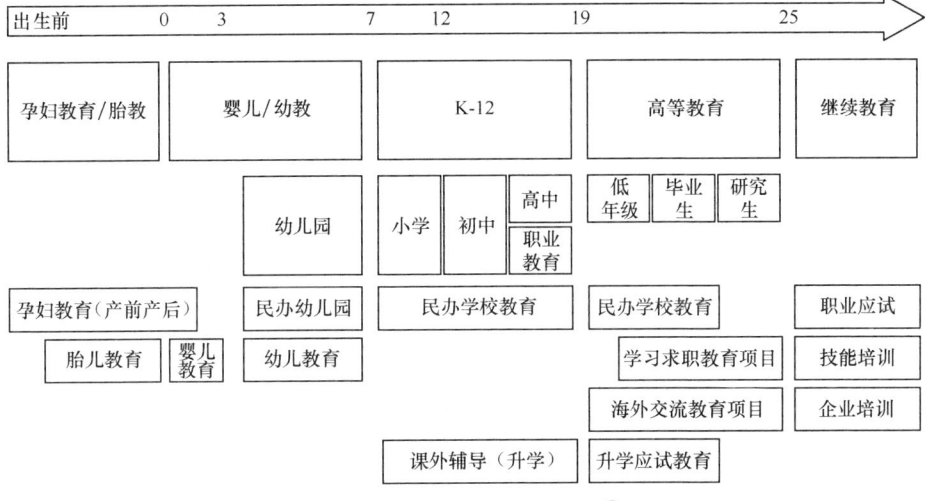

图 1-25 中国教育市场分析[①]

新东方的俞敏洪认为,在线教育市场的激烈竞争将有可能毙掉 99% 的在线教育平台和工具创业项目。不过许多创业者依然保持着一颗坚定不移的心,在这 1% 的希望中勇敢地向前冲。

(5)互联网+医疗

医疗与互联网的结合也是互联网行业的一个重要创举,在传统的医疗行业中增加互联网的元素,实现远程患者检测、视频会诊、在线资讯等功能,这些过去不管是医生还是病人想都不敢想的事,如今在互联网技术的帮助下成了现实。

人们足不出户就可以直接与医生实现互动,寻求相关的帮助,改变了传统的看病就医方式,省去了挂号费等费用,在很大程度上缓解了看病难的问题。

互联网与医疗终端 OEM 厂商、应用软件开发商、系统方案商、网络设备提供商等的合作将为各利益方带来更多的发展机会和发展空间。2013 年—2014 年

---

① 图片来源:腾讯网

中国互联网医疗行业的投资概况如图1-26所示。"与人方便就是与己方便"，当医疗行业增加互联网元素为病人提供便利的同时，也让其不再局限于传统的经营模式，在新模式的推动下实现了更多的突破和飞跃。

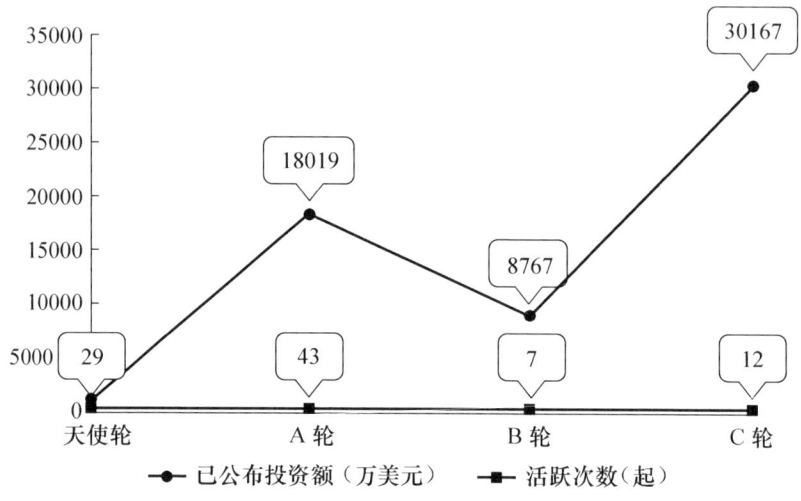

图1-26　2013—2014年中国互联网医疗投资概况①

（6）互联网+地产销售

在互联网的影响下，房地产行业在营销中也运用了互联网思维，创造了一种新型的营销概念。在大数据时代，"得数据者得天下"，房地产行业通过移动互联网和微信软件平台积累的数据，能够与客户建立新型的管理关系，从而多渠道获得客户，并在地产销售市场上赢得优势。

与传统地产营销模式相比，有了互联网参与的地产销售可以用更低的成本获得更多的客户，不仅将更多的人囊括进了营销系统中，而且置业顾问和销售经理等也能从中获取更详尽的信息，从而运用客户推荐模式进行更精准有效的营销，如图1-27所示。

---

① 图片来源：动脉网

图 1-27　房地产互联网营销的内涵[①]

随着网络覆盖率的不断提升以及移动端设备的不断普及，传统互联网已经被移动互联网取代，智能手机的广泛应用也推进了微信和 App 的发展，房地产行业与移动营销联合的趋势已经不可逆转。而且，移动互联网时代的到来使消费者的行为习惯发生了翻天覆地的变化，在这种变化的影响下，房地产销售只有与移动互联网结合起来才能满足消费者更个性化的服务需求，以便在未来竞争中增加优势。

移动互联网为房地产行业带来的移动营销，实现了精准的"四维定向"和与客户的时时互动，同时也是房地产商进行促销的主要渠道，而且在房地产价格不断下跌的市场环境下，低投入、高回报的移动营销将再一次给房地产市场注入活力。

（7）互联网 + 城市建设

2014 年 1 月 13 日，全国测绘地理信息局长会议上公布了一组数据：国内已经有 190 个地级市完成了数字城市建设，并启动了智慧城市的建设项目。未来即将实现的智慧城市，不再局限于线上线下的联结，而是实现将城市中分散的

---

① 图片来源：新浪房产

信息化系统和物联网系统整合起来，组成一个覆盖面积更广、协同和调控能力更好的整体。

设想一下，当你还在回家路上的时候，就可以通过移动设备将家中的热水器和电饭煲开启，回到家后等待你的就是已经热好的洗澡水和喷香的米饭，这种场景会更让你感受到家的温馨。

（8）互联网＋旅游

在移动互联网崛起的冲击下受到影响的除了金融、教育以及医疗、娱乐、房地产等行业外，与人们日常生活密切相关的旅游行业也受到了影响。借助互联网的作用，传统的旅游业也摇身一变成了智慧旅游，其中使用移动端设备网上订票成为国内旅游业的一个新突破，在线服务、网上订票、网上支付等服务项目，为消费者的旅游出行提供了更大的便利。2014年被定为"中国智慧旅游年"，智慧旅游将呈现膨胀式的发展，如图1-28所示。

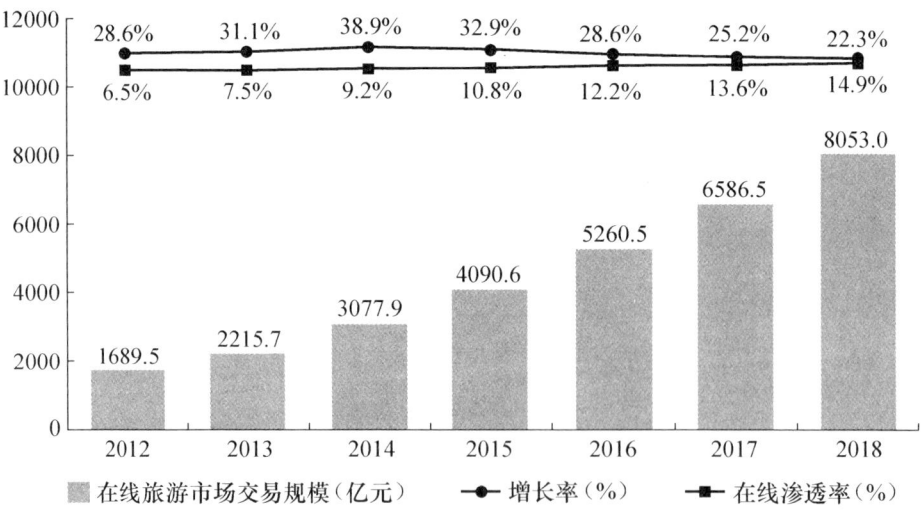

图1-28　2012—2018年中国在线旅游市场的交易规模①

① 图片来源：网易新闻

1.3.3 自我颠覆与救赎：传统企业如何实现移动互联网跨界转型

互联网和移动互联网的发展让传统企业主们惶惶不可终日，面对移动互联网企业的掠夺式侵占，他们束手无策。更让他们感到惶恐不安的是移动互联网企业向传统产业的跨界几乎是无孔不入，防不胜防。

在这个随时都有可能被颠覆的年代，传统企业主最关键的任务就是制定明确的转型战略，向移动互联网领域实现成功跨界。

（1）移动互联网企业怎样实现跨界颠覆

传统企业要想成功向移动互联网领域跨界，首先应该搞清楚移动互联网企业为什么能够跨进传统产业领域，并成功侵占传统企业主的地盘。

① 移动互联网的发展打通了线上虚拟世界和线下真实世界之间的屏障，为移动互联网企业入驻线下商业世界提供了重要的通道

互联网在国内已经拥有20多年的发展历史，但是为什么只在近几年移动互联网的推动下才在传统商业世界掀起了一股颠覆热呢？

互联网是建立在虚拟交互的基础上的，大部分的互联网应用和商业模式也是在虚拟连接的基础上构建起来的。在这种依靠虚拟连接的互联网世界中，传统企业虽然能够感觉到互联网的力量，但是它们却无法从根本上抓住自己的客户，从而也无法感知到互联网对线下商业世界的威胁。

但是，随着移动互联网逐渐渗透进人们生活的各个角落，情况就不一样了。就拿微信来讲，它可以读取用户手机通讯录里的内容，从而帮助企业获得每个人的真实信息和社交关系信息。如果将人分成两个层面的话，一个是虚拟的线上世界，另一个则是真实的线下世界，在移动互联网时代，这两个层面的个体开始融为一体，因而这也就使移动互联网企业能更加顺利地接触到传统产业的

客户群，从而为它们在传统产业的发展提供大量的用户信息。

② 移动互联网企业可以有更多途径来影响用户

以腾讯公司为例，腾讯通过互联网可以获得用户的QQ账号，在上线了微信之后，腾讯又可以轻而易举地获得用户的手机号，这样腾讯又有了一个新途径来影响用户。比如说腾讯与传统企业在做同一种生意，腾讯在进行宣传推广的时候，可以直接与客户实现对接，而且不仅可以利用PC桌面，也可以利用移动智能手机，实现全终端、实时精准的营销，在低成本的基础上达到更好的宣传效果。

相对而言，传统企业就没有这么好的条件了。以快销品为例，企业在进行产品营销的时候并不知道具体有哪些消费者在关注，也不清楚用户的需求特征，因而在只能选择传播面积比较广的广告进行宣传，以期通过在较大范围内传播的方式获得较多的回应。

③ 移动互联网企业对用户有较强的感知和洞察能力，并且比传统企业更懂用户的需求

与传统企业相比，移动互联网企业能从更深层次了解和感知用户的心理，并在此基础上获知用户的真实需求。移动互联网企业可以通过在一个领域的布局，在获得大量信息的基础上，利用大数据平台对用户信息进行储备和挖掘。

此外，移动互联网企业的另一个优势在于用户体验，黄太吉和雕爷牛腩就是运用互联网思维去提升用户的体验，从而收到了不错的反响。

在传统企业中，普遍存在的一个问题是：老板们不清楚到底是谁买走了商品，因此也无法了解用户的使用习惯。虽然从表面上看产品的销量没有减少，利润也没有受到影响，但是这样的销售模式在用户的把握环节上比较薄弱，不能长久地吸引住用户，在未来的商业世界中必将成为阻碍企业发展的一大障碍。

④ 在移动互联网时代，消费市场真正实现了以消费者为中心

移动互联网的发展打破了虚拟与现实之间的界限，虚拟世界与现实世界之间的融合使得用户拥有了更庞大的社交网络，同时也增强了用户之间的关系强度。而且在互联网构建的虚拟世界里，消费者的声音也被无限地放大和扩散，从而能在更大范围内以更强的力量去影响现实世界。

在移动互联网时代，任何一个用户都可以利用微博、微信等方式来表达自己的想法，可以给商品做出评判，甚至可以直接参与到产品的设计和制造环节中去。移动互联网时代是"消费者赋权"的时代，消费者有了更多自主选择的权利。

⑤ 移动互联网企业在拥有庞大用户基数的基础上，不仅可以为用户免费提供传统企业所能实现的业务，而且可以让用户享受到更好的用户体验

以电信行业为例，移动互联网企业能够更轻松地获得用户的真实社交关系，同时还可以通过向用户推送免费的图片、视频等方式来与用户进行互动，动摇了传统运营商的地位，弱化了运营商的影响力。就像固定网络中 IP 电话的兴起对传统电话产生猛烈的冲击一样，在移动互联网和智能手机飞速发展的今天，历史似乎又开始重演，运营商的手机数据和话音业务市场正在被智能手机的即时通信应用逐渐侵蚀。作为电信运营商最核心的收入，手机数据和话音市场所经历的遭遇将有可能使电信运营商受到重创。

移动互联网对电信行业的冲击，就是传统产业在移动互联网时代命运的一个缩影，从中也可以看出移动互联网在颠覆传统产业时采用的一贯做法，即：首先，在传统企业核心的赚钱领域进行免费，从而将传统企业的客户吸引到自己这里来；然后，将这些客户群转化成流量，再将流量转化成其他业务从而实现盈利。简而言之，移动互联网企业就是用颠覆性的思维、创新的商业模式和极致的客户体验来打击传统企业的。

(2) 传统企业转型发展应该掌握的战略资源

移动互联网的发展为传统产业带来了翻天覆地的变化，在新时代，传统产业需要开创新的发展局面，因而企业转型势在必行。传统企业在向移动互联网方向转型的过程中，除了要利用移动互联网平台开展业务之外，还应该清楚在转型的过程中需要掌握的战略资源，如图 1-29 所示。

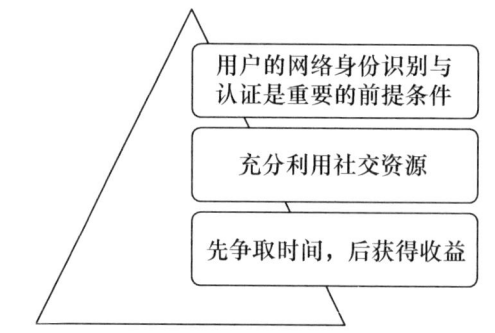

图 1-29　传统企业转型发展应该掌握的战略资源

① 用户的网络身份识别与认证是重要的前提条件

用户的网络身份识别就像现实生活中人们的身份证号码一样重要，一个社会公民的身份证号码是其接触各种社会资源的重要前提，而用户的网络身份识别是企业开展后续业务的重要基础，也是大数据积累的重要基础。企业只有拥有了这个重要的大前提，才能加强对用户的控制，强化产业价值链的地位。

目前，在国内移动互联网身份识别认证领域最具代表性的，是微信等即时通信应用，用户在这些即时通信应用中的身份是在海量应用中唯一识别用户的基础标识。用户在使用这类即时应用时，应用会对用户的基本信息进行收集，并对其身份认证进行管理，从而为后续在互联网中的应用奠定良好的用户信息基础。

传统企业不能将自己的"用户身份体系"完全嫁接在第三方移动互联网平台上，因为未来传统企业拥有的用户数据将是客户物理社会身份信息、网络社会身份信息与线上线下行为信息的集合体。如果传统企业能构建基础的身份识别认证，那么就可以融合线上线下的优势，利用业务之间的关联性对用户的数据信息进行挖掘，从而为自己在未来的市场竞争中赢得优势。

② 充分利用社交资源

在移动互联网时代，社交在商业领域发挥的作用越来越不容忽视。社交应用可以最大限度地满足用户得到庇护、渴望发言、寻求联系的心理诉求，不仅如此，社交还是企业运营的重要手段。

因此，Facebook审时度势，在海量人际关系的基础上开展了增值游戏的业务；淘宝也开始在新浪微博积攒的人际关系中寻找交易价值，为淘宝的进一步发展创造机会……

众多的互联网公司开始大步从社交走向商务，但是传统企业在从商务走向社交的道路上却徘徊不前，原因就在于传统企业长期以来走的是业务经营的道路，对客户的关注度比较低，缺乏与客户交互的能力。

从长远来看，如果要充分发挥移动互联网的商业价值，留住客户并对客户进行开发，前提就是要理解和运用好人与人之间的关系，重视虚拟社群、社区等的作用。

③ 先争取时间，后获得收益

在传统商业的经营逻辑中，进行任何商业活动或业务都要尽量提高制造和售卖的效率，从而获得更高的利润。而在互联网商业中采用的却是一种完全不同的经营逻辑，首先通过吸引客户建立规模性的客户群使企业更具活力，然后再在客户群的基础上形成生意。这也是传统企业在转型的过程中需要借鉴和学习的一点,以便对自身的运营模式进行创新。

在移动互联网时代,不管企业经营的业务是什么,他们在经营的过程中都有一个共同的目标,就是针对80后90后新一代消费群体。而让企业的产品或服务获得他们的青睐,最关键的就是具备娱乐性和交互性。因而很多企业就在运营中融入娱乐要素,通过这样的手段获得年轻消费群体的青睐。

未来传统商业的经营逻辑必将被逆转,企业会普遍认同用户投入注意力和时间最多的领域将隐藏更大的发展空间。换句话说,企业要想转型时获得更好的发展,首先就要竭尽全力地获得新一代消费群体的青睐。

对于以上几种重要的战略资源,传统企业必须牢牢把握住,迅速掌握在移动互联网时代的经营之道,将移动互联网的基因深深植根于体内并进行深度融合,实现真正的战略转型。

1.3.4 影视跨界:"互联网+影视",颠覆传统影视商业模式

互联网迅速进入众多传统行业,其中也包括影视行业,从前期制作到后期发行,对这个行业进行了全方位的颠覆。

近两年来,阿里巴巴、百度、腾讯等互联网巨头相继涉足影视产业,并且改变了传统影视圈单纯依靠贴片广告和票房的盈利模式,基于互联网思维的运作,渗透进整个影视产业链的各个环节,构建了影视产业的全新商业模式,引发了整个产业的一系列变革。

(1)影视行业卷起互联网风暴

随着移动互联网的发展和移动支付功能的开通,互联网企业对影视行业的改造首先表现在营销方式和购票环节上;之后互联网企业进军影视圈的脚步进一步深入,开始在整个影视制作产业链上大动手脚,阿里巴巴和乐视已经成立

了自己的影视公司，百度和腾讯也投资了影视公司，并拓展到了电影发行业务。从 2013 年至今，仅阿里巴巴、百度、腾讯三巨头对文化影视产业的并购、投资就有 15 起，如图 1-30 所示。

2014 年 3 月份，阿里巴巴宣布斥资 62 亿港元，入股文化中国。阿里巴巴持有文化中国股份扩大后的 60% 股权。文化中国主要在中国从事媒体相关业务，主要包括策划、制作、出版、投资、发行电视剧及电影。随后，在当年 8 月份，文化中国更名为阿里影业。

2011 年 5 月 6 日，腾讯通过大宗交易买进华谊兄弟股份 2780 万股，持股比例为 4.6%。随后，在 2011 年 12 月，腾讯与华谊兄弟签署《战略合作框架协议》，双方就"华谊兄弟专区"频道的建设和运营、信息网络传播权的授权播映、影视剧的投资拍摄、大剧精细化运营与整合营销、宣传及推广方面进行合作。

2014 年 1 季度，腾讯持有公司 5560 万股，持股比例为 4.6%，为第三大股东。今年 8 月 27 日，华谊兄弟与腾讯召开联合发布会，双方共同打造的 O2O 娱乐社交平台"星影联盟"正式运营。

2014 年 10 月 9 日，华策影视发布的《非公开发行 A 股股票预案》显示，公司拟向北京鼎鹿中原科技有限公司等五家公司发行股份，募集资金 20 亿元，扣除发行费用后用于补充影视业务及相关业务营运资金。资料显示，鼎鹿中原公司法定代表人为王湛，其同时也是百度公司副总裁。在股东方面，刘计平持有公司 80% 股权，张雅珠持有公司 20% 的股权。其中，公司大股东刘计平 2000 年即加入百度公司，目前为百度常务副总裁。

图 1-30 BAT 相继投资影视类上市公司[①]

++

2010 年 3 月，优酷推出了国内第一份视频行业用户收视数据产品——优酷指数，将视频播放周期、用户核心特征、用户播放行为、视频热度排行等都用

[①] 图片来源：中国经营网

具体的数据进行了直观的展示。大数据技术的优势还表现在对自制内容的指导，大数据分析的结果为优酷自制作品保驾护航。

自2010年开始，优酷推出"青年导演扶植计划"，到2014年，这个计划先后扶植了58位导演，拍摄了20部网剧、近80部微电影，总播放量累计达到30亿次。2014年3月，"青年导演扶植计划"全面升级，优酷推出"优酷出品青年导演电影基金"，计划在未来3年投资1.5亿元开发10个电影项目，大批"网生代导演"将全线进入电影市场，构建全新的业界生态。

2013年9月，阿里数字娱乐事业群的成立，吹响了阿里巴巴进军文化娱乐产业的号角。2014年3月，阿里娱乐推出娱乐宝平台，为旗下文化产业众筹融资，同时以62亿港元的代价收购文化中国大半股权，正式进军电影行业。7月，阿里娱乐牵手好莱坞狮门影业，二者达成战略协议，志在建立"中国华纳"。

2014年6月，基于其社交行业的用户基础和数据优势，新浪宣布以资本合作的方式为电影业提供从立项到上映的全程营销方案，未来将与影片发行商、电影院和票务公司进行合作，共同打通基于微博体系的售票通道。

2014年7月，百度旗下的爱奇艺成立了独立的影业公司，推出"爱7.1电影大计划"，并计划在接下来的一年内推出8部电影。爱奇艺影业的成立标志着百度在电影产业的正式布局，爱奇艺成了国内第二家涉足电影市场的视频网站。

2014年9月，腾讯公司牵手老牌影视制作公司华谊兄弟，成立了以优质知识产权为核心的影视业务平台"腾讯电影+"，标志着腾讯互娱电影业务的正式布局，首批计划将《斗战神》《洛克王国》《藏宝图》等7个知名产权推向大荧幕。

作为国内目前规模最大、实力最强的民营影视企业之一的华策影视，2014年10月发布了20亿元的定增方案，其中百度和小米的名字赫然在列。

++

经过多年的累积，互联网巨头们拥有了无可比拟的巨额资金和强大渠道，当它们集体杀入内容为王的影视行业，使渠道与内容结合，将产生剧烈的化学反应，不仅可以重新洗牌电影行业的热钱资本，更能颠覆整个行业的商业模式，如表1-2所示。

表1-2 互联网巨头在传统电影产业链条中的角色和位置（2013年）[①]

互联网电影	投资	拍制	宣传	发行	放映	衍生品
百度	百度有戏、爱奇艺（《黄金时代》，刚开始）	爱奇艺华策（暂无动作）	百度、爱奇艺、百度视频	糯米票务（较弱）	爱奇艺	无
阿里	阿里影业及娱乐宝（《亲爱的》第二大投资方，刚开启）	阿里影业、合一影业	弱	美团猫眼电影，在线票务强（持股20%，弱控制力）	优酷	天猫、淘宝网
腾讯	腾讯电影+、华谊兄弟（持股减少，控制力弱）	华谊兄弟	QQ、微信	大众点评网（持股20%，控制力弱）	腾讯视频（弱）	京东（持股20%，较弱）
乐视	乐视影业+花儿影视（成立三年，票房今年有望超30亿元，进驻影视企业TOP1）	乐视影业+花儿影视（拍摄《小时代》《老男孩》《归来》等多部影片）	乐视网、超级电视	乐视网，需要并购在线票务公司	乐视网、超级电视（强）	乐视商城
华谊/光线/中影	强	强	弱	强，受在线票务模式冲击明显，华谊也投资了卖座网		

（2）互联网公司跨界影视的驱动力

① 影视制作迫切需要引入互动来解决信息不对称问题

在传统影视行业中，影视制作方和观众存在着严重的信息不对称现象，制作方不了解观众的期望和喜好，观众也不了解正在制作的内容，再加上制作方不能对观众剧透，因此只有等到电影上映，观众才知道这是部什么样的作品，

---

① 表格来源：深度数据

制作方才能看到观众是否买账，而在这之前，观众和制作方彼此几乎是双盲状态。

而互联网的介入完全解决了这个问题，互联网影视的方向是先基于大数据，分析用户的喜好，在数据分析结果的指导下进行作品筹拍。也就是说，在电影制作前期，制作方就已经对市场表现有了精准的预判，这样电影后期发行时风险就小了很多。

② 天价版权费迫使互联网企业自制影视作品

在传统模式下，互联网视频网站所播放的内容都是从电视台和影视制作单位购买的，但是随着市场的发展，影视作品的版权费越来越高，热门电视剧甚至已达到数百万一集，而热门的节目更是达到了夸张的过亿元，巨额的版权成本迫使视频网站寻找新的出路。

互联网的草根文化为视频网站指出了新的方向，通过互联网大数据分析出用户的喜好，企业就能够用小成本作品博取高收视率。

③ 多屏融合迫使互联网企业进军影视行业

中国电影市场已经拥有 2 万块银幕，但是绝大多数集中在一二线城市，在小城市和县城看一场电影并不方便，而随着移动互联网的发展，手机屏幕已经成了影视作品播放的主要渠道。

现在，移动互联网已经迈入 4G 时代，手机、电脑和电视多屏幕观看成为常态，各媒体之间的边界越来越模糊，相应的，不同媒体的用户也趋于高度重合，在这种背景下，影视作品的互联网点播模式成为必然。

（3）互联网公司跨界影视优势显著

① 互联网企业平台积累的大数据成为其进军影视业的利剑

互联网企业在大数据方面的积累已经持续了很多年，尤其是腾讯、阿里巴巴和百度这互联网三巨头，他们手中的大数据让所有行业叹为观止。

稳居社交行业第一把交椅的腾讯，通过旗下 QQ 和微信掌握了近十亿用户的社交数据；仅仅通过淘宝和天猫，阿里巴巴就轻松获得超过2亿用户的兴趣爱好；而搜索引擎出身的百度，更是拥有每秒钟数十万次的搜索数据。通过对这些大数据的深度挖掘，互联网企业可以直达观众内心，真正了解他们的喜好和需求，从而制作出他们喜欢的作品。互联网影视甚至可以让观众参与到影视制作的过程中，拉近观众和作品之间的距离。

利用大数据技术，充分挖掘用户需求，注重用户体验，将服务对象从"观众"转变到"用户"，是互联网企业对影视行业的颠覆之一。

② 互联网平台成为影视网络化营销的重要支撑

互联网企业对影视行业的改变还体现在传播模式和发行渠道方面。随着影视作品的社会化营销进一步深入，越来越多的观众抛弃了传统的电视荧幕，更倾向于从视频网站等新媒体上观看视频，在这种行业背景下，拥有社交平台或者视频网站的互联网公司对影视行业的影响越来越大。

现在，随着视频网站的用户规模不断扩大，电脑屏幕与影院大银幕观众不断重合，越来越多的观众习惯于从视频网站上了解影视资讯，因而视频网站已成为影视行业的主要营销渠道。

③ 互联网企业资本及投融资模式解决电影融资困境

融资难是传统电影行业最大的难题之一，尤其是中小影视公司更是如此。传统电影融资局限于B2B模式，门槛较高，渠道较窄，导致很多作品因为资金问题难以搬上银幕，众多的草根导演也难有出头之日。

互联网企业的加入，为这个行业投入了巨额的资金，增强了影视产业的整体优势。而且随着"娱乐宝"等融资平台的推出，其融资模式实现了从B2B到C2B的转变，投资方从专业的投资商、投资人、银行扩展到了影迷、粉丝和所有对电影产业感兴趣的人，一夜之间人人都可以成为电影投资人，大大提升了影视产业融资的效率，彻底解决了影视制作的融资难题，如图 1-31 所示。

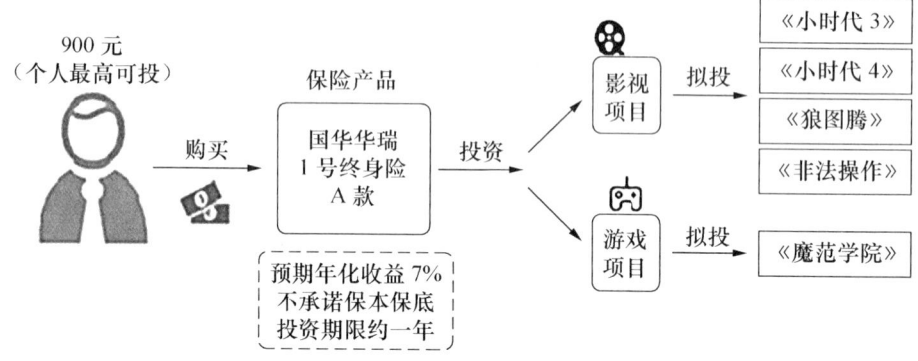

图 1-31　阿里巴巴"娱乐宝"首期产品的投资轨迹[①]

（4）倒逼传统影视产业升级

互联网打破了传统行业的信息不对称局面，实现了各个环节的信息透明，同时通过大数据技术，使资源的配置和使用得到进一步优化。互联网对传统行业的改造，不是通过增加新的内容，而是通过互联网思维对传统行业现有内容进行深层挖掘，从而使整个行业的价值得到大幅度提升，对于影视行业的改造也是如此。

① 改变融资模式，观众即投资者，保障后期收益

互联网企业的介入，改变了影视行业传统的融资模式，通过人人都可参与的融资平台为大量的中小影视公司解决了资金来源，使得草根企业和草根导演也有了出头的机会。同时，直接面向大众的融资平台还可以让制作方直接听到用户的声音，更多地了解到观众的真实喜好和需求。

传统的影视制作模式将观众隔离在制作过程之外，只有等作品上映才能知道观众的反应，而互联网带来的大众化的融资模式使得作品在制作之前就接触到大量愿意为之买单的用户，传播效应不言而喻。等到作品上映之后，投资者

---

① 图片来源：前瞻网

们也更愿意在社交圈子里宣传自己投资的作品，为影视项目带来收益循环。

② 改变制作模式，前期制作阶段加强与观众互动

传统的影视制作模式与观众绝缘，而互联网模式下从前期融资立项到后期上映发行全过程都有用户的参与，在一开始就能听到真实的用户诉求，而且在制作过程中可以根据用户的喜好来调整各个环节，这样制作出来的作品当然会受到市场的欢迎。

基于大数据优势和影视制作初期对用户需求的深度挖掘，互联网影视公司能够精准地把握用户的喜好和需求，以此来定制和优化影视制作，这样就做到了有的放矢，大大降低了影视行业的投资风险。

除此之外，互联网企业带来的大众化影视融资平台能够让影视制作机构从一开始就掌握用户对每一个影视元素的喜好程度，而这些珍贵的用户数据将成为影视制作的风向标，在影视制作的每个环节都能发挥巨大的影响力，真正实现影视作品的大数据制作。

③ 改变营销模式，网络营销取代线下营销

传统的营销模式是电影院现场购票，随着互联网的发展在线销售比例逐年增大，到2013年，在线模式对电影票房的贡献已经超过了整体票房的两成，而随着在线销售比例的逐年提高，专业的售票网站得到了迅速发展，开始力压传统院线。2015年12月的统计数据显示，全国绝大多数院线的在线售票比例都已经超过70%，万达等知名院线的这一比例更是达到了80%左右。基于强大的用户基础和发行渠道，互联网企业逐渐成为影视行业的霸主。

除了后期发行，互联网企业还将影片的营销阶段大大提前，如图1-32所示。传统模式下，电影制作完成之后才能与观众接触，营销也在这个时候开始进行。而娱乐宝等平台的推出，使影片在前期融资阶段就面向公众，进行了广泛的宣

传推广，而参与投资的用户也自然成了影片的第一批忠实粉丝。在整个制作过程中，通过与网友的灵活互动，电影作品也就能够吸引到更广泛的专注。

图 1-32 格瓦拉与《京城 81 号》合作的"1 元购票活动"[①]

④改变盈利模式，影视收入来源多元化

传统模式下，影视行业的盈利模式主要局限于电影票房收入和电视剧版权收入，目前，这一项收入占据整个行业收入的九成，而互联网的加入正在逐步改变这种情况。互联网影视在不断的摸索中，拓展出了多条盈利渠道，形成了多元化的营收模式，有内容免费、广告收费的广告经营模式，有内容收费、服务免费的增值服务模式，还有内容、电视、游戏和广告一体化的综合商业模式。

互联网还改变了传统影视的观看形式，从电影屏幕拓宽到了电脑屏幕和手机屏幕。基于多屏观看渠道、多渠道盈利模式的支撑，互联网影视成为影视行业的掌舵者，不过是时间问题。

1.3.5 物流跨界：从顺丰"嘿客模式"看快递大佬的跨界转型之路

2014 年 5 月 18 日，全国范围内瞬间出现了 500 多家嘿客店，它们没有展品

---

① 图片来源：格瓦拉网页截图

和库存，不像普通的便利店那样购买的商品能够当场就拿走，更像是概念店的样子。它的出现引来了热议，一时间讨论如潮，有人表示支持，有人提出质疑。

移动互联网时代，给了电商行业更多机会和挑战，O2O一时间风靡全国，这让顺丰发现了转型的新契机。作为快递行业的大佬，顺丰在这个时候开辟了嘿客店这样一块新大陆，意在蓄力转型。

（1）嘿客模式初露锋芒

虽然嘿客概念已经为许多人所知，也受到了许多消费者的关注，但是嘿客的主要业务——现场线上下单服务，还是没有迎来更多的"光顾者"。

北京市朝阳区的一家嘿客店，面积为60平方米左右，坐落在一个居民区很显眼的位置，社区居民从马路拐进小区一眼就能看到，而且这家嘿客店的外观装修采用了黑白红三种颜色的搭配，与周围的居民楼对比鲜明，甚是耀眼。

进入店门，首先映入眼帘的是斑斓多彩的图片，让人目不暇接，但是让人诧异的是，店里没有实体商品，而商品的基本信息如产品名称、价格、简介等都被综合地展示在图片中，用户只需要扫一扫贴在墙上的二维码，就可以通过手机下单。这就是嘿客店内部的模样，如图1-33所示。

图1-33　顺丰嘿客便利店[①]

---

① 图片来源：虎嗅网

++

在后续的发展过程中，也有实体商品在店里展示出来，例如某个嘿客店里搭建了小厨房来展示各类家庭用品。

++

到现在为止，共有20多家店铺和平台加入了嘿客店的网购系统，其中包括养生类、手表类、母婴用品类、鞋类和包类等产品。在嘿客店里产品以照片等形式展示给消费者，采取线上下单购买，并且可选择货到付款。嘿客店里不设商品库存，但是在商品到达店内后，消费者前来领取时可以试用，如果觉得不合心意可以当场退货。

那么，顺丰嘿客店在发展之初，是以什么来夺人眼球的呢？嘿客的业务规划包括：以快递物流业务、虚拟购物为主要业务，并迎合现在消费者繁多的需求，准备开展ATM、冷链物流、团购、家电维修等附加业务，目前已经实现的附加业务有生鲜、辅助预订车票等。此外，嘿客店提供的快递服务以"前来寄件省2元"的方式吸引了大量消费者，可以看出，嘿客店为现代消费者尤其是年轻人提供了更丰富的服务，满足了人们越来越多的需求。

++

嘿客店的快递业务，可以说给社区居民带来了很大的便利。虽然现在社区对嘿客店的推广并没有取得很好的成效，规模也不大，但是许多居民能够在饭后散步时光顾嘿客店，并且慢慢被嘿客店提供的便捷又个性的服务吸引。许多居民成了嘿客店的回头客。

++

嘿客店有一个独特的规定，它要求消费者在嘿客购买商品时要使用店里独有的公共账号，现在还不设个人账号。这个规定对于尚没有融入到互联网时代的老年群体来说,网上购物也不再是什么难题,极大地方便了老年人在线上购买各类产品。

(2)快递大佬的转型

顺丰的管理层曾经在企业内部会议中提到过,顺丰的战略方向是朝着顺应城市区域化和服务本地化的趋势践行O2O模式。

++

嘿客店是一个服务平台,主要为社区居民提供生活服务,主要的服务类别有快件自寄自取、水电费缴纳、商品订购、线下体验、金融服务、便民服务等。

++

顺丰大办嘿客店这个举动,其背后有很多东西可供思考。有些人觉得顺丰这一做法可见其雄心,但是也有很多人不同意,认为它不过是下了一个赌注,结果如何还得另看。但是对顺丰而言,在最短的时间内把嘿客店增加到一定数量,也就是迅速布点,是目前首要的任务。

嘿客店开放后,之前近300家的顺丰便利店也转型为嘿客店,不仅没有了商品库存,而且增设了许多附加业务。

++

嘿客店目前主要把快速布点作为当务之急,同时慢慢改进和完善体验度等,并不急于追求盈利增加。虽然现在选择的盈利方式是直营,但是之后可能会考虑加盟方式。

++

当前,顺丰嘿客店与十多家电商类的平台进行合作,嘿客每销售一件商品,电商平台方会从佣金中抽取8%,而嘿客则将收取广告费或者实体产品进场费等作为收益。根据嘿客店内部人员的观点，嘿客与普通便利店相比，在成本开销方面具有很大优势，不仅节省了货架购买费、商品展览费，而且省去了不必要的商品采购的花费。但即使这样，嘿客仍然处于大幅的亏损中，并且这种状态将持续一段时间。

下面以一个简单的事例作以说明。

++

怡馨花园嘿客店的总面积约60平方米，店内人员4名，包括一名店长、两名内勤人员和一名送货员，像这种大小的嘿客店，业内估算其第一年投入（主要包含租金、装修和人力等）大约需要50万元。这对规模很小的嘿客店来说，需要巨大的盈利点才能维持收支平衡，如提供生鲜类销售业务，按市价算要月销售额达到14万元才能基本填补初期投入引发的资金空缺。对此，嘿客店的首要选址是那些周边缺少大型超市和便利店的新兴社区。

++

当我们关注嘿客店的资金问题时，我们会发现，顺丰的公开资料里提到过，以2012年为例，一年营收200亿元，净利润可达12亿元，据估算近几年其收益增长率高达40%，2013年净利润达到16亿元，但是因为要开4000家嘿客店是其目标，每一家需要投入50多万元的成本，2013年一年的收益还是不够平衡2014年的支出。

（3）单一物流转向O2O金融电商

顺丰属于传统物流产业，现在跨界到电商平台，发展前景充满未知。在顺丰之前，也曾有过一些物流企业在电商行业试水，但是结果却不尽如人意，像另一个物流界大佬——申通快递，就曾尝试"爱买网超"，但是该产品刚刚面世两个月就被叫停；再例如海航的"优越生活网"也很快宣布撤出……失败的案例数不胜数。而此次顺丰的"嘿客店"究竟能否站稳脚跟，对其物流的推广、导向等方面又能有多少帮助，还需要大家拭目以待。

顺丰的王卫提出了"打造物流领域的百货公司"的构想，将嘿客的项目布局按照"顺丰速运＋优选＋移动端＋金融＋社区O2O服务平台＋农村物流"进行了全线的整合，并且嘿客提供的供销平台、快递服务和金融业务等会慢慢吸引用户去体验，将来可能会在人们的生活中扮演着越来越重要的角色。

++

不过，顺丰的核心竞争力仍然在物流领域，此次跨界电子商务促进了其产业链的一体化发展，为企业和个人用户提供了产、供、销一体的供应链服务，过程中也可实现金融业务一体化；而且，在O2O平台上的尝试，有希望给顺丰带来更充沛的现金流，便于进一步建立新的企业金融体系。之后顺丰还可能逐渐转型为投资控股企业。但是，顺丰如何在O2O平台上实现企业目标呢？可以说，顺丰现有的速运（顺丰快递和航空）、线下店（嘿客）、电商平台（顺丰优选）和第三方支付都是至关重要的助推因素。

++

但是，顺丰这个突破还是引来了一些质疑。就像嘿客的订购需要扫描店铺内二维码然后实现线上支付，这样其实给消费者徒增了麻烦，因为普通的网购更方便；再如嘿客店中并没有商品的实体展示，这就造成商品体验方面有一定的时间和空间局限，不像传统店铺那样便捷。

在嘿客附加的业务里，它能够提供的一些便民服务，其实在普通的便利店、小商铺、社区营业厅等几乎都能够满足。并且，嘿客试行的支付方式对整个营销过程来说不够完善。目前看来，顺丰的用户在嘿客并没能得到有效累积。

嘿客店的经营正在探索中，但对顺丰来说"嘿客"是个值得开辟的新大陆，在当今这个"年轻文化"呈蓬勃之势的时代,嘿客店虽然还未能展现成熟的状态,而且尚不知其探索之路通向何处,但在互联网时代,嘿客店的出现对喜欢新鲜事物的人们来说是个惊喜,它将零售、物流和互联网络融合起来,这种转型方式将来很可能会掀起一股强劲的热潮。

1.3.6 房地产跨界:万科布局社区金融,探索白银时代新的增长点

2013年10月29日,在刚刚收获了第三季度丰硕成果之时,万科公司向媒体公布了要入股微商银行的计划,并明确表示将拿出超过30亿港币的资金来认购微商银行的8.83986亿股。可想而知,一旦微商银行成功上市,万科将毫无疑问成为其最大股东和最大受益者。此前,万科一直是以国内房地产行业龙头的身份面世,此次一洗其在银行投资领域的空白,选择投资微商银行,难免会引起全社会的瞩目。

万科的这一做法实现了向房地产以外行业的跨越,这种跨界为其房地产业务的发展开辟了新路。可是万科这一做法的初衷到底是什么呢?

其实,万科无非是想要开辟新的业务领域,实现对企业社区金融业务服务的定位。事实上,作为典型的房地产企业,万科出于对整个企业的战略思考,选择控股一家还未发展起来的微商银行,的确能够在以下几个方面取得一定的成绩,如图1-34所示。

① 集团资金和授信业务方面

微商银行有其独有的优势,万科可以借此有效地节省经营成本,设想如果社区用户们能够在万科的引导下将储蓄资金转移到微商银行的社区银行中来,这不仅给万科的顾客带来一定便利,给微商银行带来扩展契机,也将带动社区银行的个人零售业务。

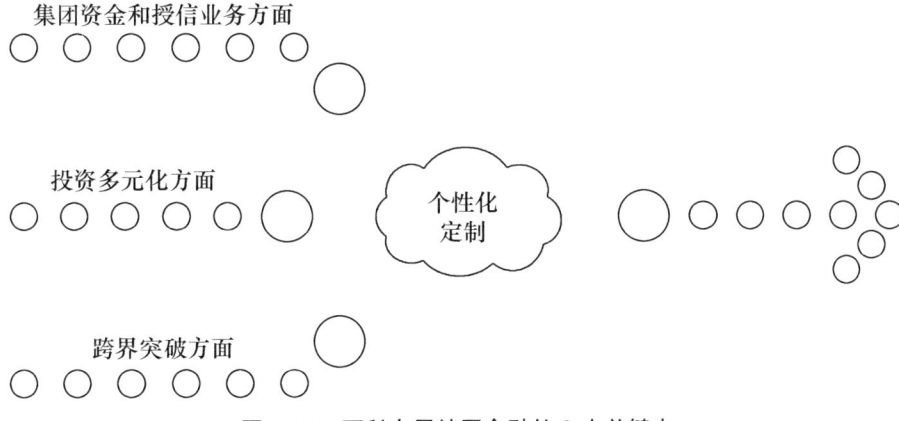

图1-34　万科布局社区金融的3大关键点

社区银行开辟了零售业务，获得了社区的天然渠道，同时万科可以利用其在社区银行的优先使用等特权，很好地应用于万科金融市场相关的业务，这样一来其在金融市场博弈中就拥有了更强的竞争力。这就会实现房地产业务与银行业务的共同发展，使万科与微商银行获得双赢。

② 投资多元化方面

万科可以借此拥有更多投资选择，实现更加多元化的投资，涉足民营银行。民营资本能够在民营银行里实现自主的法人治理和机构设置，万科在公司的治理和机构设置等方面颇具特色，所以不同于许多抢滩民营银行的民营资本，万科采用增资入股的方式实现对社区银行的控股，看起来更能实现企业既定的战略目标。

万科在实现微商银行控股后，跨界投资银行的同时，借此平台为企业提供了更多的投资选择。

③ 跨界突破方面

此次跨界行为使万科将房地产业务与社区银行紧密联系起来，社区银行提供传统银行服务，并且加以拓展和丰富，能够满足用户的更多需求，提供更全面和便捷的服务。这让我们不禁联想到互联网平台上金融业务的发展，通过运用网络接口不仅能够为用户提供服务和与用户互动，并且可以实现用户数据的积累。而对房地产企业来说，房地产业务构建的社区化氛围为社区银行的运作提供了机会，而以合理的方式引入社区银行金融业务，也能完善社区的金融服务，对用户来说更加便利和快捷。

大家可以设想一下，如果你居住的小区里就有一家银行可以随时为你提供存储、贷款等业务，那么你就不必再为了咨询问题或者办业务千里迢迢去找银行了，也不必受制于线上金融业务办理带来的诸多不便。况且，以现在的形势来看，虽然80后90后的年轻群体能够很好地接受互联网对生活方式的改变，运用网上平台满足各种日常生活需求，但是对金融业务来说，中老年用户群体是不可忽视的重要用户群，而他们大多不能轻松地适应各类线上金融业务，还是要求助于传统线下银行。如果居住的社区里就有银行，无疑会给他们提供极大的便利。

（1）万科跨界引入社区金融，银行业会否掀起波澜？

万科采取跨界方式，为自己的产业开拓前路，选择介入银行业来实现控股，这是否会让银行业感到担忧呢？万科作为房地产企业，毫无征兆地跨入，是否会让银行业掀起波澜呢？

作为重要的战略决策，万科更多是出于财务投资需求和企业定位要求。对在互联网浪潮袭来之时金融领域首当其冲的银行来说，目前正处于发展几乎停滞、危机重重的状态，因此万科房地产的涉足似乎不会给它带来更大的威胁，反而可能激发新的生机。

通过分析这几年的数据可以发现，互联网时代的利率市场化，给传统银行带来不小的打击，排他性优势逐渐丧失，众多中小银行面临破产。而前两年，微商银行净利润大幅上涨，年复合增长率也一再刷新，平均资产回报率连年高于上市的中国商业银行。

而由万科2012年年报数据分析可知，它的平均资产回报率达到了19.66%，刷新了企业近20年里的纪录，略低于微商。从银行整体发展来看，利率的市场化会引发银行利差的缩减、付息成本大大提高、利润空间缩小，从而使银行的成本增大，收入可危。

与传统银行在之前的环境下较为轻易的获利方式相比，虽然现在的银行获利仍取决于贷款利率下限和存款利率上限形成的息差，但是这个模式有被破坏的危险，一旦被破坏，银行业将会引发激烈的资产竞争，众多银行的生命岌岌可危。于是，银行对于大企业的议价能力降低，储蓄利息会被迫上调，银行能够向市场展示的只有内部竞争和活力。因此，在这种现状下万科选择跨界，并不是为了使银行业受到冲击，而只是为了利用银行的资源优势来满足自身转型需要，实现企业的战略目标。

（2）万科跨界究竟能获得什么？

近几年，房地产行业的发展渐渐显出力不从心的态势，有研究表示，中国的楼市很可能告别增量市场，转向存量市场，这意味着房地产行业的销售状况将会达到一个重要拐点，之后将进入下行状态。而万科为了削减目前房地产市场展现出的无力，选择的是银行这个同样早已告别暴利时代的行业，以实现转型，开辟新的发展之路。

万科是房地产行业的大佬，它看好的趋势有很大的参考价值。关于其战略决策的初衷，万科总裁郁亮曾经在内部邮件中解释过，他说投资微商银行意在打造万科社区的生态服务系统。万变不离其宗，万科的使命就是做好房地产服务，此次采取控股银行也是为了更好地实现房地产服务中的住宅服务，住宅开发仍然是万科的主营业务，这是不会变的。万科现在拥有非常大的房地产规模，实现金融业务需要进行从累积客户到客户管理的视角转变。

万科借转型跨界之势，在传统房地产业务基础上，增加金融等各类附属服务，目的在于盘活社区的用户和数据资源，发展为房地产提供附属业务的增值服务，给用户更贴心的服务，实现更好的服务建设，从而在销售方面赢得更佳成果。

互动与共生：
什么是"互联网+生态圈"

2.1 互联网生态圈1.0：门户时代，互联网生态圈的萌芽

2.1.1 新浪、搜狐、网易三大网站的盈利模式与发展方向分析

门户网站作为用户进入互联网的主要入口，能够提供某类综合的互联网信息资源，让用户搜索到其想要的信息。国内的大型综合门户网站主要有新浪、搜狐、网易三家，它们各有自己的特点。下面，我们就研究一下门户时代这三家网站的盈利模式及发展方向。

（1）新浪的盈利模式

新浪是当之无愧的国内最大的中文门户网站，被冠以中国互联网经济风向标的美誉。经过多年积累，新浪逐渐形成了新浪网、新浪无线、新浪互动社区、新浪企业服务以及新浪电子商务五大业务主线，可以为用户提供网络资讯、游戏娱乐、交流互动、电子政务解决方案等综合服务，如图2-1所示。相比于另外两家，新浪最大的优势在于新闻与增值服务。

图 2-1　新浪网首页[①]

新闻方面，在军事及体育两个领域，新浪有着巨大的优势，成功地吸引了一批军事爱好者及体育迷。增值服务主要是指新浪的微博和博客，国内的多家网站想要模仿新浪，但新浪在这两个领域的领头羊地位保持至今，每天平均有上千万的用户访问量，这两项增值服务也是新浪目前的核心竞争力。

新浪的盈利主要来自两个方面：**广告收入及无线增值服务**。广告收入是新浪最大的盈利点，而且广告收入在其总收入中的比重越来越大，2015 年第一季度就达到了总收入的 81%。除了新闻以外，微博与博客也成了新浪保持优势地

---

① 图片来源：新浪网网站截图

位的两大法宝。新浪的网络广告、即时通信平台、无线增值服务再加上"爱问iAsk"（爱问搜索），带来了海量的用户流量及网站访问量。

正如一些业内专家所说的：新浪网的商业模式主要是信息模式，它向用户提供信息咨询、新闻资讯，获得了较高的知名度和访问量，吸引了众多的企业来网站上投放广告。这些企业可以借此提高知名度并形成良好的口碑，而新浪可以获得巨额广告收入，用户则可以免费得到行业信息、解决问题的方案，从而形成三方共创价值的局面。

新浪的广告在新浪网站的各大模块中都有所体现，广告类型多种多样，例如弹窗式广告、按钮广告、视频广告、旗帜广告、背投式广告等；而其增值服务类型有手机铃声、VIP邮箱、企业邮箱、新浪云网络空间等。除此之外，新浪的网上商城通过引入商家还能创造一部分收入。

（2）搜狐的盈利模式

搜狐当下的发展方向主要为在线网络广告、游戏娱乐、无线业务等，此外，搜狐还专门研发了搜狐体育播报与搜狐娱乐播报等特色产品，如图2-2所示。从盈利模式来看，搜狐主要依靠品牌广告投放以及付费搜索盈利。

搜狐最初的定位就是要和新浪一较高下，在战略布局与产品类型上搜狐与新浪都有着众多的相似之处。

和新浪一样，广告收入和无线增值为搜狐主要的收入来源。但是与新浪相比，搜狐的广告收入却明显低于新浪的广告收入，而且搜狐的广告成本还要高出新浪，对广告收入的依赖性也远超新浪。

虽然广告业务是搜狐的支柱性产业，但其也隐藏着比较大的风险。相比而言，搜狐无线业务却有着较好的发展前景，其付费搜索值得同行业竞争者学习。

图 2-2 搜狐网首页[1]

(3) 网易的盈利模式

与其余两家门户网站的盈利点大为不同,网络游戏是网易主要的盈利来源。另外,广告、短信、邮箱等也为网易带来不小的收入,使得网易的发展前景更为广阔,如图 2-3 所示。

网易自主研发运营的网游给网易带来了巨大的收益,比如,《大话西游 Online 2》和《梦幻西游》就在国内掀起了一场网游界的"西游风",而网络游戏的收入在网易总营收中占据 80% 以上的份额。另外,网易研发的 SP 短信服务,能够为用户提供彩铃、图片下载等收费服务;网易曾经研发的聊天软件

---

[1] 图片来源:搜狐网网站截图

网易 POPO 虽然并未获得很大的成效，但是也为网易成功地凝聚了一批忠实的粉丝。

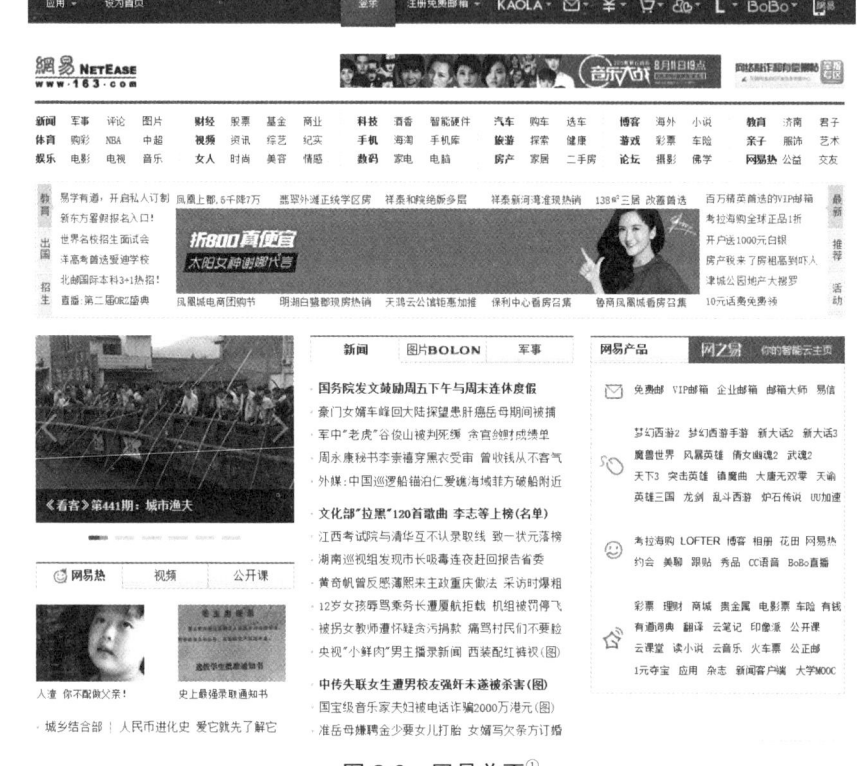

图 2-3　网易首页[①]

对比以上三家门户网站，新浪开发的游戏一直是亏损状态，搜狐的游戏也毫无亮点，网易在广告上虽处于劣势，但依靠网游的决定性优势打下了江山。而且，网易有一个市场份额更大的产品——网易邮箱，其获得了持续稳定的用户增长量，从而使网易邮箱具备了问鼎国内用户邮箱使用量排行榜第一的潜力。

---

① 图片来源：网易页面截图

不过我认为，互联网门户网站最为稳定的盈利模式当属广告业务，而且在大多数的门户网站中广告收入也都占据一定的优势地位。但在移动互联网时代门户网站也需要一场深刻而彻底的转型。

2.1.2　盈利模式探索：地方门户网站如何拓展新的盈利空间

地方门户网站有个严重的缺点就是盈利能力差，这也是许多站长头疼的问题，那么如何运作，才能让盈利状况好转呢？

对于这个问题，我们不可能给出标准一致的答案，因为即使是一个成功的案例，在不同的环境下，它的运营方式也是不可以全盘照搬的。我们只能从中吸取经验，避免多走弯路，至于到底应该怎么走，还是应该具体问题具体分析。下面就来跟大家谈一下我的经验，希望对大家有所帮助。

针对地方门户网站盈利差、回报低的问题，首先应该把握3个要点：

++

★ 地方社区的出路：门户化和电子商务化；

★ 地方门户网站的主要盈利行业有房产、汽车、家居、婚庆，在未来还有可能包括教育、旅游和人才；

★ 大行业看重的是收入，小行业看重的是内容。

++

不管是门户化、电子商务化，还是垂直化，如果能够把握以上3个要点的真正含义，就能提高地方门户网站的盈利。实际上，这3个要点归结为一句话就是：通过有价值的服务和影响力来提升自身的价值，具体总结为以下"五大方法原则"，如图2-4所示。

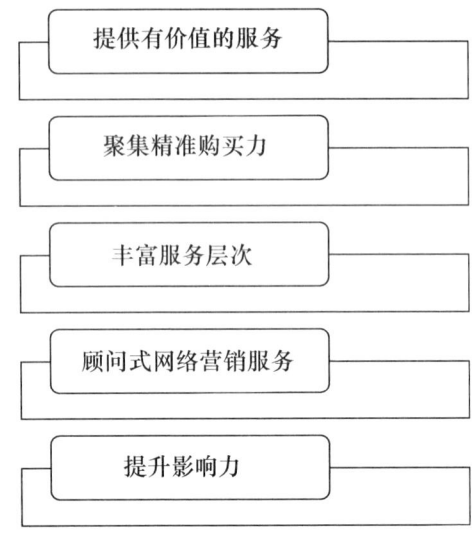

图2-4　地方门户网站拓展新盈利空间的"五大方法原则"

（1）提供有价值的服务

对于地方门户网站，我们通常会遇到以下问题。

① 盈利模式即广告模式。广告盈利是比较常规的盈利模式，但是，如果你认为地方门户网站的销售产品仅限于通栏、弹出或者横幅，那就太狭隘了。

② 价格太高。我们首先要清楚当地都市报的整版价格，然后知道首屏通栏的价格，如果后者的价格不及前者的五分之一，价格就不算高。

③ 效果不明显。网站在还没有被许多人关注的时候，谈效果是多此一举。我们通过垂直网站看到，PV（Page View——网页流量）并不高，但是效果很好，这是为什么呢？

④ 销售人员太少。销售数量不在多，而在于精，那种盲目的、扫街式的、忽视网站质量的销售方式是起不到任何效果的。所以，不要把问题归结为销售人员的数量，而应该反省一下网站质量。

那么，如何解决呢？

首先，你要清楚用户需要什么样的服务，然后制作有价值的内容。这就是媒体化的意义所在：提供有价值的内容和服务，让用户从中受益并享受到一站式的绝佳服务体验。

（2）聚集精准购买力

在广告模式难以提升销售量的情况下，很多人开始转向活动销售，这就是我们经常使用的网上团购方式。在这种情况下，网站做托的团购逐渐取代了自发团购，团购的盈利模式就自动占据了主要位置。在这种以盈利为主要目的的情况下，网站团购成为商家推广产品的主要方式，在激烈的竞争中，我们可以想象，在网站推广都难以进行的情况下，保证质量更是难上加难。

然而，这种网上团购所带来的另一个陷阱就是：运营者为了让自己的网站受到大家的关注，将重点放在了网站推广上，甚至转向了传统的媒体广告。而这种方式也可以称作"整合营销"。

但是，我们完全可以摆脱只关注网站的推广量这一固定思维，用高品质的内容吸引用户，提升访问量，对网站内容感兴趣的用户就可以慢慢发展成为网站的忠实用户，也就是我们所认为的"精准客户"。而网站不仅要保证内容质量，还要提升服务能力，这样才能吸引更多的客户。

（3）丰富服务层次

门户即社区，那么社区模式单一会有哪些局限呢？

由长尾理论可知，那些需求量少的个性化、零散的商品加起来会占据一个很大的市场，有可能比主流市场还要大。正如马云所说：发财不是靠捕鲸，而是抓虾。

所以，把全部的精力都用来"捕鲸"显然是不行的。我们要把门户做得多元化——社区化、媒体化、电子商务化等等，这样才能从多方面获取利润，广告、专题、视频、组织活动等都包括在内。

（4）顾问式网络营销服务

即使我们为客户定制了很好的服务，也拥有向客户推广的强大通道，但面对客户时，我们内心还是没有底气，因为销售就是销售。而广告的位置、组织活动的人员、置顶帖的位置都是有限的。在没有确定产品会满足用户的价值需求时，你只能坐以待毙。

那么，别人又是怎样赢得大单的呢？答案就是服务。

客户最想要的是投资回报率，他们对管理和销售方面往往存在很多困惑，那么，网站就应该为客户提供有价值的信息和服务，淘宝正是这么做的，具体可以总结为3点。

① 整合营销策划。包括对广告和活动资源的整合。

② 提高客服人员的能力。只有客服人员的能力提高了，客户的问题才能得到快速、有效的解决，从而对网站产生信赖。

③ 提升服务质量。现在，客户在乎的不仅仅是产品的质量，还有服务质量。好的服务能带来好的信誉。

（5）提升影响力

网络经济能否成功在于是否有足够的人气，这就需要网站打造自身的影响力。

网络经济又称口碑经济。按照AISAS（Attention、Interest、Search、Action、Share）模型，百度、谷歌已经在搜索领域具有不可撼动的地位，所以，地方门户网站只能在口碑方面进行竞争。由AISAS模型可知，口碑比搜索的发展空间要大很多。

口碑是用实力赢得的，它在客户的心中难以磨灭，代表了客户的信任。那么，如何获得口碑呢？我们可以从这5个方面做起。

① 我们要对发生的事件有足够的敏感度，向客户展示每一个可利用的事件。

② 牢牢把握住机会，利用每一次可以向用户推广的机会展示自己。

③ 对每一次活动的策划要精心准备，做到有内容、有反响。

④ 活动不仅要做得好，还要做好宣传工作，让更多的客户知道此次活动的内容和意义。

⑤ 多做公益活动，通过公益活动让有户对网站产生好感。

2.1.3 去中心化 VS 后门户时代：门户网站的多元化发展创新

互联网自诞生以来发生了巨大的变革，这就使得作为推动互联网发展的中坚力量的门户网站也在时刻发生着变化。自20世纪末期我国进入互联网门户时代以来，经过近20年的发展，如今迎来的是一个多样与开放的"后门户时代"。

当然，如今我们所谈论的门户已经不是YAHOO初创于美国时所提的门户。YAHOO初创时承担互联网"门户"的任务主要是为用户提供搜索服务。但是如今国内的门户网站除了最基本的含义之外，还有着综合全面的资讯信息库的含义。搜狐、新浪、网易作为国内代表性的门户网站，在行业内一直保持着发展速度快、影响力强的优势，被冠以"门户概念"的品牌。这也正是为什么在门户时代出现近20年后的今天，我们还要将"后门户时代"作为互联网切入点的原因。

"后门户时代"也不是一个新概念，早在2001年随着搜索、视频、无线增值（短信、彩信、彩铃等）、SNS 网络服务社区的发展，"后门户时代"一词就引发了广泛的讨论。

"后门户时代"并不意味着门户网站的衰退，只是我们需要以一个全新的视角去重新看待门户网站：在内容上，门户网站除了传统的新闻与广告外还增加了社交、理财、游戏娱乐等模块；在入口上，门户网站作为互联网主要入口的传统优势已经消失；在商业模式上，门户网站所呈现的产品也不再是庞大综合的形态，而是朝着更为精细化的纵深领域延伸，如图 2-5 所示。

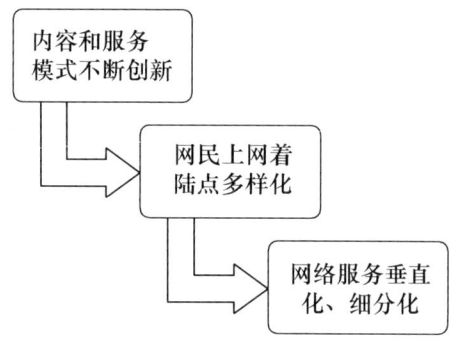

图 2-5　门户网站的多元化发展创新

（1）内容和服务模式不断创新

说到中国门户网站的应用创新，就不能不提一下代表性的创新产品——微博。2009 年 8 月 14 日开始内测的新浪微博，到了 2010 年的 6 月底注册人数已经超过 5000 万。用户可以在上面发布文章、图片、视频，还可以和好友互动，并且参与内容转发及评论等。新浪微博已成为全民广泛参与的信息交互应用平台。

2010 年的全国"两会"期间，作为中国官方通讯社的新华社专门为其"新华视点"栏目开通了新浪微博，并在上面实时发布两会资讯，一周的粉丝数就超过20万，国外媒体给予此举高度评价。

自2010年初，包括北上广在内的多地公安系统也在新浪微博上注册了微博账号，为大家提供安全提示及政务公示等，是完善公民知情权建设的巨大进步。

2010年世界杯比赛期间，新浪微博首创了"原创内容+微"的新形式，吸引了众多的足球点评嘉宾参与世界杯的比赛点评，创造了一种观球与评球的新模式。

以新浪、搜狐等为代表的门户网站都开通了微博服务，一些媒体将中国此阶段网络媒体定义为"微博时代"。实际上，"后门户时代"的新增内容又何止局限于微博服务，游戏、输入法、桌面应用产品等都是"后门户时代"的新亮点。

（2）网民上网着陆点多样化

后门户时代，信息流通的"去中心化""用户分散化"已成为时代的主旋律，而网民的上网着陆点也呈现出多元化的形式。

从2007年起至今，即时通信、社会化服务社区等平台已经成为50%以上的网民上网的第一选择。后门户时代，人们上网的需求已经发生改变，不再以获取资讯为第一目的，中国互联网信息中心（CNNIC）发布的数据显示：人们更倾向于选择游戏娱乐、电子商务、交友互通等。

在国际上，人们阅读新闻与资讯的渠道已经由传统的电视、报纸、杂志等向以Twitter、Facebook为代表的社交平台转移，社交网站已经成了人们分享新闻资讯的最大渠道。网民对于从门户网站上获取资讯的需要已经降至新低点。

在国内，新浪微博的传播能力让用户体会到"后门户时代"的巨大能量，微博成为人们获取新闻资讯的重要途径，用户只需要点几下就能发布及转发，可以了解实时的新闻动态以及感兴趣的话题。

（3）网络服务垂直化、细分化

互联网时代是一个真正开放、共享、合作、共赢的时代，寡头经济及垄断企业不是这个时代的发展潮流，互联网终将朝着精细化与多元化的方向不断发展。"后门户时代"围绕着"以用户为中心"的创新网络服务及网站几乎是以月为周期实现快速增长。

中国互联网诞生以来，经过这些年的沉淀，网民的上网行为与需求已经发生改变。用户的个性化需求开始凸显，互联网的掘金者也开始注意到这些纵深化的细分领域。

当前，国内的互联网行业已经具备了一条完整的产业价值链，有为用户提供搜索服务的百度，有为用户带来电商体验的淘宝，还有在人们购物、娱乐、交友、旅游、阅读等领域服务的京东、开心网、携程旅行网、起点中文网等。

可以预见的是，以新浪、搜狐为代表的门户网站将在"后门户时代"引领一番互联网垂直细分领域的发展浪潮。

2.1.4 移动门户 VS 社区 3.0：移动互联网时代地方门户的逆袭

2014年举办的第九届中国互联网创业者大会，大会名称已去掉"站长"二字，主办方也发生变化，由腾讯云取代落伍者和康盛。因此，有人认为门户时代已经过去，互联网市场被 BAT 三巨头占领。但是，在移动互联网时代，社区仍然为王。社区 3.0 将帮助更多的地方门户建立自己的渠道，打破巨头的渠道垄断。

在门户时代，地方门户主要从同城的传统媒体以及社区网友中获取信息，为用户提供基本的生活服务，如社区居民的交流互动、婚嫁交友、房产汽车等。地方门户有着巨大的发展潜力，率先抓住这一商机的企业将获取巨额的现金流。

如果一个地方门户拥有了巨大的现金流，无疑预示着与其他地方门户相比，它的品牌号召力和影响力更大，即使是在移动互联网时代，地方门户也能够占据一定的市场份额。在社区 3.0 时代，地方门户可以利用社区的优势积极进行产品的创新，进而扩展公司规模。例如合肥论坛、化龙巷、大港城、19 楼等就是在社区 3.0 的基础上发展起来的。

那么，在社区 3.0 时代，成为小巨头的地方门户又有哪些优势呢？

（1）拥有无与伦比的地缘优势，坐拥天时地利人和

在门户时代，地方门户借助地方性优势迅速发展起来，在互联网市场能够和巨头们相抗衡。地方人群成为地方门户最大的资源，为地方门户提供了大量的潜在用户，从而增强了地方门户的品牌号召力和影响力。

即使如新浪、网易、百度等门户，在地方上也有可能不如地方门户有影响力。如果这些巨头门户想扩大自己的影响力，最好的办法就是与地方门户合作。

除了拥有庞大的用户基础之外，地方门户还享受当地政府的优惠政策，从而增加了与商家谈判合作的优势。地方门户在这些客观优势条件下，迅速发展起来，获取了巨额的利润。

随着移动互联网时代的到来，智能手机开始渗透到人们的日常生活中，用户通过智能手机可以随时随地上网，访问地方门户网站。地方门户在依托地方优势之外，还借助社区 3.0 提供的服务，如社区互动、综合资讯、生活服务、内置电商产品等迅速发展起来。

（2）丰富的地方互联网运营经验，运营体系攻防兼备

经过多年的运营实践，地方门户积累了丰富的运营经验，培养了非常优秀的运营团队，成为移动互联网时代的小巨头，在一定程度上可以和百度、阿里巴巴、腾讯三大互联网巨头竞争。

地方性门户网站，充分发挥了地方性资源的优势。它为用户提供的所有服务都是地方性的，例如提供地方性的咨询，并为当地用户的日常生活服务，为当地用户提供交流沟通的平台，以此扩大自身的知名度和影响力。地方门户之所以能够迅猛发展，主要原因有两点，如图2-6所示。

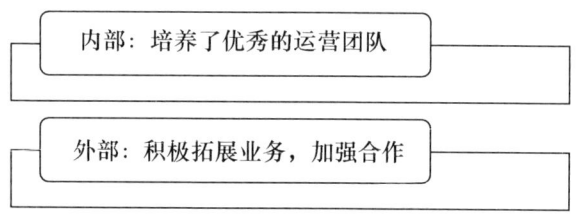

图 2-6　地方门户能够迅猛发展的两个主要原因

有资料显示，地方门户和地方社区的发展，催生了地方电商，它们是最早将线上平台与线下商务结合起来的门户网站。

在社区 3.0 时代，地方门户借助互联网的优势，继续发展，在移动互联网行业所占的市场份额不断增大，与 O2O 市场、社区交友、地方资讯、地方电商相互融合不再是空想。

（3）中国有 5～6 千万的中小商家，地方电商异军突起

我国电商市场的一个突出特点就是规模小、数量大，其中中小商家已有 5～6 千万家，远远超过淘宝商城的数百万网上店铺。我国电商的虚拟化程度比较低，目前还不到 10%。相对而言，地方电商将会获得巨大的市场空间。

随着移动互联网时代的来临，信息逐渐碎片化、分散化，社交也逐渐去中

心化，地方门户逐渐开始发挥作用。在为当地用户提供资讯服务的同时，也充当了手机入口，方便用户网上消费。基于此，地方电商迅速占领了 O2O 市场的部分份额。

社区 3.0 不仅为用户提供了交流沟通的平台，同时还与移动互联网相融合，通过智能手机与互联网相连，为用户提供服务。用户可通过手机入口，与社区居民交流互动，并获取内容资讯、商家信息、生活帮助等。而作为拥有强大地缘优势的地方门户，当之无愧地成为社区 3.0 最优秀的运营者。

（4）全国有 661 个城市，每个城市有 3～4 个地方门户

随着互联网的发展，各大行业纷纷转型，利用"互联网+"思维重构产业结构，提升工作效率，从而获得巨额利润。互联网带来的经济效益鼓舞了各大领域，未来，中国 661 个城市将借助"互联网"这一风口，发展自己的地方门户。

在移动互联网时代，企业盈利已不再是简单地依靠劳动力，而是借助大数据、云计算等实现精准营销，获取利润。那么，面对数量众多的社区 3.0 市场以及地方门户，企业应采取怎样的策略？

地方门户凭借强大的地缘优势，能够在移动互联网市场中率先发展起来，与地方性的商业巨头、媒体巨头相抗衡。即使是拥有两大社交平台的腾讯，在地方上也只能与当地的企业合作，以此与地方门户争夺用户资源。

"互联网思维"是否已渗透到传统企业的管理中？**企业可在管理过程中高薪聘请专业的互联网人才，而拥有了人才，企业就拥有了源源不断的创意，从而就能重构传统的商业格局。**

毫无疑问，在互联网市场中，地方门户齐头并起的局面已经到来。

（5）携"社区 3.0"，合纵连横打破传统互联网格局

移动互联网时代，O2O 市场的发展前景广阔，传统企业纷纷进行转型，调

整产业结构,各大行业积极布局,以便抢占先机,而地方门户更是早有准备。虽然各个领域所采取的策略不同,但它们都充分利用了自身的行业优势。

互联网三大巨头——百度、阿里巴巴、腾讯充分利用自身的优势,争夺互联网市场的用户资源。百度以百度地图为突破口,增大用户流量;阿里巴巴则收购陌陌、高德地图、丁丁生活等产品,以此争夺 O2O 市场;而腾讯则通过 SOSO 地图(街景)、腾讯公众账号、手机 QQ 等进行全方位的布局。

以上只是互联网巨头的争夺战,对地方门户来说,抓住移动互联网时代的商机,避免再次边缘化尤为迫切。因此,地方门户应抓住"社区 3.0"这一机遇,借势发展。

"社区 3.0"在地方门户产品的基础上继续发展。地方门户通常采用为用户提供当地资讯、生活服务等增强社区居民的交流互动,从而沉淀用户。在移动互联网时代,地方门户的做法同样适用。

 2.2 互联网生态圈 2.0:平台时代,构建多方共赢的平台生态圈

▶2.2.1 赢在平台战略:一场由平台化思维引发的"生态圈战争"

2010 年,iButterfly 正如一只飞翔的蝴蝶风靡整个日本。这是一款 iPhone 的应用程序,它能把优惠券"变"成形态各异的虚拟蝴蝶,利用 LBS+AR(增强现实)技术使用户通过游戏的方式来获得优惠券,这些优惠券可用于餐馆消费,也可用于朋友之间的分享,如果收集蝴蝶的数量达到 100 只以上,用户还能得到各

种各样的奖励,如图 2-7 所示。

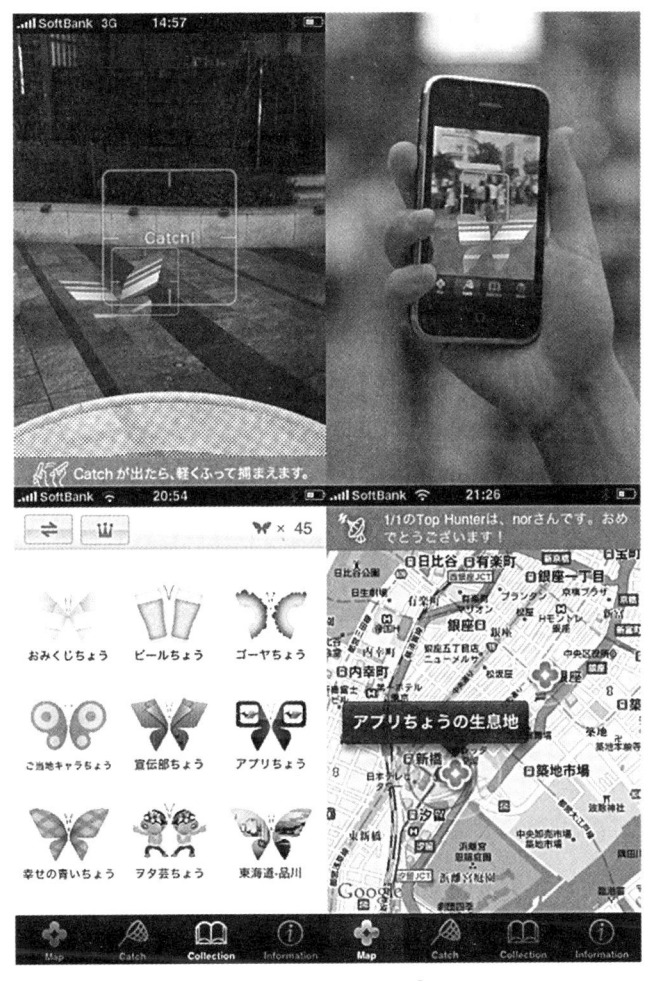

图 2-7　iButterfly[①]

这款小游戏将虚拟与现实结合起来,并且很快在餐饮业、旅游业等商业领域以及本土化服务的商家中起到了非常直观的效用,例如在商业品牌的推广宣传上,以趣味性和低成本把宣传效果推广到人群中去。

---

① 图片来源:站长之家

类似于 iButterfly 这种依托 iOS、Android、Facebook 等平台来发展的应用有很多，它们在借助强大平台来不断发展自身的同时，也以灵活多样的形式帮助平台进一步扩展。

凡是做到行业巅峰的企业巨头们，无不希望处在行业价值链的核心地位，对这个行业实现一家独大的统治。这是一种极为霸道的竞争模式，被微软、诺基亚等企业所引用。它们以自己强大的实力来聚拢产业相关厂商，以滚雪球的形式建立起一条庞大的产业链，与对手形成强力抗衡。

然而，这种相对闭合的竞争模式，随着互联网平台的进一步开放而逐渐被颠覆。互联网平台的开放性为多方提供了营养丰富的土壤，开发者的智慧得以充分发挥，多款应用使得平台也更加肥沃，在这种情况下多家共同成长逐渐代替了一家垄断。虽然开放的过程中颇多坎坷，但其势必会成为新的潮流。

（1）平台开放化趋势

++

2007 年，作为拥有大量活跃用户的社交网站，Facebook 宣布开放自己的平台。这一决定做出以后，它几乎立刻与微软、亚马逊、Digg 等 65 个网站签署了合作协议。Facebook 整合第三方的应用和服务，在为其提供发展空间和土壤的同时，第三方应用的不断发展也使得 Facebook 成为一个越来越多样化的开放性平台，注册用户可以在该平台中获得自己感兴趣的服务，用户页面和功能的个性化由此建立起来。

在 Facebook 这个平台上，用户可以根据自己的兴趣和需求自行增删应用软件，例如在 Cities I've Visited 模块中，用户可以把自己去过的城市标绘出来同朋友分享，看到自己去过的城市被标绘出来会给用户带来一种成就感。

种类繁多的应用热热闹闹地挤满了 Facebook 的平台，应用在收获更多用户的同时，也给这个平台注入了无限的生命力。在 3 年的时间里，Facebook 的用户增加到了 5 亿多，在用户心目中的地位越来越高，于新互联网时代中确立了自己的优势。

不过，Facebook 开放的脚步仍未停止，在 2007 年底，它又将自己的平台开放给其他的社交网站。这样一来，原本在 Facebook 上的 55 万应用开发者便可以将自己的应用直接转移到其他的网站而不需要做其他的工作。这不仅为开发者提供了便利，而且为 Facebook 平台吸引了大批合作伙伴，比如 LinkIn。

除了 Facebook 之外，eBay 也很早就开放了 API。基于该平台的软件开发者可以根据平台特点打造软件系统，这种量身定做的特性使得卖家的交易效率以及管理效率都大大提高。2010 年，eBay 的欧美站点 21% 的物品销售是通过 API 完成的，而不是 eBay 网站的网页。

单论开放程度来说，eBay 早已被老牌竞争对手亚马逊远远甩在了身后。尤其是在近两年，亚马逊的发展势头极为迅猛，迅速成为最赚钱的互联网公司之一。这样大的收益来自于其早期的开放策略。在 2001 年，亚马逊的 CEO 杰夫·贝索斯受盈利压力所迫，把闲置的库房设施和技术平台租给了零售公司以换取一些流动资本，这本是迫于生计的无奈之举，但出乎贝索斯意料的是，这些原本闲置的资产竟然带回了相当可观的回报。

2007 年，亚马逊开放了自己的网站平台，接纳大量第三方商户利用自家平台销售商品。就当时的大环境来说，这个策略令很多人不理解，但是几年之后的事实证明，亚马逊是相当有远见的。

在开始几年，亚马逊大量投入来建设 IT 系统和供应链，第三方商家只需要把自己的货物发到亚马逊的库房，此后的订单、包装、出库、物流、配送等工作均由亚马逊来完成。表面上看，亚马逊搭进去了大量的人力、物力和财力，有些得不偿失，但实际上，这一举措为商家提供了相当大的便利，尤其是对小商户来说是很大的诱惑。亚马逊相当于为许多商家甚至是部分B2C网站提供了一个商品销售的解决方案，利用亚马逊的系统来销售商品，不但能够省去一大笔技术上的费用，而且能够利用亚马逊本身巨大的客户流量，可谓一举两得。

++

企业能够开放自己的平台，说明该企业具备庞大的用户群并在该领域或者说相关领域具有一定独占性。过去，这类企业往往是互联网公司，但随着移动互联网时代的到来，手机等移动终端种类更加丰富，其除了通信之外的其他功能对生活的影响也更加明显。互联网与手机用户之间的障碍也在迅速消除，iOS、Android等在移动互联网的基础上发展起来的开放平台也应运而生。

++

诺基亚在智能手机领域也创造过一段时间的辉煌，在那个时代，诺基亚产品自身的系统化和标准化为其树立了很大的优势。但是随着互联网的飞速发展，诺基亚却没有跟上时代潮流，故步自封使其失去了实现飞跃的机会，逐渐被其他不断崛起的品牌淹没了。

在此后的几年里，诺基亚从7650之后推出了一系列s60手机，虽然在性能和外观上都在试图越做越好，但实际上由于产品开发的困难和实际操作的便捷性欠佳，其根本上的改进并不大。

然而，在苹果和Android体系里，这一尴尬不复存在。只要你编写的软件有足够的价值，能够被客户所认可，那么其余包括推广在内的事情统统交给平台就可以。你所要关心的仅仅是你自己的产品优化升级，然后就可以分得利益。

苹果和Android在其开放性上做足了工作，应用使用量远远超过以用户量著称的Symbian手机以及其他平台。

++

平台的开放性随着网络的发展凸现出越来越大的价值并直接反映到企业的市场价值上。例如在2004年，eBay是全球第一大市值互联网企业，而到2011年，这一地位就被苹果以3270亿美元的市值抢走了。

如果说开放平台起源于美国，那么现在它已经在全世界掀起热潮。自2010年以来，百度、新浪、淘宝、京东等互联网巨头宣布要进入开放的时代，开心网、360、亚马逊等正式推出做开放平台的计划。由此可见，所有涉及互联网的竞争者都纷纷参与到这次开放的大潮中来。

++

就战略来说，阿里巴巴无疑是在开放方面做得最好的企业之一。2011年是淘宝的"开放年"，2亿元扶持资金的注入使得开发者们获得了有力的成长支持。另外，淘宝的业务范围，涉及买家业务、卖家业务、无线等领域，引入了大量的第三方开发者和企业等。早在2010年底的时候，淘宝开放API达到300个，注册合伙人11万，应用使用卖家100万，上线运营应用3万个。

随着开放程度的进一步加深，淘宝在一定程度上让利于开发者，由原来的5/5分成到后来的3/7分成，以利益来吸引第三方开发者的加盟。如今，淘宝上的明星插件越来越多，例如"淘掌柜""淘里淘外""好店铺"等。这些应用不仅为其带来了利益，也使淘宝这个平台朝着更加丰富和便利的方向发展。

对应用的开发者而言，淘宝平台的开放意味着更多创业机会和利益点的出现。自2010年以来，淘宝的200个卖家工具类应用中仅用了一年的时间就有10个年盈利超过了百万。其中，作为一个独立开发者，李勇凭借作品"收藏有礼"

达到了单日收入8.4万元的业绩。许多开发者原来可能仅有梦想，而现在淘宝等开放性平台为其梦想的实现提供了可能。

++

开放是一种不可逆的潮流，任何企业故步自封都不会有好的结果，不断满足客户的需求才是发展的王道。例如微软曾用IE战胜了网景，但后来它就向火狐开放了接口，目的是为客户提供更多更好的浏览器。因此，厂商首要从心态上打破固有心态，树立开放观念，以合作共赢的方式来为客户提供价值更高的服务。

（2）生态圈之间的较量

以一个强大的开放性平台为核心，聚拢相当数量的第三方开发者，就会形成一个互联网商业生态圈。这是一种正在发展并逐渐形成规模的竞争模式，因此需要形成平台式的思维来应对生态圈之间的较量。

++

Facebook是最早制定平台标准的网站，其平台思维也演变成一个范本。其不但为第三方提供了开放性接口，而且在技术方面也对第三方开发者提供了强有力的支持，因此在Facebook的平台上，第三方开发者也有可能成长为巨头。

此外，Facebook还在平台上开辟出足够的空间来展示第三方软件的信息，使开发者有机会展示他们的产品，并且提供诸如流量分析等小工具，以帮助他们更好地管理自己的产品，这实际上也是在为平台秩序的有序性提供便利。

当然，Facebook也不是把所有的应用都放在一起给予完全一样的待遇，事实上它也建立了一系列的规则来激励应用朝着更好的方向发展。例如Zynga的一款游戏可以向用户发送邀请信息,但是为了限制垃圾信息的数量,最初这类信息只能发送 20 条,而之后如果用户的满意度高,那么这个数量可以提高到 25 条或者 30 条;但如果客户表示不满,那么信息数量就会下降到 15 条甚至更少。这种随时进行动态调整的非人工干预模式,既能为用户提供一个安全舒适的环境,又能促使应用不断迎合用户、提升自己。

Facebook 开放平台与第三方开发者之间呈现出一种互惠互利的状态。首先开发者能够借助平台的技术支持、用户流量等来展示自己的产品,从而以一种极为便利的形式获利,而反过来应用种类的增多和质量的提高又使得平台本身的质量和价值也在不断提升,使得平台的边界不断向外延展,促使平台不断健康茁壮成长。

++

实际上,每一个开放平台都在试图提高自己的吸引力以扩大以自己为核心的生态圈,从而增加与其他生态圈抗衡的能力。而就核心企业来说,也必然有一部分最核心的技术是不开放的。例如 iPhone,其最大的问题在于当开放接口与第三方进行连接时,封闭的平台政策阻碍了其进一步发展,此后 iPhone 也在多方呼吁下表示会开放其平台。亚马逊借鉴 iPad 模式推出 Kindle Reader,其平台也是封闭的,同样受到业界关于开放设备平台的呼吁。

企业封闭自己核心技术的最大原因无非是为了保证利润,例如谷歌在社交平台、移动平台等市场中遵循开源的原则,但在盈利的广告平台市场却坚持封闭。由此看来,虽然由于业界呼声的施压和产品交互接入趋势的进一步扩大,不少企业都走向了开放之路。但是我们不得不承认的是,开放有利于技术的互相借鉴和促进,也有利于新技术的产生,但是对企业自身来说,在创造利润方面是不占优势的。

除了核心技术封闭，很多平台还采取了种种措施来防止竞争对手获得自己的资源。

++

Facebook 和谷歌在这一方面就针锋相对，你无法在 Facebook 上添加谷歌 Gmail 用户为好友，而在谷歌这样强大的搜索引擎中也搜索不到 Facebook 里的数据。

除此之外，Facebook 和谷歌的数据战争也拉开了序幕。谷歌拥有强大的搜索能力，但其搜索爬虫却无法进入 Facebook 内部搜索数据。2007 年谷歌尝试对 Facebook 进行收购，以便于其搜索爬虫能够进入到 Facebook 内部进行搜索。

互联网上有一部分数据是搜索引擎搜索不到的，这一部分数据被称作"暗网"。传统的搜索引擎对它们无能为力，只有通过特定的搜查它们才会以动态形式显示。对谷歌来说，Facebook 就是令其头疼的"暗网"。近年来，Facebook 的访问量不断上涨，已经超过了雅虎。2015 年互联网流量监测机构 comscore 公布的数据显示：谷歌拥有 2.45 亿美国独立访问用户，排名第一；Facebook 排名第二，其美国独立访问人数约为 2.15 亿人。

谷歌的信息搜索价值主要来源于其强大的信息量，然而 Facebook 发展势头迅猛，其信息量的积累一步步扩大，当这个量积累到一定程度的时候，谷歌的信息量优势有可能将不复存在。

因此，2015 年 11 月，一直致力于搜索功能优化的谷歌与 Facebook 签署了一个协议，双方达成合作，Facebook 将提供移动端谷歌访问 Facebook 应用内的数据权限。在移动互联网时代，这种合作将成为未来移动搜索的重要趋势。

++

（3）传统企业走向开放

除了始终走在信息时代前端的互联网公司外，许多传统公司也在开放性平台方面开始了自己的探索。

++

比如星巴克在美国推出了Mobile Pour移动应用服务。消费者可以通过该服务发送自己的定位消息及咖啡订单,星巴克可以通过定位信息迅速把咖啡送到消费者手中。

在美国7个覆盖Mobile Pour移动应用服务的城市中,星巴克在每平方英里范围内都安排了两名咖啡运送"大师",保证消费者利用该服务下单后,能在最短时间内享受到自己的咖啡。星巴克还设置了视频广告来宣传此应用,广告内容大致为:一位中年男士在路上突然想喝星巴克咖啡,通过该应用使星巴克得知自己的地理位置,下单后很快便有人踩着滑轮车把咖啡送到了自己手上。

++

传统的企业要开发应用,最根本的原则就是用户对此的接受度要高。换句话说,开发应用的目的是为用户提供价值,以此来拉进与用户之间的关系,而非单纯盈利。

++

例如,耐克所开发的Nike Training Club(NTC),这是一个体育训练应用,与鞋子并没有任何关系,但是其能为用户制定个性化的训练方案,并能达到一定效果。这款应用虽然不能直接给耐克带来收益,但是它拉近了品牌与用户之间的距离,传递了耐克的运动理念,提高了品牌影响力。

++

互联网应用极大地影响了人们的生活方式,大大提高了人们生活的质量。正如曾经的蒸汽机、电力等动力革命一样,在这个开放平台的时代,传统企业开放性平台思维的建立,对企业来说也是崭新的发展机遇,无疑为整个商业模式带来了一场重大变革。

2.2.2 生态基石 VS 平台战略：商业生态体系中的平台商业模式

如同自然界的万物生活在自然的生态系统当中，其状态要受到整个生态系统的影响一样，企业也是存在于商业界的生态系统当中，企业与企业之间以一种松散连接的形式组成网络，并且相互影响，每一家企业的成长与发展都取决于整个生态系统的状况。

因此，企业的绩效与物种的健康，除了受自身能力的影响以外，也受自身与生态系统中其他成员互动关系的影响。而自然的生态系统所体现出来的生产效率、发展的持久性以及系统的稳定性等特征，同样在商业的生态系统中也能够得到体现。

① 商业生态系统的稳定性

不管是自然的生态系统还是商业的生态系统，其形成往往已经经历了一定的时间，因此系统本身的稳定性会使其在面临外界的冲击时，做出有效的反应，并仍能保持比较强的生命力。即使生态系统中的某些成员遭受一定的破坏和威胁，生态系统也能够主动地进行修补和愈合。

② 商业生态系统发展的持久性

一个完整的生态系统形成以后，就具有了一定的衍生和发展能力，系统的成员之间可以通过相互作用而催生新的事物，推动系统持续发展。

③ 商业生态系统生产效率的体现

虽然处于同一个生态系统当中，但各个成员扮演的角色及其对整个生态系统的影响是不同的。而这样的角色分布也就决定了商业生态系统的结构：一些成员影响力比较小，而另一些成员的影响力更大。这些具有更大影响力的成员就是整个系统的生态基石,而它们的运转状况将决定整个生态系统健康和谐与否。

Google、英特尔、微软等企业,即我们所说的对商业生态系统的影响更大、承担生态基石角色的企业。在整个商业生态系统中,它们不仅维持着生态系统的稳定性,而且与其他企业具有广泛的联系,有利于商业生态系统持久的发展和提高生产效率。

对整个生态系统来说,生态基石型的企业通过采取有效的行动,能够为体系内的其他成员提供一个赖以生存的、稳定的平台,保证整个系统的健康、良性运转;而对企业本身来说,生态基石的角色也可以让它确保自身的生命力。因此,生态基石型企业的作用是至关重要的,一旦其运转出现问题,将有可能造成整个生态体系的崩溃。

互联网的发展,使得生态基石型企业的角色得到凸显。不管在 PC 互联时代,还是移动互联时代,生态基石型企业都通过价值共享的方式为其他企业的发展提供助力和支持。比如,PC 互联时代英特尔公司生产的芯片和微软提供的操作系统,为其他企业的发展提供了平台支持;而在移动互联时代,ARM 芯片和安卓操作系统承担了同样的平台作用。

而生态基石型企业提供的平台战略,实际上指的是企业能够通过接口或界面为体系中的其他企业提供一整套解决方案。虽然在不同行业当中,这种平台战略的称呼不同,但原理却是基本一致的:**生态基石型企业负责功能的开发,然后在平台上将功能提供给其他企业,使其他企业可以依次为载体进行产品的构造**。在软件领域,这种平台战略即 API(Application Programming Interface,应用程序编程接口),目的是让其他企业的开发人员不需要理解内部工作机制的细节和访问源码,就可以访问一组例程。

++

在智能手机逐渐普及的移动互联时代，生态基石型企业的作用是不容忽视的。正是由于Google公司开发的Android操作系统和微软公司开发的Windows系统的开放，才使得硬件的开发者不需要担心软件运行的问题，又使得其他的手机制造商和程序开发商具有了潜在的机会。

而在半导体行业当中，ARM、英特尔等凭借其强大的设计能力，大大降低了制造企业在产品制造方面的成本，而且，其为合作者开放设计库，实际上与软件研发机构开放自己的软件应用编程接口类似，更有利于制造企业制造出功能强大的集成电路，促进整个生态的良性运转。

++

生态基石型企业为生态内其他成员提供平台支持的行为，看上去十分"无私"和"利他"，但实际上这对企业自身的发展也是一种有效的战略，即平台战略或生态基石型战略。

所谓生态基石型战略，即具有相应能力、能够对整个商业生态产生比较大影响的企业，在改善体系整体状况的同时，让自身获得可持续发展的一种战略。 而纵观生态基石型企业的运作，可以归纳出生态基石型战略的基本特征是**通过管理外部的资源，构建和谐的外部网络结构，并从网络中获益。**

而实现生态基石战略，则需要企业充分利用资源，并发挥自己的能力，具体包括：与用户接触获得资源、生产出足以给其他企业支撑的技术、对资产进行治理、与体系内的其他成员分享信息、共同推动生态体系的发展等。换句话说，从工具到界面的各个环节，都需要企业充分发挥自己的价值。

而从另一个方面来说，生态基石型企业虽然具有一定的能力，但其战略的发挥却并非基于对行业的支配或主宰，而是积极主动地对生态体系进行管理，发挥自己的核心价值，实现生态系统的创新，让生态系统更具有前进的潜力。

在生态基石战略当中，最关键的要素在于提高系统的生命力，并将这种生命力注入体系中的所有成员身上。所以，生态基石企业在提供一种核心地位的同时，也承担着为其他成员服务的角色，以此让生态系统的创新能力更强、生产效率更高、体系更加和谐健康。

而要提高生态系统的生产效率，则可以采用以下的策略：

++

★增强与成员的合作和分工，尽可能让系统的每个成员都实现价值的最大化，也可以让系统外的成员参与到产品的开发当中；

★投入一定比重的时间、精力和成本研发新的技术，让成员获得更有利于成长的平台，保证生态网络的健康和活力；

★从第三方组织引入有利于系统发展的新技术，加大基础设施方面的投资力度，提高生态系统的创新能力。

++

2.2.3 移动互联时代，运营商如何制定自己的平台竞争战略

在运营商激烈角逐的市场中，苹果公司以其强大的 Apple Store 开启经济新模式，并凭借 iPhone、iPad 等产品笼络了大批用户。苹果的这种 Apple Store 平台模式也为其他有一定基础的企业和运营商提供了一个发展蓝本。越来越多的企业对苹果所开创的"平台经济"或复制、或创新，试图通过打造企业平台吸引更多的用户，占据更大的市场份额。

有人将企业分为四类：三流企业做产品，二流企业做品牌，一流企业做标准，顶尖企业做平台，如图 2-8 所示。这不仅仅是对互联网行业而言的，许多传统行

业也期望摘掉"二三流企业"的"帽子",步入顶尖企业的行列。而要想实现这样的梦想,发展"平台战略"是最关键的步骤。

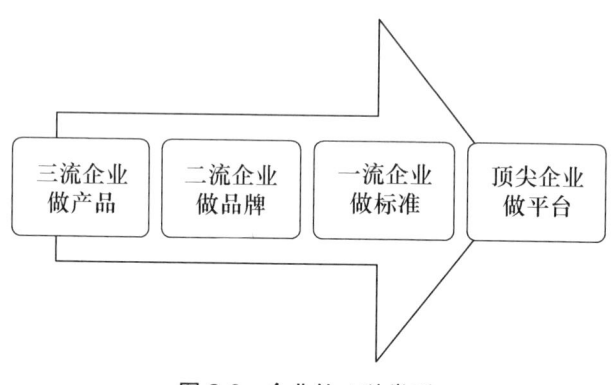

图 2-8　企业的 4 种类型

众多积极制定和实行平台战略的企业又分为三类:**一是真正看到平台优势,期望得到巨大利益的企业;二是盲目跟风,又不知如何正确制定战略的企业;三是为市场所迫,不得已为之的企业。**在我看来,在当前的市场状态下,企业实行平台战略更多是迫于危机。

随着经济全球化的演进以及互联网、移动互联网的发展,越来越多的行业呈现出"交叉"现象,产业间的界限也变得模糊,OTT 企业的崛起使运营商沦为单纯的"传输管道"。在新的价值创造方式还未走向正轨的状态下,商业生态圈所面临的威胁是无处不在的,整个市场竞争也更加激烈。

面对这样的商业挑战,建立以我为主的平台,制定平台竞争战略是运营商在新形势下站稳脚跟的关键。平台经济已成为大势所趋,不仅可以驱动新一轮的经济增长,而且平台经济所延伸出来的平台战略也是企业生存发展的重要支撑点。

我们说到平台经济是发展趋势,平台战略是企业制胜的法宝,那么问题来了:平台到底是什么?它具备什么样的特性竟能左右整个市场的发展前景?

《平台战略：正在席卷全球的商业模式革命》一书就对平台战略进行了定义：所谓平台战略，就是连接两个或两个以上的行业群体，打破原有产业链，打造一个独树一帜的具有规范体系和精密管理的商业生态圈。通过生态圈驱动多方产业互动，从而实现平台内企业的共同发展。

对运营商而言，打造优秀平台是迫在眉睫的事情。那么，什么样的平台才称得上是优秀平台呢？在我看来，优秀平台要具备以下几个特性，如图2-9所示。

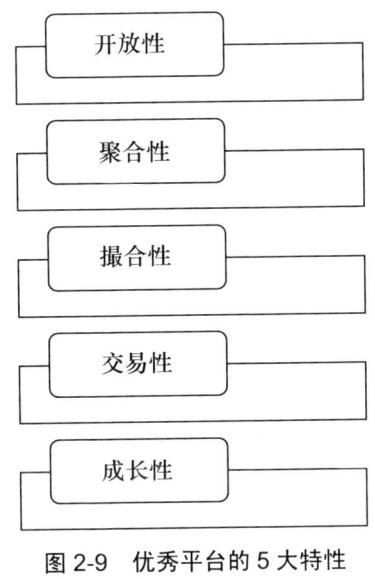

图2-9　优秀平台的5大特性

++

★第一是开放性：开放的平台才能够吸纳更多有能力的开发者实现自我价值；

★第二是聚合性：平台能将客户聚合起来，形成规模才能够发挥更大的作用；

★第三是撮合性：这意味着两个层面：一是通过平台使开发者了解客户需求，二是通过平台将产品推广出去，让客户知道其存在；

★第四是交易性：这个平台上既可以使客户与开发者达成顺畅的交易，同时平台方又可以得到利润分成，最终实现多方共赢；

★第五是成长性：昙花一现的平台是失败的，优秀的平台需要具有良好的机制实现其循环成长，可以应对商业发展所带来的任何挑战。

++

下面我们深入讲解一下优秀平台的这5个特性。

（1）平台的开放性

生态系统指多物种、多主体共同参与，并在一定时期内处于动态平衡状态的集合体。我们所提出的平台与生态系统颇为相似：**各主体在平台内通过信息传递、资源共享，打破行业界限，增加市场机会，实现多方共赢。**

开放性是优秀平台所要具备的首要特性。所谓的开放又涉及以下几个层面，如图2-10所示。

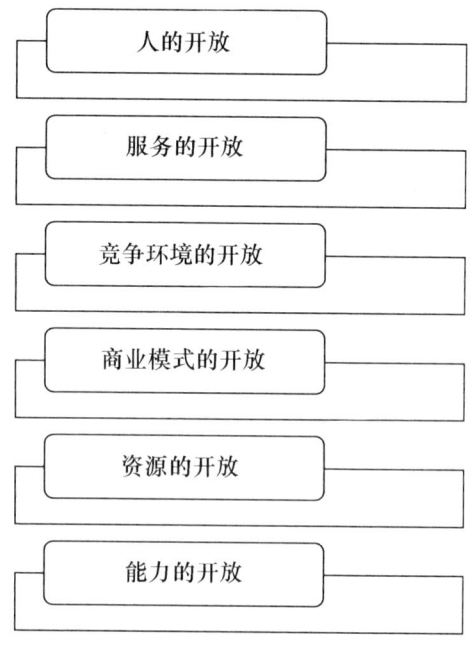

图2-10　开放性涉及的6个层面

++

★**人的开放**：也就是人的思维的开放程度，我们无法预知、把控，这可以说是最难达到的层面。

★**服务的开放**：这个层面面临时间、地域等的限制，在短时间内不可能实现。

★**竞争环境的开放**：要想实现该层面的开放，需要行业多方以及主导部门的协作，创建公平、公正、公开的竞争环境，实现企业的平等发展。

★**商业模式的开放**：整个市场应该探索更为开放的商业模式，使平台内的企业可以在日趋激烈的竞争中占得先机。

★**资源的开放**：对不同的产业或企业来说，同样的资源可能具有不同的功能。实现平台内资源的开放，有助于企业对资源的有效利用，提高资源的利用率，实现循环利用。同时资源的投入产出比也可以得到相应的提高，最终实现平台与各行业的互利共赢。

★**能力的开放**：这是运营商可以主导的层面，对开发者来说尤为重要。开放的平台就要实现能力共享。运营商应该把自己所具备的能力技术、所掌握的客户需求共享给开发者，从而帮助开发者实现产品体验的优化，创造符合客户需求的产品。

++

（2）平台的聚合性

打造一个优秀平台需要三方面主体的参与：平台的运营商、平台的内容商以及客户，如图2-11所示。在平台的运营方举起"开放"的大旗吸纳了众多平台的内容提供商之后，就需要联合客户，形成并扩大平台规模。这就是我们所说的第二个特性：聚合性。

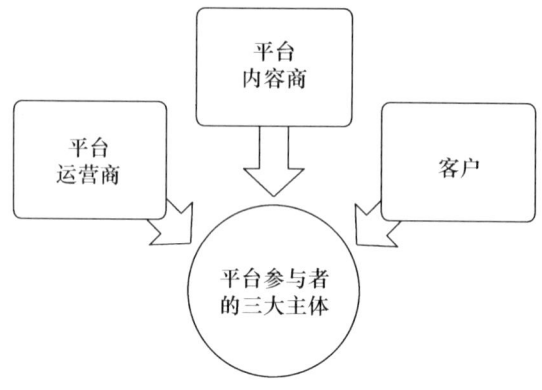

图 2-11 平台参与者的三大主体

相对于其他互联网公司的平台而言，运营商要实现客户的聚合会更容易一些。因为运营商拥有庞大的通信用户，可以更快地聚拢客户，形成规模效应。运营商可以通过多种方法实现通信客户与平台客户的转化，如圈子的传播、传统营销手段的促进等。

客户的聚合只是平台聚合性的一个方面，开发者的聚合同样重要，两者是相辅相成的。客户因为遇到合适的产品、贴心的服务进入平台，开发者进入平台是由于客户的购买和所获利润，所以说具备聚合性的平台才能够吸引客户和开发者。

（3）平台的撮合性

平台撮合性的内涵包括两个方面：一是平台可以帮助开发者了解客户需求，进行产品开发；二是通过平台进行推广，使客户知道开发者的产品。下面我们就从这两个层面分析平台的撮合性，如图 2-12 所示。

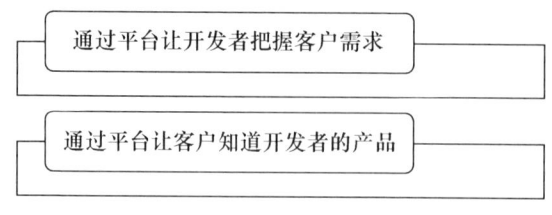

图 2-12 平台撮合性的内涵

++

★通过平台让开发者把握客户需求

运营商平台的价值就在于帮助开发者把握客户需求。无论是开发者要开发产品,还是企业要进行产品生产,首先都需要对客户需求进行深入了解。

Talking Data 作为国内独立第三方数据服务提供商,其所发布的《2014移动互联网数据报告》显示:2014年我国移动智能终端用户的数量比2013年增长超过230%,规模已达到10.6亿,其增长速度远远超过全球同期市场。拥有庞大的客户群体,为运营商把握客户需求提供了极大的便利。

运营商可以借助庞大的客户信息,从客户的通信行为、业务消费、上网行为、App应用的偏好等诸多信息中探寻客户需求,然后进行分类,并通过平台发布给开发者与合作企业。开发者从中攫取有用的信息,开发出符合客户需求的产品。

★通过平台让客户知道开发者的产品

开发者通过平台得知客户需求并进行开发生产,完成了第一个环节。那么,如何通过平台让客户知道开发者的产品从而完成购买使用行为呢?

"99.9%的中长尾应用只占到应用分发量的30%,而0.1%的top应用则占到70%的分发量,最重要的是全国绝大多数的开发者处于99.9%中。"这是"2013百度世界"李彦宏主题报告所提到的互联网应用程序开发的现实情况。

面对这样的现实,让客户知道产品的存在,使产品触及目标客户就成为平台的重要任务。我们首先要做的就是提升平台的分发能力。通过大数据技术对客户群进行分类,并设计不同的推送方式对产品进行分发。这一方法涉及多方面的技术内容,实现起来稍有难度。

再者,就是要进行精心的平台设计。本着平等的原则,使平台内的产品处于平等地位,进行公平竞争,然后建立相应的产品评估机制,通过客户关注度的高低推送符合客户需求的产品应用。相对来说，这是一个更为现实的方法。

比如苹果的 Apple Store、谷歌的 Google Play 在商店的排名算法上一直在进行调整优化，以实现平台生态环境的良性循环。当然，良性循环也离不开开发者的努力，开发者也要守住底线，开发出经得住时间考验的好产品，赢取客户的青睐。

++

（4）平台的交易性

交易是一种价值转化，平台就是实现价值转化的场所。开发者通过交易获得收入、利润，客户可以通过交易获得产品和服务，平台方同样可以通过交易获得分成。

交易的主体是开发者和客户，而保证和实现两者的顺畅交易，则是平台方的职责。**完成交易需要两个重要环节：支付和交付。**支付是对客户而言的，运营商要做的就是在平台上设置诸如"支付宝""银行卡"等的便捷支付方式，以方便客户完成支付，当然运营商要保证支付过程的安全性；交付是对开发者而言的，运营商要保证开发者通过平台交付的是高品质的产品和高效的服务。

广告是我们提及交易性时不得不说的内容。许多产品应用都谋求后向盈利，所采用的是免费的产品策略，比如线上线下的 O2O 模式或通过植入广告等方式来实现产品价值。这就要求平台运营商要本着公开透明的态度去监督整个过程。

（5）平台的成长性

一个平台能否在众多平台中脱颖而出成为优秀平台，要看其是否具有成长性。平台具备优秀的开发者和产品可以吸引更多客户，而开发者也会因颇具规模的优质客户而进入平台；同样，众多的开发者可以开发更多的优质产品，从而吸引更多的客户，这样整个平台就"活起来"了，实现了良性循环。在这样的状态下，平台的规模也会逐渐扩大，商业生态圈也得到完善，从而帮助企业在激烈的竞争中掌握主动权。

一个优质的平台会面临很多危机，通过不断完善自身来从容应对正是平台得以成长的宝贵财富。平台现有的运营管理模式无法敏锐地感知客户需求、行业变化及其他平台对自身的蚕食和渗透，是众多平台所面临的巨大挑战。

作为平台方的运营商要想解决这些问题、实现自身成长，则需要从前面我们所讲到的平台的开放性、聚合性、撮合性和交易性中找答案：保持平台的开放性，通过信息转换、资源共享吸纳更多优秀开发者；保持平台的聚合性，最大限度地聚合多元客户，实现规模效应，表达多样化的需求；通过平台的撮合性，让开发者开发出具备"生命力"的产品，为它们找到合适的主人；最后通过平台的交易性，使平台内主体可以实现多方共赢，最终实现平台的健康成长。

2.2.4 "苹果模式"启示录：平台商业模式必须具备的4个特征

中国经济逐渐迈入转型期，原有的原材料价格、劳动力成本等优势也逐渐消失，中国企业的"低成本时代"已然结束。当前中国企业的生存竞争更主要的是商业模式和资本的竞争。

商业模式不仅仅是"盈利模式"，两者之间是包含与被包含的关系。"盈利模式"是商业模式的一部分。"盈利模式"只关系到企业的收支、利润，而商业模式则包含企业发展的各个要素，关系到企业如何实现持续盈利。商业模式的魅力就在于：某一企业可以按照自己的商业模式实现快速发展，但其他企业却难以复制这样的成功。

平台商业模式可以说是企业发展的"殿堂级"模式，像苹果、沃尔玛这样的大型企业正是因为建立了自己的平台才能够迅速扩张，脱离一般层次的竞争，成为商业世界中的佼佼者的。

（1）苹果：商业模式的巨大成就

世界上第一个 3G 网络在 2001 年就已经建成，但是却没能在短时间内实现盈利。就在整个行业探求 3G 盈利模式的大背景下，苹果公司却以独有的商业模式奠定了在通信领域的至高地位。

++

2007 年 8 月，苹果公司的 iPhone 智能手机上市；

2008 年 3 月，苹果公司推出 Apple Store，允许用户下载应用程序；

2010 年 5 月，苹果公司超过行业巨头微软，成为全球最值钱的公司；

2011 年 8 月，苹果公司超过石油大鳄埃克森美孚，以 3372 亿美元的市值成为全球市值最高的公司；

……

++

2015 年 2 月 11 日，苹果的股价以 122.02 美元收盘，总市值超过 7000 亿美元。苹果成为美国首家收盘市值突破 7000 亿美元的公司。

天才乔布斯在 1997 年重新执掌苹果公司，当时公司的股价只有 5 美元，而到了 2011 年 4 月，苹果股价收于 350 美元。那么，到底是什么促使苹果的股价在乔布斯回归的 13 年间上涨 70 倍，成就了今天的苹果呢？

（2）三个核心产品：iPod、iPhone、iPad

在其他运营商还在思考如何通过与其他企业合作为自身带来利润时，乔布斯已经转变理念，将苹果产品定义为解决问题的个人工具。苹果所关注的是"人们如何使用电脑设备"，也就是说用户体验是苹果公司的关注点。

苹果推崇简单易操作的设计。在乔布斯看来，其研发团队设计的电脑应该是在帮助客户完成工作的同时，又能因其简单易行的操作令客户爱不释手。无论是苹果公司推出的iPod、iPhone还是iPad，其操作都极为简单，甚至无需产品说明书的指导，消费者就能顺利操作。当然苹果公司的产品也在不断进行升级，从iPod到iPod Touch，从iPhone到iPhone6s，从iPad到iPadPro，再到Apple Watch提升用户体验的同时，也使得顾客对苹果新产品充满期待。

苹果产品的外观简洁大方，系统简单实用，工业设计也极富人性化，这些都离不开乔布斯对每个细节、每个步骤的精准把握，再现了乔布斯的完美主义理念。

苹果公司的成功就在于对用户体验的关注。从概念到设计，再到产品上市，对于顾客需求的关注是必不可少的。简单易用是用户体验最看重的东西，为此"简单即复杂"也是苹果公司自始至终秉承的设计理念。

反主流文化是苹果公司的企业文化之一，希望成为独特的"那一个"。但是在中国，由于苹果产品的高价格、稀缺性，苹果成为身份、地位的象征。但这也增加了苹果产品的魅力，使其在中国市场被竞相追捧，市场份额不断上涨。

（3）苹果改变行业规则的武器：iTunes和Apple Store

创新是苹果公司企业文化的灵魂，所以当iPod、iPhone、iPad占据智能产品市场的半壁江山时，苹果公司仍然在不断研发创新型产品。苹果公司始终以消费者需求为着力点，不断为消费者带来不同寻常的体验。

苹果公司发生了"革命性"的变化，成为电子产品领域的龙头企业。但这样的成功并不仅仅是iPod、iPhone所带来的，更重要的是苹果公司建立了独特的商业模式。

苹果通过 iPod、iPhone 等智能产品切入客户之后，又开发了 iTunes 和 Apple Store 分别与之结合，打造了硬件、软件与服务三位一体的"平台型商业模式"，使消费者可以得到一体化服务，改变了行业规则，建立了行业新秩序，如图2-13所示。

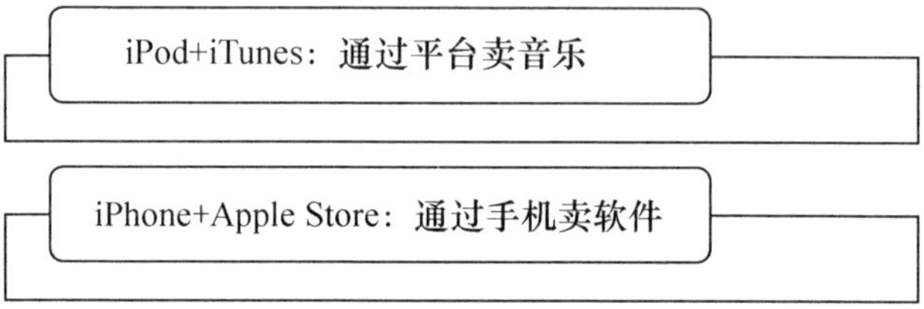

```
iPod+iTunes：通过平台卖音乐

iPhone+Apple Store：通过手机卖软件
```

图 2-13　苹果"平台型商业模式"的两条路径

++

★ iPod+iTunes：通过平台卖音乐

iPod 是苹果公司在 2001 年推出的音乐播放器，外观设计简洁大气，颜色五彩斑斓，受到了年轻消费者的追捧，销量也在持续平稳上升中。而到了 2003 年，iPod 的销量出现了爆发式增长，这要归功于苹果公司开发的音乐分销平台——iTunes。消费者可以通过 iTunes 下载购买数字音乐、iPod 游戏等自己喜欢的内容。

"iPod+iTunes"的模式让我们看到了苹果公司的盈利思路：一是通过销售 iPod 等硬件产品获得高额利润，这种获利是一次性的；二是通过 iTunes 等为消费者提供下载或购买音乐以及应用程序的平台来获取持续利润，这种获利是重复性的。不得不说，"iPod+iTunes"模式使苹果公司获得了巨大的成功。iTunes 平台上音乐等内容的下载量在 3 年内突破了 10 亿次，正是这样的数据将苹果推向了全球最大音乐经销商的宝座。

随着智能电子产品涌入市场，音乐播放器的销量逐渐下滑，iPod 也不例外。但是 iTunes 的音乐下载服务的收入却增长了 21%，苹果公司凭借 iTunes 在市场不景气的 2009 年获得 40.36 亿美元的收入，iTunes 在音乐类服务板块中的收入比重也上升到 33.33%。

★ iPhone+Apple Store：通过手机卖软件

"iPod+iTunes"模式的成功，让苹果公司看到了应用市场和平台战略的巨大潜力，出于要从快速增长的移动应用及服务市场获益的战略考量，苹果公司推出 Apple Store。2008 年 7 月 1 日，Apple Store 正式上线。"iPhone+Apple Store"模式成为苹果公司增加收入的另一重要路径。

Apple Store 拥有海量移动应用程序，都是苹果及第三方开发者为 iPhone 量身打造的。该平台上有 20% 的软件是可以免费下载的，且大部分收费软件的价格都在 10 美元以下。

"iPod+iTunes"模式的试水已经使苹果公司拥有了大批忠实的消费者，同时 Apple Store 在刚推向市场时已经获取了高质量的内容。这样，iPhone 用户就可以按照使用 iTunes 的方式方便快捷地下载或购买符合自己需求的应用程序。

Apple Store 的推出实现了苹果的战略转型，使苹果成为手机行业革命的先驱。截止到 2013 年，苹果累计售出 4.72 亿部 iPhone，Apple Store 的下载量已经超过 500 亿次，这个惊人的数字告诉我们，iPhone 已成功颠覆了整个手机产业。

伴随着 Apple Store 的成功，移动终端掀起了智能化浪潮，苹果的商业模式受到整个行业的追捧，众多运营商开始推出自己的手机应用程序商店，如微软的应用商城、Google 的 Google Play 等。

Apple Store 的产业链涉及苹果公司、开发商、用户这三个主体，用户下载购买的收入由苹果公司与开发商三七分成。在 2011 年，苹果支付开发商 25 亿美元，这意味着 Apple Store 在 2011 年就取得了 36 亿美元的总收入。

++

苹果的成功并不是因为它拥有多么超前的技术，而是因为在它创造新的商业模式时，其他企业仍在原地踏步。诺基亚曾是手机行业的领导者，但在面对移动终端的智能化浪潮时，诺基亚看错了方向，最终导致企业的衰落。

诺基亚以为消费者只是需要一部可以上网的手机，而苹果则将手机定义为一个具有手机功能的移动上网设备。从最终的结果来看，苹果公司赢了，诺基亚却在错误的方向上越走越远，而当诺基亚意识到自己的错误时，为时晚矣。商业世界不缺少执著与勤奋，更看重的是变通与发展。

（4）打造平台型商业模式

平台模式可以说是行业发展的顶级模式，已成为商业发展的主流。建立平台可以实现生态圈内的资源跨界整合，提高效率，降低成本，帮助企业寻求更好的发展机遇。无论国外的沃尔玛、Google，还是国内的阿里巴巴、百度、腾讯，都建立了平台模式，使企业迅速崛起并占领市场。平台型商业模式也呈现出一定的特征。

① 平台模式须打造核心王牌产品作为基础

只有先打造核心王牌产品，之后各方才能在此基础上推出其他产品并提供相应的服务。

② 平台模式必须储备足够多的用户数量

梅特卡夫定律提出：**网络的价值随着用户数量的平方数增加而增加。** 平台中的新用户会因他人的加入展开更多的交流，从而增加交流的次数、扩大交互的范围。用户增多，也就意味着平台创造的价值就更多。

③ 明确游戏规则

这就要求试图建立平台型商业模式的企业首先要设计出使生产和需求双方可以交互运转的游戏规则。只有生产满足需求才能够实现成本的降低与企业盈利。

苹果公司对于生产无法充分满足用户需求的问题，采取了开放策略，用社会上无限的"N"来满足用户无限的需求，当然生产者与需求方都是根据既定的游戏规则实现对接匹配的。正是由于具有明确的游戏规则，平台上的产品与服务才得以无限延展。

④ 重构整个生态系统

平台型商业模式使产品的大规模聚集、企业成本大幅度降低成为现实，使整个商业世界转变成具有强大竞争力且颇具灵活性的商业生态圈。

平台型的商业模式在帮助平台型企业实现自身扩张的同时，也使平台上的中小企业迅速成长起来。

++

《愤怒的小鸟》是Rovio公司2009年发行的一款益智类游戏，首发于苹果的在线商店。由于99美分的便宜售价，该游戏受到众多用户的喜爱，甚至英国首相卡梅伦、90后音乐天才贾斯汀·比伯都是这款游戏的粉丝。

截止到2011年，《愤怒的小鸟》累计下载1亿次，Rovio公司的市值也已经超过12亿美元。不得不承认，平台模式提高了商业自由度，中小型企业的能量得以充分释放，所以说，平台型模式的商业价值是无穷的。

++

前时代华纳CEO迈克尔·邓恩就曾提出商业模式是企业立足的先决条件，比任何技术、能力都重要。对中国企业而言，要想使自身发展实现更大的跨越，商业模式的创新是当下最需要实施的战略。

2.2.5 平台型组织VS价值链重构：颠覆传统组织架构的商业新思维

"平台"的概念与商业模式组合在一起形成了一种新的商业语境，在这种语境下似乎商业发展正迎来一个崭新的时代。但应当注意的是，从理论上来说，平台仅仅是一种天然的属性，不能与商业模式和发展策略等相混淆。

平台作为天然属性的存在是客观的，是不会因其他因素而改变的，但这种属性要展现出来，或者说发挥其应有的效果，却同主体的性质、意愿以及外界的环境有极大关系，放到企业与平台上来说，就是企业是否具备做平台的条件和时机。

（1）平台的缘起

从区别于动物的社会属性来说，人的本质体现在社会活动当中，正如亚里士多德的理论，人的本质是社会动物。而人作为社会群体生活在一起，则是通过社会交往、情感交互、商业交易等多种社会活动相联系。放在经济学层面上说，价值交换是一切活动的基础，等价交换则是一个基本准则。人们在一定的准则约束下进行交换活动，逐渐形成一个关系体。

那么从这个角度出发，一切企业之间的商业活动最终的落脚点都在于"人"，那么平台也就可以理解为是企业的一种天然属性了。

++

迈克尔·波特在20世纪80年代初提出竞争五力分析模型，而此后施马兰西教授（Richard L. Schmalensee）所提出的"触媒"概念对这一模型进行了根本上的驳斥。"触媒"实际上是对平台概念的一种解释，以催生物品发生化学反应为比喻，恰当揭示了平台的根本特征。

谢德荪教授（Edison Tse）认为，波特的理论与平台概念是"流"与"源"的关系。"流"理论从本质上来说与牛顿经典力学的基本原理相切合，即认为世界本质上是静态的、线性的，这种观点显然已经不再适合当今世界的发展节奏，尤其是对于强调思维逻辑有效表达的当下。

++

就施马兰西教授的观点来看,企业需要具备以下几种条件才可作为经济触媒存在:**在顾客群体中间起到必要的催化作用;企业拥有两个或两个以上的顾客群,群体无法通过彼此的交流来获得相互吸引的有效价值,必须借助企业的推力来触发他们之间价值创造的节点。**

简单来说,这种地位抑或价值可以表述为"以用户之间的互动来作为价值产生的动力",这也是企业存在的意义所在。

不难看出,企业在交互行为中所扮演的角色类似于一个社区平台,为交互双方(或多方)提供一个市场性的规则或者主张,制定出相应的管理规则,在此大环境下进一步促进交互行为的发生。传统的集市、市场及如今的淘宝、eBay等本质都在于此。

(2)平台开放的本质和维度

"源"的理论与"触媒"的概念从根本上来说强调的是生命体的开放与世界的动态,这与之前牛顿力学时代的静态和线性思维有着本质的差异。

开放可以说是平台的生命,只有开放才能打开更多的接口,让新鲜的生命力源源不断地注入进来。这种开放与单箭头的传输不同,其最大价值在于供应链、客户群之间形成一张"网",这张网不但规模巨大,更重要的是其把不同关系、不同价值的群体联系起来,形成平台上的更大价值。

++

例如,沃尔玛在其成立初期看上去似乎延续了传统零售商的销售模式,把从供应商那里批发来的商品摆上货架供顾客挑选。

但随着超市规模的不断扩大,沃尔玛开始在供应商之间建立起竞争淘汰的机制,诱导供应商提供能更好满足消费者需要的产品,如果供应商的产品在沃尔玛销量不佳,那么该供销商的名字就可能从沃尔玛供应商的名单中剔除。这样一来各大供应商为了争夺一席之地就不得不深入到消费者群体中去调查了解其需求。

++

在如今出现的书籍资料中，表述或者描写平台的有很多，但普遍存在的一个问题是人们很大程度上把平台看作是一种商业策略，注重观察产品形态，而不是把平台作为一种企业的天然属性来了解。在对平台的考察中，除了企业发展战略，其组织形态也是重要的考察角度。

我个人认为，应该从两个维度来观察平台的开放性，一是包括技术、用户入口、资源开放等在内的能力层面的开放，最终形成平台型的产品；二是组织开放，最终形成平台型的组织。

（3）平台型产品的成长路径

企业在组织形态之外的一切开放（包括开放形式、内容等），都可看作能力层面的开放。例如苹果公司，从公司本身来说并不是平台型的，但是其 iPhone 产品则是一款典型的平台型产品，在一定范围内开放了很多个接口给第三方软件开发者。

平台型的产品有一条基本的成长路径，即建构平台框架——研发制胜功能——诞生平台产品，如图 2-14 所示。

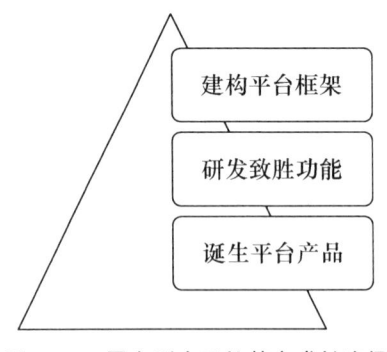

图 2-14　平台型产品的基本成长路径

++

贝索斯创业之初就给亚马逊确立了平台发展的思维。在发展初期，亚马逊意图做一个以图书为主的专项平台，平台框架逐渐构建起来。在这个阶段，相较于传统书店，亚马逊有明显的价格优势，而且其独有的推荐算法为其有针对性地网罗了大批用户。

到1998年，亚马逊的用户数量就已经达到了310万。次年，亚马逊为其"一键下单功能"申请专利，这项功能极大地简化了用户的购物环节，符合互联网购物极简的美学原则，是亚马逊注重用户购物体验的开端，并在其后一步步提升着用户对网站的满意度。"一键下单功能"无疑就是亚马逊在同类平台中取得优势的制胜功能。

2007年11月，亚马逊推出Kindle，一款电子阅读器。尽管在其诞生之初许多业内人士对它的前景并不看好，但是其仅用一年的时间就售出了24万台，这让曾经不看好它的人目瞪口呆。如今，电子读物在生活中已经司空见惯，Kindle也不断实现自我进化，我们之所以对电子书悄然遍布生活角落熟视无睹，很大原因在于我们的阅读习惯在不知不觉中被亚马逊改变了，如图2-15所示。

Kindle的出现和发展无疑对传统书商产生了极大的震撼，也是对传统图书业的一个颠覆。它利用平台中的大量用户资源，让书商不得不对其低头。如此看来，Kindle就是在亚马逊的平台中诞生的一款成功的平台型产品。

这样的路径同样可以从iPhone的成长中体现出来。iTunes由早期只能烧录高品质音乐和管理音乐到后期与iPod结合，以音乐爱好者为核心的用户群体数量大幅上涨，粉丝效应对经济效益的影响开始体现出来。最早期的iTunes就是平台的框架。

2003年，iTunes商店上线，在短短18个小时内就售出了27.5万首歌曲，这个数字在虚拟线上平台产品中是令人瞩目的。由此一来，iPod 的用户也不断增加，整个苹果产品的用户群规模在不断壮大。

图 2-15　亚马逊的 Kindle 电子书平台[①]

2007 年，iPhone 作为典型的平台型产品面世，iTunes 商店被完美地应用到了手机中，即后来的 Apple Store。苹果在 iPhone 平台上开放多个接口提供给程序开发者，使其应用类型不断丰富，再加上前期积攒下的庞大用户群体，iPhone 迅速作为一款平台型的智能手机在全球刮起了一股"苹果热"，这股热潮一直保持至今，并改变了整个手机行业。

++

（4）平台型组织

我们一般不把平台的组织形式同公司形态等同起来，因为我们所见到的真

---

① 图片来源：亚马逊网页截图

正平台组织往往都是非公司形态的,我们重点来看组织的开放度。

++

维基百科和Linux本身就是开放型平台和平台型产品的结合体,其用户既是平台的组织成员,又是产品的开发者,从某种意义上说,平台的边界与产品的边界是重合的。

在公司的层面上进行平台探索的典型,莫过于海尔在组织变革上的实践。海尔集团首席执行官张瑞敏把平台型公司作为海尔变革的目标。张瑞敏有着十分敏锐的"革命嗅觉",对第三次工业革命中3D打印的逐渐发展、大数据的作用等信号十分重视。他强调,当3D打印技术真正成熟并普及开来时,相关的传统制造业就会被彻底颠覆。其对于用户越来越多的个性化需求能够灵敏感应,而这一点是大多数传统企业做不到的。

此外,张瑞敏认为平台是迅速配置资源的一个框架,在掌握资源的配置以后就可以使组织成为完全被自主创新推动的"自组织"。这种产生于内部的动力可以促使员工进行新的角色定位。张瑞敏希望组织结构能够以网络的形式不断靠近用户,把组织内外的资源通道打通,以便于资源利用更加高效。

此外,"创业者"主张的提出让海尔员工可以借助海尔这个大平台寻找创业机会,或者与社会力量结合成立科技型及其他类型的小微公司。

"大组织,小公司"是海尔不断通过平台组织的形式来构建平台型公司的真正目的,以网状组织为途径打通内外部资源的节点,促进企业的个性化生产,以在未来的平台与平台、企业与企业之间的竞争中占据优势。

++

2.3 互联网生态圈 3.0：移动互联网时代，传统商业生态的颠覆与重构

2.3.1 旧商业生态的坍塌：PC 时代向移动互联网时代的生态演化

在商业社会中，当一个产业经历一定阶段的发展还未成熟的时候，往往会经历一个剧烈变革的时期。这时，一些大规模的异质力量会入侵到这种商业生态中，并极有可能给整个产业带来重大变化，一些原有的商业力量会渐渐消亡，整个产业的价值链也会进行重构。

虽然是两种不同的生态系统，但从某些方面来看，商业的生态与自然的生态具有某些共通之处。当一个外来物种被引入一个良性的生态当中时，该生态系统原有的食物链相对稳定和物种比例比较均衡的状态就有可能被打破，进而引发生态系统紊乱、食物链断裂、环境压力增大等难以避免的问题。

++

在殖民者进入澳大利亚之前，澳大利亚这片广袤的土地上并没有兔子这个物种。在殖民者对澳大利亚进行开发时，出于物种多样性的考虑，把欧洲的兔子投放到了澳大利亚。

由于气候温暖、牧草丰富、没有天敌，兔子在澳大利亚获得了良好的生存环境。仅仅经过几年的时间，澳大利亚的兔子数目就已经十分惊人。兔子的泛滥给澳大利亚的牧草带来了巨大的灾害：这一方面是因为数量庞大的兔子对牧草的消耗量大；另一方面则是因为兔子喜欢挖洞，严重地破坏了牧草的根系。

而牧草的退化则直接威胁到了澳大利大的支柱性产业——畜牧业。

1928年,澳大利亚的总人口数为600万,但兔子的数量却已经达到了40亿。为了抑制兔子数量的无限制增长,澳大利亚曾经进行过各种努力和尝试。

尝试一:引入兔子的天敌狐狸,但是此举不仅没给兔子造成太大的威胁,反而影响了本土生物的正常繁衍,使得11个物种遭受灭顶之灾;

尝试二:采用生化战术对抗兔子。在引入黏液瘤病毒的初期,确实取得了一定的成效,兔子的数量减少了,但后期兔子却对这种病毒产生了抗体,这让澳大利亚的科学家不得不花费大量时间进行新型病毒的研究。

除了外来物种的入侵,环境的变化也会影响生态系统的稳定。目前在世界范围内,多个地区的环境破坏已经十分明显,而原先相对稳定的气候被打乱。根据联合国发布的一项报告,澳大利亚的珊瑚礁生态系统已经变得十分脆弱。占海底表面0.25%的珊瑚礁生态系统,孕育的海底生命比例为25%,而近几年,珊瑚礁的数量正在锐减。

气温的逐年上升也影响着珊瑚礁的正常生长,全球平均气温上升2℃,就会使得珊瑚礁发生褪色,而这对依赖珊瑚礁生存的物种和相关的经济将造成严重影响。

++

商业的生态与自然的生态一样,在面临异质商业力量的入侵或外部环境的变化时,也会变得十分脆弱,致使整个产业的生态平衡被打破。

比如,微软与英特尔两家企业组成的商业联盟,所代表的是Wintel价值链体系。在PC时代,这两家企业绝对称得上是IT行业的半台盟主。但随着移动互联时代的到来,安卓和ARM平台大行其道,使得微软和英特尔的地位发生了变化。实际上,发生这种平台角色更迭的原因,跟自然生态平衡被打破的原因是一样的，皆是由于外部环境的变化和新力量的入侵。

互联网分为 PC 互联网和移动互联网，从名字上就可以看出二者终端不同，一个在 PC 端，另一个在移动端，然而，除了终端之外，其他都相同吗？答案显然是否定的。虽然 PC 互联网和移动互联网在本质上都是沟通工具，但是沟通的对象不同，沟通的方式不同，相应的，二者的商业生态体系也不同。

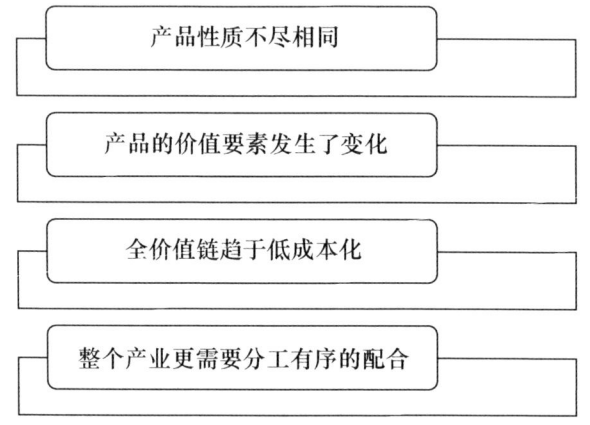

图 2-16　PC 互联时代与移动互联时代生态体系的不同之处

（1）产品性质不尽相同

PC 互联网的每款产品，都由核心操作系统和 CPU 芯片完成主要特征的定义，每一次操作系统和 CPU 芯片升级，都已经自动界定了 PC 所能够达到的基本状态，所以对 PC 硬件没有新的要求，PC 厂家也不需要随着系统升级而更换硬件，而用户也只是单纯的使用者。

终端产品的基本性能、功能、所具有的应用都是如此，平台主导者直接掌控了各种应用产品，也就是说，掌控了平台价值链的大部分价值创造活动。这就是 PC 互联网应用产业的游戏规则。

到移动互联网盛行时，各种各样的手机应用层出不穷，应用产品得到了极大的丰富，这种环境下，终端厂商要求重新制定游戏规则，试图参与应用产品市场，想要向苹果看齐，自己进行应用的设计和开发，开设自己的应用商店；应用软件开发商也挤入市场，针对不同的平台、不同的用户需求开发不同的程序，以争取更大的市场份额；有了智能终端在手，用户也拥有了更多的自主选择权利，可以自己决定安装什么样的软件，甚至还能够更换操作系统。

在移动互联网时代，无论是终端制造商，还是应用开发商，甚至于用户，都加深了对应用产品的介入，整条价值链涉及的各方力量，都想要在整个产品完成的环节中拥有更强大的话语权。因为各方互不退让，所以推出的所有产品都需要各方补齐工序，共同来完成最终的制作。

因此，在移动互联时代，用户、平台的开发者、平台及其合作伙伴各自获得的实际上都只能算半成品。换句话说，移动互联网时代的价值链是由各环节的各要素共同参与定义的。

（2）产品的价值要素发生了变化

PC 互联网时代，用户追求的是处理速度更快的 CPU、更大的存储空间、更强劲的操作系统，有了这些元素，基本就可以称之为好的 PC。

到了移动互联网时代，比起速度、存储等元素，智能终端的电源性能以及功耗问题变得越来越重要，比起天天充电的烦恼，运行速度慢一点儿反而不再那么难以忍受。除了功耗问题，用户还开始在意手机应用下载和使用的便利程度，以及应用的丰富程度等，每一项都可能对购买决策的制定产生重大的影响。正是因为这样的原因，尽管处理器的性能并不突出，iPhone 还是凭借其丰富、便利的应用和独树一帜的品牌定位取得了有目共睹的成功。

移动互联网时代，消费者的敏感要素已经发生了变化，PC 时代的游戏规则以及产品的价值要素已经面目全非，谁能够准确捕捉到价值要素的变动，谁就能够在新的时代一飞冲天。

(3) 全价值链趋于低成本化

在 PC 互联网时代,每一次 CPU 芯片的升级以及 Windows 新品的推出,都需要用户为此支付更多的费用,在这样的规则之下,英特尔和微软凭借着持续的产品升级赢得了丰厚回报,而用户的不满也随之不断发酵。

到了移动互联网时代,由于价值链各方的博弈,这条规则被彻底推翻,运营商希望借助 3G/4G 智能机的推广来壮大自己的用户规模,从而在市场上争取更多的话语权,这就对智能机的成本提出了很高的要求,于是运营商力推更多低成本的智能机,甚至自动割肉贴补。

比如,在竞争激烈的半导体设计和制造行业,由于利润逐渐趋薄,行业内的商家都希望能够进行一些技术资源的重复使用,以此降低设计和开发成本。开发商和终端制造商也面临着类似的情况,竞争越来越激烈,利润越来越薄,如果操作系统或者处理器的费用居高不下,将极大影响产品的销售,只有整个价值链的成本走低,才能保证持续的竞争力。

随着行业的继续发展,大量的免费应用频频出现,这些免费的应用构成了下游商业力量的挤压,最终,这种下游的挤压势必会倒逼上游商业力量降低价格,也就是说,移动互联网时代,要求全价值链一起对成本进行有效的控制。

(4) 整个产业更需要分工有序的配合

丰富多样的终端和应用,以及多元化的商业模式,构成了一个复杂庞大的商业生态体系,这样的生态体系不是一家企业能够承担的,所以整个产业必须能够分工有序的配合,各司其职,做好自己的工作,这样才能维持整个生态体系的正常运行。也就是说,每个价值链环节的每家企业,都必须在自己的环节获取收益，必须把其他环节的价值让给价值链的其他合作伙伴。

++

在这一点上，ARM 的作为堪称典范。作为一个 IP 核的专利授权企业，ARM 绝不介入设计制造等后序环节，因为 ARM 对游戏规则认识得十分清楚，只有让所有下游环节的伙伴取得足够的收益，才能实现 ARM 技术最大程度的应用。

安卓也同样清醒，在竞争激烈的智能机行业，每一环节的成本都是高度敏感的要素，在这种情况下，只有让合作伙伴获得最大化的利益，才能拉动安卓平台的快速成长，所以安卓平台一直免费发布，将这份收益全部转让给合作终端厂商。

++

所以说，移动互联网时代，价值链涉及的所有企业必须开放协作，自动把价值让给相关的合作伙伴，推动整个产业链的繁荣，才能保持自身长久的竞争力。

▶2.3.2　电商生态之变：传统电商遭遇瓶颈，移动电商成新利润区

伴随着互联网的诞生而出生的电商行业，从诞生的那一刻起就决定了其多变的命运。当阿里巴巴、京东等在 PC 端的布局已经日趋完善，竞争也逐渐进入白热化时，寻找新的增长点便成了大家共同的诉求。

随着智能手机等移动设备的普及和移动互联技术的发展，移动互联以汹汹来势席卷了人们的生活。而正是移动互联的到来，让大家不约而同地发现了那个一直在等待的"戈多"，那个新的增长点——移动电商。

自从阿里巴巴将传统电商带到国人的面前，国人的消费方式便发生了极大的变化。如果说传统零售到传统电商是零售业的第一次革命，那么传统电商到移动电商的第二次革命则以更深的渗透强度改变了人们的消费乃至生活方式，如图 2-17 所示。

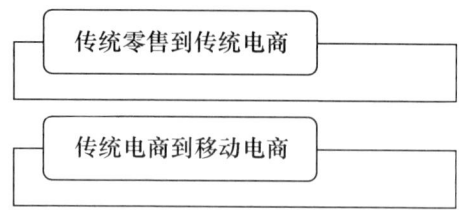

图 2-17　互联网带来的两次零售业革命

虽然目前移动电商的技术并不如传统电商那样成熟，市场规模也不如传统电商大，但随着电商巨头们在移动端的大力推进，凭借着巨大的生活服务市场，依靠着其强大的便利性等优势，在传统电商的发展遭遇瓶颈之时，移动电商必然会成为新的利润区。

（1）巨大的生活服务市场

传统电商刚开始发展的时候，注意力通常专注于实物消费之上。其实，在实物消费的背后，还隐藏着巨大的生活服务市场。由于目前阿里巴巴、京东等国内的电商巨头，主要精力仍然集中于实物消费，因此，我们可以大胆地预测未来能够产生新的电商巨头的领域将会是生活服务市场。

传统电商所涉及的消费方式大多是消费者在网上购物，然后商家通过物流发送给消费者。虽然相对于传统零售来说，这样的消费方式已经具有极大的便利性了，但仍然具有一定的局限，而且消费方式比较单一。

其实，在人们的日常生活中，除了购买一些实物，人们还需要去电影院、理发店、餐馆等，这块巨大的生活服务市场传统电商却极少涉足。而移动电商却能够在利用移动支付、位置服务等的基础上，引导人们的生活消费。

++

可以说，互联网不仅改变了人们的生活，还塑造了人们的性格。这话并不夸张，如果你调查一下，就会发现，如今喜欢"宅"的人越来越多。但是，宅着仍然有消费的需求，所以，以前的"宅"其实并不能完整地"宅"，而移动互联时代的到来则给"宅人"们带来了新的福利。

目前，有一款主打O2O服务的应用一经推出就受到了广大用户的欢迎。这款叫做"随叫随到"的App的主要功能是使用户足不出户便可以购买附近商家的产品，如图2-18所示。通过扫描二维码进入App的下载页面，然后根据自己的需求进行安装。安装完成后，App可以通过自身携带的LBS功能对用户的所在位置进行精确定位。定位完成后，App会自动显示附近的商家类别及数量。如果用户发现意图购买的商品，可以点击屏幕下方的按钮"叫"，输入货品的名称进行购买。

图2-18 "随叫随到"App[①]

---

① 图片来源：新浪财经

第一次使用的用户需要进行账号注册，而已经注册过的用户只需要登录自己的手机号和密码即可。用户登录成功后可以通过手动输入或语音输入的方式输入想要购买的商品，再输入收货的地址，操作便基本完成了。

App会将用户的需求信息发送到系统平台之上，商家便可以根据用户的需求、位置等信息决定是否抢单。一旦抢到订单，商家便需要与用户联系核对信息，然后准备送货。这一过程与目前打车软件的运作类似。

浏览这款App的页面，你会发现最常用的地址栏和最基本的叫货功能位于屏幕的最下方，而订单查询、积分详情等其他功能点击左上方的功能键便能够显示出来。

由于"随叫随到"这款App立足于大众的生活，而且设计简洁、易于操作，所以涵盖的人群范围广；作为一款将商家和消费者建立连接渠道的App，"随叫随到"内置了如同淘宝一样的交易互评系统，能够使商家和消费者双方的利益都得到保障。可以说，"随叫随到"真正体现出了O2O服务产品注重用户体验的特点。

++

（2）消费者形态的变化

在传统零售时代，你如果想买一件合乎心意的物品，有可能需要带着现金、银行卡或信用卡在一家家的商场或者店铺里搜索。买完之后，你需要大包小包地把它带回家；而如果不幸没有找到，那么除了疲惫的身体，你所剩下的就只有白白浪费掉的大把时间了。

进入传统互联时代以后，用户开始通过网络购物，网络购物也确确实实节省了人们的时间，并且让人们的选择范围更大。但是，从另一方面来说，网络购物的门槛也比较高。首先，你要购买电脑、安装网络；其次，你还需要掌握复杂的电脑购物流程。而这就将大部分收入水平或文化程度较低的人挡在了电子商务的大门之外。

而移动互联时代的到来，不仅彻底打破了传统零售时代的局限性，而且大大降低了电子商务的门槛。具有一部能够上网的手机，你便可以不受时间、场所等因素的限制，得到自由畅通的购物体验。

（3）技术的演进和渠道载体的变化

阿里巴巴、京东、苏宁易购等在PC端的竞争愈发激烈，很大程度上是因为缺乏新的增长点。移动电商成为新的增长点具有多方面的原因，比如，与用户的联系更加紧密，对碎片化时间的利用率更高，不易受到场所的制约等。

当今的电商消费者已经跟阿里巴巴刚推出时的消费者不同了，他们的消费权益感更强，而且更注重消费的体验。因此，除了平台化电商外，具有品牌化和个性化特征的垂直电商也具有广阔的市场前景。

++

过去，人们进行网络购物时，往往习惯于在淘宝等平台上输入关键字，然后再进行海量搜索。这种方式不仅费时费力，而且对消费者的鉴别能力是极大的考验。

针对这种现状，美丽说和蘑菇街等应用出现了。这些应用采用社交分享的购物方式，即将海量的商品经过人为的过滤之后，通过标签分类，再呈现在用户面前。这样的方式虽然一开始受到了用户的欢迎，但却有一个弊端，那就是：当用户的分享较少时，消费者能够获得的参考信息也少，一旦用户的分享量增大，巨大的信息量也会给消费者的鉴别带来困难。

针对美丽说、蘑菇街等存在的问题，一款全新的推荐购物类应用软件——口袋购物应运而生，如图2-19所示。

与美丽说、蘑菇街等不同，口袋购物采取的不是社交分享的方式，而是能够提供更好导购服务的算法和发现引擎方式。其前期的运营模式是这样的：

商业生态圈——"互联网+"时代，构建互赢共生的商业生态模式

图 2-19　口袋购物 App[①]

★首先，对等级比较高的钻石级买家收藏的店铺和商品进行分析，根据分析获得的信息挖掘整个淘宝网，获得较为完整的值得推荐的信息；

★其次，将获得的信息呈献给用户，并记录用户的浏览、收藏及购物行为；

★最后，用户在使用口袋购物这一应用的过程中，可以从其提供的分类中选择自己喜欢的频道，并在具体的应用过程中根据实际的体验再进行调整。

用户使用一段时间后，该应用的后台便能够通过数据的分析对用户行为进行比较准确的判断，然后就能够基于用户的喜好向用户推荐商品。基本上来说，一个用户使用口袋购物的时间越长，口袋购物获得的用户信息就越多，对用户的分析也越准确，推荐的商品就会更精准。

由于主打个性化和精确化，并且与京东、天猫、淘宝、苏宁易购等商城建立了一定的联系，所以，口袋购物不仅能够给用户带来良好的应用体验，而且能够为整个产业链之上的合作伙伴创造更大的价值。

++

---

① 图片来源：口袋购物页面截图

如果说移动电商与传统电商的区别仅仅是呈现的载体由电脑转移到了移动设备,那么移动电商并不能说是电商的革命。由于移动电商利用了智能手机等移动设备,具有 LBS 的定位属性,所以电子商务的 O2O 模式展现了其魅力;随着银联、网络运营商等移动支付业务的参与越来越充分,移动支付更为安全和便捷;智能手机的屏幕越来越大,待机时间也越来越长,用户移动购物的体验会越来越好……所有的这些都使移动电商成了新的利润区,也使人们的生活方式变得更为便捷高效。

2.3.3 移动互联网生态:成熟化+多样化+平台化+企业化+集中化

自苹果公司通过"终端+应用+内容"一体化垂直整合打造移动生态体系以来,移动互联网应用作为衔接移动智能终端和用户的直接桥梁,已经成为互联网领域的全新焦点,在吸引众多第三方开发者的同时催生了多个创业神话。

2015 年,移动互联网应用体系更趋成熟,面对可穿戴、智能家居和智能汽车等新终端带来的多样化平台,作为用户入口的移动互联网应用争夺日趋白热化,企业移动应用将成为下一个焦点。移动互联网应用领域正迎来新一轮快速发展,如图 2-20 所示。

(1)成熟化:移动互联网应用,生态体系进一步完善

伴随移动互联网和智能终端的快速普及,移动应用的生态体系更趋成熟。从开发平台来看,无论 iOS、安卓等成熟平台,还是 Windows、iPhone 等新兴平台,在平台商的悉心营造下均已形成较为成熟的开发环境和发布渠道;从用户体验来看,用户购买、下载和使用移动应用的途径及方式不断成熟丰富,就像去电影院之前购买爆米花一样,移动智能终端的用户可以随时随地在自己的设备中购买和使用游戏、通信和生活服务等多种移动互联网应用；从收入体系来看，购买应用和下载付费的机制正在更多地被应用免费而服务收费的模式取代，移动广告收入成为主流。

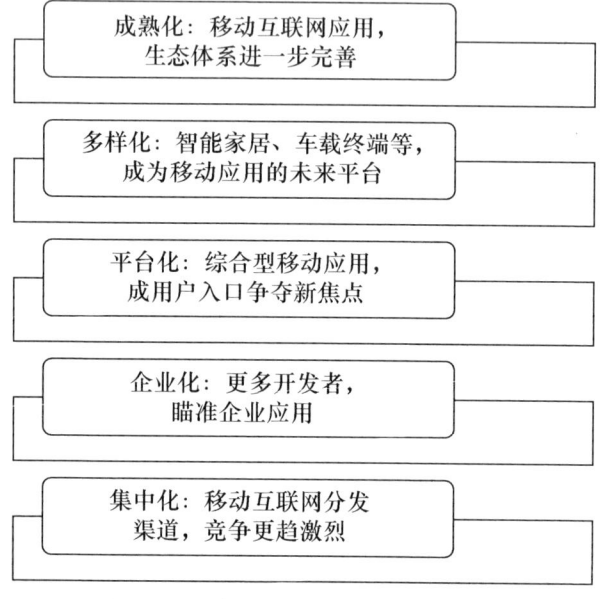

图 2-20　移动互联网生态的 5 大特点

据苹果公司统计，截止到 2013 年，Apple Store 中国移动应用总数超过 100 万个。全年用户在 Apple Store 中消费总额超过 100 亿美元，第三方开发者已累计从 Apple Store 获利高达 150 亿美元。2013 年 12 月是 Apple Store 历史上下载量最高的一个月，用户下载应用程序总数高达 30 亿个，总价值超过 10 亿美元。

（2）多样化：智能家居、车载终端等，成为移动应用的未来平台

智能家居体系化为移动互联网应用提供了新平台。2014 年 1 月，谷歌以 32 亿美元高价收购北美智能温控器厂商 Nest，再次引爆智能家居概念。与以往宣传硬件性能和远程控制等概念的智能家居不同，Nest 从恒温器和烟雾探测器等

北美地区家庭必需的家用设备出发,通过搜集用户的使用习惯等数据信息实现设备自动算法控制,依托智能化手段强化设备核心功能,在家用智能设备领域具备了独特的创新优势。这种通过开放平台将各种智能家居体系化的发展路线也给移动互联网应用提供了新的平台和发展方向。

而苹果和谷歌布局车载智能终端平台将带动车内移动应用新趋势。

一是苹果专门为车载移动设备定制CarPlay平台。2014年3月,苹果公司在官网宣布了CarPlay计划。据苹果介绍,CarPlay将带来更直观的iPhone驾驶体验,可轻松获取电话、短信、地图和音乐等,只需要一个按钮加上语音操作即可。法拉利、奔驰、沃尔沃将是首批支持CarPlay的汽车终端厂商。同时苹果宣布,CarPlay将带动车载平台的软件驱动程序从底层设计支持iPhone,将为第三方开发者创造更直接的开发环境。

二是谷歌研发投影车载移动平台。据奔驰公司的招聘广告显示,谷歌目前正在研发"谷歌投影模式"(Google Projected Mode)的车载移动应用平台,该平台将Android手机的本地通话、短信、导航和多媒体播放功能转移到汽车内。此前,谷歌还宣布成立开放汽车联盟(OAA),成员包括一批科技和汽车公司,如通用、本田、奥迪、现代和芯片制造商英伟达等。

谷歌和苹果车载移动应用平台的相继发布,将为移动互联网应用提供全新的定制平台,预计未来将有大量针对测速、安全和位置的移动应用,而语音操控则将成为车载移动应用的突出特征。

谷歌Android Wear平台则为可穿戴移动应用指明了方向。2014年3月19日,谷歌宣布推出为智能手表定制的操作系统平台Android Wear,同时开始向第三方开发者提供系统的开发者预览版和软件开发工具包(SDK),并将在后期陆续开放更多的平台接口(API)。从官方信息来看,Android Wear旨在将当前占据智能手机领域统治地位的 Android 平台及其相关应用延伸到可穿戴设备中。智能手表仅仅是该项目的起点，未来包括 Google Glass 在内的多种可穿戴设备均将被整合到该平台中，目标是将整个安卓生态体系拓展到可穿戴设备领域。

同时从系统功能上看，Android Wear 以 Google Now 等服务为核心，突出了语音控制、智能搜索、健康监控和位置服务等功能。可以说，谷歌 Android Wear 为当前处于碎片化竞争的可穿戴设备平台指明了发展方向，更为移动应用向可穿戴领域二次研发和移植提供了新的渠道。

（3）平台化：综合型移动应用，成用户入口争夺新焦点

伴随着当前移动网络和设备与用户生活的无缝连接，用户将越来越多的碎片时间投入到移动设备中，打开一款应用实现多种功能成为迫切需求。因此，包含多个小型应用功能的综合型移动应用正在成为继移动操作系统后，争夺用户入口的新焦点。

以微信等移动即时通信服务应用为例，该类应用通过软件服务（语音、文字、图片）替代了手机硬件实现的通信功能，进而将手机的角色从移动通信设备重新定义成移动应用价值交付平台。当用户逐渐习惯并依赖移动社交服务来满足日常移动通信的需要时，移动社交便积累起庞大的用户规模，成为移动互联网最重要的入口之一。

同时随着移动支付的兴起，移动社交的业务边界不断扩展，电子商务、生活服务等功能不断被添加到移动通信应用中，带来用户黏性的进一步加强，这将使移动社交应用逐渐演化成其他服务交付的平台，其价值有望提升到与移动操作系统同等的高度。

（4）企业化：更多开发者，瞄准企业应用

从移动企业应用市场看，2013 年，企业 App 成为移动应用市场的重要增长

点。在美国，百人以上规模的企业有半数以上均拥有自己的 App，90% 以上的全球五百强企业在多个移动平台开放了企业 App，越来越多的用户和投资者通过企业 App 了解企业近期发展情况。2014 年，企业 App 和移动服务平台成了国内企业宣传和运营的关键阵地，大批国内企业的办公环境和 IT 架构移动化转型步伐进一步加快，根据相关统计分析，预计 2015 年中国企业级移动应用的市场规模将超过 600 亿元。

同时，企业级移动互联网应用的开发模式也呈现出多样化趋势：**一是 DIY 式的快速 App 生成平台；二是便捷的 Web 转 App 平台；三是高效的 HTML5 开发工具；四是汇聚大众智慧的 App 威客众包开发。**

（5）**集中化：移动互联网分发渠道，竞争更趋激烈**

经过近年来的激烈竞争，原本百花齐放的移动互联网应用商城正加速趋向集中。以国内安卓平台分发渠道为例，在 91 无线被百度收购后，千万级别的平台只剩下 360、百度、安智、豌豆荚和腾讯 5 家，其余的应用商城很难吸引足够的用户关注和下载流量。

未来，伴随国内互联网巨头纷纷实现生态体系闭环，移动分发渠道将进一步呈现寡头化趋势，从单纯销售应用向围绕开发、运营和盈利三个方面为开发者提供一站式服务体系转型。而中小型应用商城将进一步失去生存空间，如果不能尽快找到个性化发展方向，将直接面临被巨头收购的境地。

2.3.4　智能手机生态圈：移动互联网时代，智能终端面临大洗牌

随着移动与互联网的结合，投资人对移动互联网跨界的未来充满了希望，未来在一段比较长的时间内，跨界竞争将成为市场上主要的竞争形式。在这个机遇与挑战并存的时代，每个行业都应该寻求一种新的发展模式并实现质

变,然而在智能手机行业中,各种品牌的智能手机却面临了境况大不相同的命运。

早在多年前,移动梦网的 SP 就已经为人们勾画好了未来移动互联网的蓝图,在这张蓝图里,描绘了手机将来会具备的语音业务和数据业务。2004 年到 2009 年的这段时间,中国正处在多媒体和手机 WAP 时代,3G 门户、泡磨网、乐讯等网站通过为用户免费提供 WAP 服务的方式积累了大量用户,并开创了自己独特的盈利模式,摸清了自己的发展道路。

从 1999 年开始,智能手机开始出现并以极快的速度横扫了国内的手机市场,在智能手机不断发展的基础上,各种移动应用也如雨后春笋般出现在了人们的视线中,通过一个个移动应用软件,人们的个性化需求被一一满足,同时移动互联网时代也在悄无声息中开启,伴随而来的就是各种颠覆性的变革。

(1) 移动互联网开启新时代

移动和互联网的结合,给各行各业带来了翻天覆地的变化,变化最明显的就是手机行业。原本在市场上广受欢迎的翻盖手机逐渐变成过去时,而智能手机抓住时机迅速崛起。手机行业的产业链上倒下了一批后又站起来更多的竞争者,竞争也变得更加激烈。

此外,除了产业链上发生巨大变化之外,移动互联网时代的到来,也颠覆了人们以往的生活方式和消费习惯,一次次刷新了人们对移动互联网的认识。不管是娱乐、社交,还是工作、学习,抑或是旅行、消费,移动互联网几乎渗透了人们生活的各个角落,并在一步步改变人们原有的生活方式和消费习惯。

移动互联网的出现,将人们想象中的场景变成了现实:人们可以通过手机上的位置服务(LBS)功能查找到附近的好友,也可以找到附近的餐饮、娱乐场所等;在购物或消费的时候可以不带钱包,只要打开手机上的移动支付应用按照提示就可以完成支付；利用手机上的地图App，路痴也不再害怕迷路了，只要根据地图上的导航，就可以轻松到达目的地……

调查表明，接受度最高和认可度最高的智能手机品牌是苹果、HTC、三星、华为等。

根据中国互联网信息中心在2015年7月23日发布的第36次《中国互联网络发展状况统计报告》显示，截至2015年6月，中国的网民数量已经达到6.68亿，网络普及率已经达到48.8%，其中使用手机上网的网民已经达到5.94亿，使用手机上网的比例由2014年12月的85.8%提升到了88.9%，智能手机已经荣登上网终端设备使用率第一的宝座。

而且，随着手机上网用户的增多以及智能手机、Wi-Fi网络覆盖率的提高，手机上网所需的花费也在不断下降，用户使用手机下载移动应用的数量呈现了爆发式增长，推动了中国移动应用市场的发展。

庞大的用户基数和用户形成的使用习惯，可以为移动互联网带来更大的市场空间。在移动互联网兴起之初，由于发展还不成熟，使用移动互联网的用户多为"三低"用户（即低年龄、低学历、低收入的人群），而今随着移动互联网不断发展成熟，"三高"人群也开始广泛使用移动互联网，而他们对移动互联网的使用将促进更多移动应用的产生。

现如今智能手机的使用率越来越高，移动互联网将迎来新的发展机遇，在移动互联网的市场上也频繁出现"跨界"现象。互联网公司运用自己擅长的互联网思维开发研制手机，运营商集合产业链上的力量开放平台，数字技术开始取代语音技术。同时，许多传统企业也开始将业务拓展到移动互联网领域，并通过跨界在移动互联网时代抢占有利的市场地位，获得一定的竞争优势。

在新时代面前，无论哪一个行业或企业都不希望在比赛一开始就输掉，但是在一个充满不确定性的时代里，许多东西都是未知的，都需要一步一步慢慢地摸索。在这个新时代，谁都有可能成为游戏规则的制定者，甚至连运营商这样的霸主，都在不断受到来自于终端厂商和应用厂商的挑战，在目前激烈的竞争中，对于到底谁能最终掌握移动互联网的话语权，无人敢妄下结论。

（2）跨界的移动互联网

在移动互联网发展之际，任谁都不愿错过这个大好时机，因而无论是网络运营商、互联网企业，还是消费电子公司和终端设备生产商，都开始将发展的触角伸向移动互联网领域，传统的电信业务也逐渐向互联网业务转移，互联网公司成为运营商在移动互联网领域发展的最大劲敌。

++

移动与互联网的融合，模糊了企业原本清晰的疆界，企业跨界逐渐成为一种市场常态和风尚。在现今的智能手机行业中，最受欢迎和瞩目的手机品牌已经不是苹果、三星和HTC了，而是风头正盛的小米手机，雷军个人魅力的影响以及"为发烧而生的"设计理念，使得小米刚一上线就受到了"米粉"们的疯狂抢购，小米手机首发当天就已经有了30万部的预订量，而米粉们的疯狂也一度将小米手机推向了舆论的顶峰，如图2-21所示。小米手机之所以能红遍网络，关键在于它是在用互联网的方式做手机。

与小米手机用互联网的方式做手机的想法类似，戴尔、宏碁、惠普等PC厂商也不再坐以待毙，全力进军平板电脑领域。一些传统企业为了能杀进移动互联网领域在手机里增加相关的应用，与手机厂商开展了合作。

腾讯作为一家互联网公司，一贯的经营战略就是平台先行，因此腾讯做移动应用平台是一件顺理成章的事。但是在移动互联网时代，做移动应用平台的已经不仅是互联网公司了，还包括中国移动和中国联通等运营商。

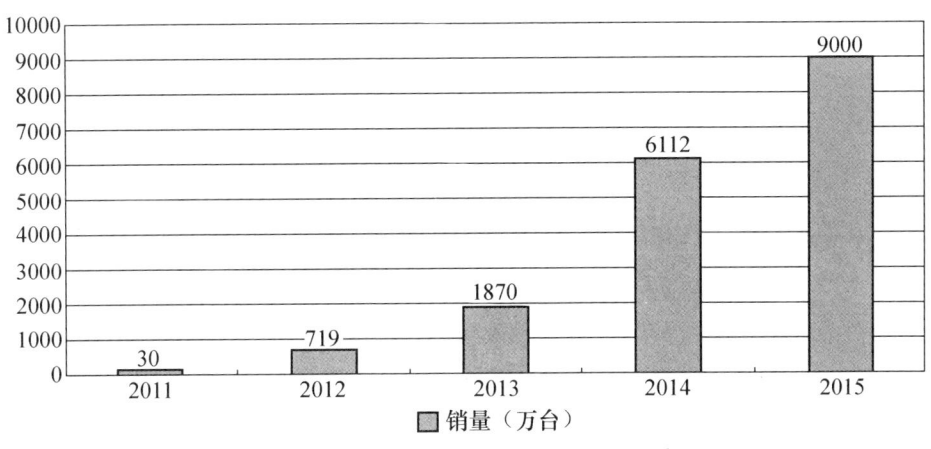

图 2-21　2011—2015 年小米手机销量[①]

2011 年中国移动推出了代号为"MM 云服务"的计划，集合产业链上的操作系统厂商、终端厂商、互联网服务公司、风险投资，再加上中国移动本身拥有和积累的资源，对移动应用的开发者提供大力支持，还向开发者开放了用户资源、运营资源和技术资源，从而吸引了更多的开发者进入移动应用平台。目前，中国移动的应用平台上已经汇集了大量的移动应用程序，促进了国内应用市场的发展。

++

在移动互联网时代，企业要转变思维方式，用更加开放的心态看待跨界，要知道在这个行业界限逐渐模糊的时代，几乎没有一家公司可以将一条产业链从头做到尾，企业间的跨界合作是一种必然。**对企业来讲，以用户为中心，不断满足用户的个性化需求，让他们享受更非凡的使用体验，并深入挖掘用户的发展需求，寻求新的利润增长点才是企业发展的关键**，而不能一直遵循传统保守的发展之路，不管前路如何就摸黑走下去。

---

① 数据来源：前瞻网

（3）被改变的手机用户

++

智能手机的开发和不断更新换代，促进了用户的迅猛增长，用户数量的增长也带来了大量的应用需求，再加上移动互联网的开放性基因，使创业大军义无反顾地投入到了移动应用的开发中。据统计，苹果在开放其API（应用程序编程接口）和开发工具后，就引来了大约40万的开发者进入了苹果的移动应用平台。

《水果忍者》《愤怒的小鸟》《植物大战僵尸》等大量移动应用软件的成功，对许多手机应用开发者来说是一个致命的诱惑。这些移动应用带来的高收入，也让一众创业者们趋之若鹜。根据艾媒咨询发布的《2015年中国手机App市场研究报告》：在三大系统运营商应用商店应用数量上，以ios为主的App Store中应用数量为121万；以Android系统为主的Google Play中应用数量为143万。

在成功的案例面前，创业者铆足了劲地拼命想实现自己的梦想，然而现实总是很残酷。根据艾瑞咨询发布的《2013年上半年中国手机应用开发者现状报告》显示，2013年上半年在受访的手机应用开发者中只有16.8%实现了盈利，其中61.3%的开发者仍然处于亏损状态，而且其中有36.5%的开发者属于严重亏损。与2013年相比，近两年开发者的盈利状况并没有根本的好转，整个移动应用开发市场依然面临比较严峻的形势。

++

移动互联网时代是"用户为王"的时代，对于闯入移动互联网领域的创业者来说，在行动之前，应该从用户的角度出发，深入了解手机网民的真正需求，生产出能够满足最大受众群体需求的产品。但是在国内，相关数据支持还比较薄弱，这也是大多数开发者不能开发出真正受欢迎的移动应用的原因之一。

在从传统互联网时代跨进移动互联网时代的过程中，网民的行为模式到底经历了哪些变化？

移动互联网的迅猛发展，与高速移动通信网络和智能终端的发展成熟有着密切的关系，而且移动互联网的发展同时也促进了O2O、移动支付、手机娱乐等商业模式的发展和成熟。

移动互联网的发展让人们对位置概念有了一个清晰的认识，推进了用户决策的本地化。比如，通过手机上的LBS位置功能，用户可以查找附近的商家信息，从而做出消费决策；可以直接利用手机的在线支付功能在线上购买服务，最后到实体门店去享受服务。这也就是所谓的O2O模式，线上信息展示和线下体验的完美搭配，成交和结算结合在一起，这样互联网就变成了线下交易的前台。

近几年比较流行的团购就是O2O模式的一种体现，消费者在团购网站上购买服务，手机会收到团购网站发送的相关团购信息，消费者在实体店消费的时候要出示团购短信，交易完成后也会收到提示短信，这本质上就是线上订购、线下消费。而移动互联网的发展使得手机在线支付软件越来越成熟，从而推动了O2O模式的优化升级。

各种手机支付软件的出现和应用为人们的生活提供了极大的便利，而且手机支付技术和安全性也在用户的要求下不断得到提升和发展，手机支付逐渐成为一种主要的支付方式，使用手机支付的用户数量得到了迅猛增长。

而在有关社交的手机应用方面，比较受欢迎的就是微博、微信了。微博移动客户端的出现满足了用户对微博即时性和互动性的要求，同时也可以让用户利用碎片化的时间玩微博，通过手机登录微博的用户数量快速上升。

（4）机遇与挑战并存

在移动互联网时代，手机行业已经是智能手机的天下，各种各样的智能手机层出不穷，虽然为消费者提供了更多的选择，但是在激烈的竞争环境下，智能手机厂商也面临着不同的发展境况。

根据相关机构的统计，2014年中国智能手机的销量排行榜中，小米以6080万部的销量居第一位，居于第二、三、四位的分别是三星、联想和苹果，销量分别为5840万部、4730万部和4660万部。

2.3.5 移动互联网+智能战略：传统企业巨头抢滩布局移动生态圈

自从1973年，摩托罗拉的工程师库珀走上纽约街头，用手机给他的竞争对手、贝尔实验室的恩格尔打了一通电话，手机就开始进入了人们的生活，经过40年的发展，手机已经从单纯的通话工具变成了无所不能的智能终端，甚至成了人们的"移动器官"，在日常生活中发挥着巨大的作用。

从砖头般笨重的大哥大，到小时尚的彩屏手机，再到轻薄大屏的触屏手机；从单纯的打电话功能，到短信、游戏功能的添加，再到日新月异的智能系统和移动应用；从单纯的电信网络，到移动互联热潮，全球移动行业与消费者的生活方式发生了翻天覆地的变化。

（1）全球市场之中"跨界"的不仅仅是终端产品

竞争是不可避免的，有同行的地方，就会有竞争，尤其在市场前景广阔的行业里，竞争更是无时无刻不在激烈地进行。新兴移动互联网厂商与传统互联网巨头、不同智能操作系统阵营以及不同的智能移动终端品牌之间，都充满着竞争，而这些竞争也代表着全球市场激烈竞争的主旋律。随着行业的发展和竞争的加剧，如何通过创新实现产品差异化优势，成为各方前进的方向。

对于创新和差异化设计的追求，催生了一大批"跨界"创新产品，在全球市场兴起了一场声势浩大的创新竞赛，从兼具平板电脑与智能手机功能的平板手机，到可变形的智能终端产品，或者与桌面操作系统同源的智能操作系统，都是全新的跨界创新产品形态。

传统行业也纷纷跨界移动互联网，对跨界做出更高层次的诠释。

（2）英特尔欲创市场新格局

成立于1968年的英特尔公司是全球最大的个人计算机零件和CPU制造商，它在1971年推出的微处理器掀起了计算机和互联网的革命，改变了整个世界。英特尔处理器长期占据计算机市场销售的首位，甚至成为消费者选购计算机的决定性因素之一。

然而，全球计算机芯片老大英特尔公司的风光到2012年时，被全球手机芯片老大高通公司超越了，高通以1060亿美元的市值力压英特尔当时的1050亿美元的市值，这次事件也隐晦地透漏出电子市场的新风向：PC市场持续萎缩，智能移动终端市场持续扩张。

在这种背景下，英特尔公司也不得不面对现实，开始跨界进入移动智能终端处理器市场。2012年，英特尔公司推出了首款针对移动智能平台的X86架构处理器——英特尔凌动AtomZ2460处理器，这款产品面市之后迅速获得市场认可。2013年，英特尔又马不停蹄地推出它的升级版——英特尔凌动AtomZ2580处理器，这款处理器拥有双核四线程、两倍性能提升、三倍图形运算能力，与之同时亮相的还有针对入门级别智能手机的英特尔凌动AtomZ2420处理器。从移动智能终端处理器产品到智能手机处理器，显示了英特尔进军移动市场的决心。

英特尔公司十分重视移动智能市场，针对不同市场的特点研发不同的智能手机产品。

++

2012年1月，英特尔携手联想推出首款Medfield平台智能手机即联想K800（图2-22），这款产品配备了4.5寸720p触摸屏，搭载了主频1.6GHz的Intel第二代Atom Medfield处理器，提供800万像素摄像头，支持1080p高清视频拍摄，运行

Android2.3 系统和联想自己开发的 UI 界面，支持 HSPA+ 网络，并由中国联通定制发售。

2013 年 1 月，英特尔与宏碁联手，在曼谷推出发布了 Liquid C1 智能手机（图 2-23），这款智能手机采用谷歌 Android 系统，首先在泰国发售，随后进入东南亚其他国家市场。

图 2-22　联想 K800 手机[①]　　　　图 2-23　宏碁 LiquidC1 智能手机[②]

2013 年 7 月，英特尔与中兴通信达成新一代智能手机的战略合作计划，合力推出基于英特尔芯片的 GEEK 智能手机（图 2-24）。这已经不是两家公司的初次合作，早在 2012 年，两家公司就在欧洲市场推出了搭载英特尔芯片的中兴 Grand XIN 智能手机，并成为当年奥地利市场最畅销的智能手机。

未来，英特尔公司还将加强与中国 OEM 厂商的合作，推出更多搭载英特尔智能芯片的手机产品。

图 2-24　中兴 GEEK 智能手机[③]

++

① 图片来源：天极网
② 图片来源：手机中国网
③ 图片来源：手机中国网

除了智能芯片，英特尔对于智能操作系统的软件开发同样不输人后。Windows 桌面系统、Android 系统、ChromeOS 及 Tizen 系统都是英特尔公司的业务重点。英特尔以集成式工具组形式的 HTML5 开发环境更是将软件开发变得更为容易，并且具有更高的兼容性，适用于更多的智能操作系统。

2011 年 9 月，英特尔和三星宣布将合作创建基于 Linux 的一款开源的、标准化的操作系统 Tizen，除了支持 HTML5 与基于 WAC 的应用程序外，该系统还可广泛应用于智能型手机、平板电脑、智能电视、笔记本电脑与行车娱乐系统等各种不同的装置，该系统于 2012 年 2 月正式发布，意味着英特尔的掌控移动互联网、智能移动终端平台战略又进了一步。2014 年 12 月，三星推出了搭载 Tizen 系统的三星 Tizen Z1。随着英特尔公司的强势加入，全球移动市场或许将迎来新一轮的洗牌。

（3）联想"PC+"战略意在何方？

作为终端产品生产商，联想与消费者之间有着更密切的关联。2013 年，联想成为全球 PC 冠军，PC 销量全球第一，PC+PAD 全球第二，PC+PAD+ 智能手机全球排名第三。显然，联想由个人电脑扩展到智能手机、平板电脑、智能电视的产品链很成功，借助于云服务解决方案将多屏融合，通过"PC+"战略，联想实现了覆盖移动互联网与智能终端的跨界布局。

所谓"PC+"战略布局，即是传统 PC 产业仍然作为联想的业务基础，同时重点开展移动互联网与智能终端业务，根据这个战略布局，联想集团新设立了移动互联和数字家庭业务部门，全面负责智能手机、平板电脑与智能电视等业务。

移动应用软件是移动互联网业务的关键构成，也是联想移动互联网战略的重要环节，具体的布局表现为乐应用商店的推出。移动应用商店不仅是移动应用软件的主要推广平台，同时也扮演着移动互联网入口的角色，乐桌面、乐同步、乐记事等联想开发的移动应用都可以在乐应用商店中快速下载，乐安全与乐应用商店是联想布局移动互联网应用的重心，联想希望每年能有1.5亿用户下载使用乐安全应用，每年在乐应用商店下载应用量能达到60亿。

联想集团"PC+"战略布局的目标，即立足于PC领域，借助云端数据，全面跨界移动互联网产业，以传统PC、智能手机、平板电脑、智能电视等智能终端产品覆盖细分市场，以乐安全与乐应用商店争取移动互联网入口，从而在高速发展的移动互联时代占据一方市场。

（4）跨界让移动智能更互联

近几年，传统互联网市场经过了长期的发展已经接近饱和，而新兴的移动互联网市场还有巨大的发展空间，因而各传统行业巨头纷纷跨界移动互联网，加快布局移动互联网业务，以期在传统互联网向移动互联网转变的过程中赢得更多优势。

在这个过程中，各种智能终端和移动应用产品层出不穷，随着智能手机、平板电脑、智能电视、智能相机、移动应用等产品的普及，移动互联网正经历着日新月异的发展，从行业到产品的跨界，推动着市场的不断创新，使得各种创新形态的移动终端、智能终端更为互联，让智能体验无处不在。

▶2.3.6 一个App的商业价值：移动互联网商业生态下的创业逻辑

智能手机是移动互联网的前提，如今，已经很难找到一件产品能够代替手机在人们心中的地位。以手机为基础，以互联网为平台的创业能够渗透到人们生活的方方面面，只要是能用到手机的地方，就有互联网创业的机会。

生活中任何一个小细节都能激发人们创新的灵感，互联网的覆盖范围很广，智能手机作为互联网终端不仅能够帮助人们进行信息处理，还能够将手机持有者的个人信息集中起来，如果能够利用好这一点，就能为创业提供极大的支持。

应该从哪些地方发掘互联网创业的商机呢？我们可以进行一些分析，看一下在互联网创业中存在哪些规律性的东西。这样做不仅能够归纳整理出互联网创业背后的逻辑，让互联网创业者利用发展规律来发掘市场潜力，还能够揭示出互联网创业的巨大潜力，吸引更多的投资，如图2-25所示。

图2-25　移动互联网的六大创业方向

（1）基础需求

传统互联网满足的主要是人们在生活娱乐和社交方面的需要，移动互联网沿袭了传统互联网在这些方面的优势，继续为人类提供娱乐和社交服务。

娱乐领域的业务大致包括以下几个种类：游戏、音乐、视频、阅读，在这个领域发展得比较好的有以下几例。

++

★虾米音乐：虾米音乐网的用户很多，据统计，在2013年已经超过2000万。虾米音乐为用户提供了高质量的服务，满足了用户在音乐上的需求，只要有高速运行的网络，用户就能在虾米享受音乐服务，这也是我国第一个能够离线收听音乐的音乐网站，如图2-26所示。

图 2-26 虾米音乐 App[①]

★唱吧：唱吧像是一个模拟的KTV系统，用户可以通过这个系统软件来K歌，系统配备能够改善音质的回声和混响，不仅如此，用户还可以与好友进行唱歌比赛，系统会根据用户的唱歌水平线上打分。这个软件系统受到追捧，有几千万人注册使用。

★优酷：该视频播放软件每天播放的视频量过亿，每个月有一亿多人在优酷上观看视频，在同行业中取得了不错的成绩。

★盛大云中书城：该网站主打各类电子书籍，在小说阅读网中小有名气的红袖添香、起点、榕树下等都是盛大文学旗下的网站，不仅如此，盛大云中书

---

① 图片来源：虾米网

城还和许多著名的出版社达成合作关系。这个网站所容纳的电子图书非常丰富，满足了消费者各种各样的阅读需求，也正因如此，该网站拥有的用户数量在2013年已经达到两千多万，因为同样的内容，电子书通常比纸质书更便宜。

++

虽然这些App取得了令人羡慕的业绩，但我们并不期待创业者能够在这些领域再创佳绩。因为这几个领域的竞争实在是太过激烈，一不留神就会粉身碎骨。以上几个企业能走到今天，无不是经历了重重磨难，要取得同样的成就绝非易事，不仅需要合适的发展时机，还需要付出非常大的努力。

（2）记录信息

智能手机上市后，针对它开发的第三方应用程序，有的是辅助手机使用者管理手机的，有的是帮助手机节省电量的，有的则是用来更好地管理手机内存的。后来，更多App开发商加入到手机管理业务中，满足了人们在各个方面对手机管理的需求，为了继续发展下去，互联网企业开始涉足手机信息的处理。

各种各样的应用程序开发出来，代替了传统的纸和笔。迄今为止，此类比较有代表性的应用程序有以下几例：

++

★**51信用卡管家**：和用户的信用卡绑定，就可以随时在这个应用程序上查询自己的消费记录，方便快捷，到2014年12月已经有3600万的用户下载了该程序。

★**挖财、随手记**：用户不再需要在账本上一条条写下自己的消费情况，可以运用这个应用程序来记录、分析自己的账单。

★**大姨吗**（图2-27）：许多女性在使用这款记录自己生理状况的手机应用程序，在日历本上记录时间的做法已经成为过去时，不仅如此，该程序还能根据用户身体指数分析其健康程度，提示可能出现的问题，用户可以据此提前防范，加强保养。

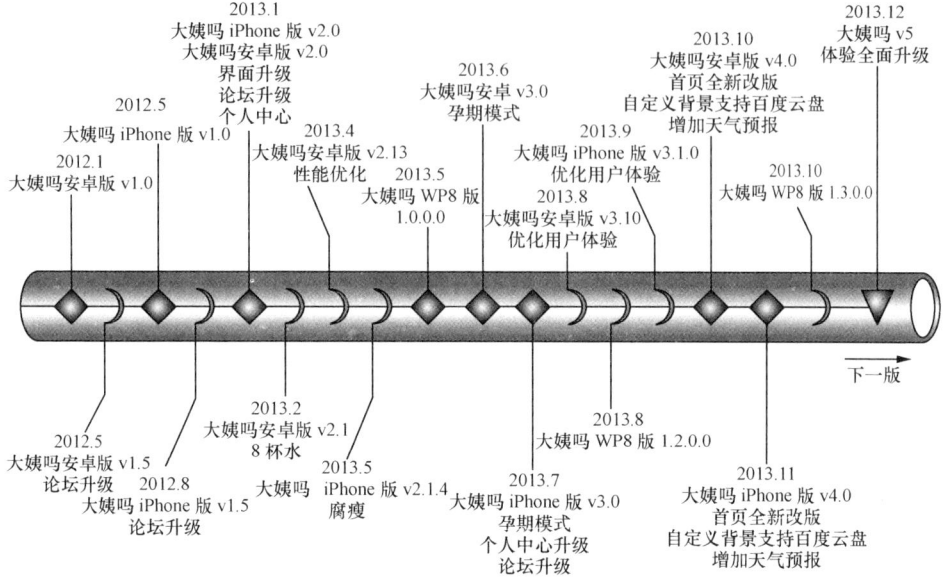

图 2-27　大姨吗的产品路线①

★咕咚运动：只要随身携带手机，就能记下用户的日常运动情况，包括运动的路线、时间、速度等，用户还能在该程序提供的线上平台看到好友的运动情况。

★iOil：统计和分析自己用在汽车耗油上的花费。在 iOil 安装在手机上之前，用户只能在每天加完油后记录在本子上，有了这个应用程序，用户就能更方便地获知自己在汽车用油上的消费状况。

++

除了以上几个应用，创业者还可以开发其他方面的应用程序，只要找出用户在日常生活中分析使用的数据就可以。比如，许多人希望记住所有好朋友的生日、记录下孩子的成长状况，等等。市场竞争虽然激烈，但仍有很大的发展空间，互联网创业者要充分利用自己的创业能力去开拓应用。

---

① 图片来源：CSDN

（3）找商家

大众点评是针对餐饮业务开发的应用程序，用户在产生餐饮需求时可以在这个应用程序上搜寻消费地点，这也是该程序运营的逻辑。像大众点评这样的应用程序运营的关键是与线下商家一起合作，那么，现在手机终端的应用程序上能够查询到的商家有哪些呢？

① 餐饮 App

++

★**大众点评**（图 2-28）：2013 年，有 7500 万的用户注册使用该程序，大众点评充分利用互联网平台来拓展自己的业务，迄今为止，大众点评已经与为数众多的商家达成合作，人们在这个程序上查询自己所需的服务已经成为常态。

★**淘宝点点**：这个应用程序与其他竞争者相比有自己的独特之处，因为该程序掌握了线下商家的客户管理关系，网络平台与线下实体经营者共同运营。用户能够在网络平台上查询到各式各样的食物和其他好友的分享，找到自己满意的食物后在线订餐，这样省时又省力的做法在消费者中广受好评。

图 2-28　大众点评 App[①]

++

这样的项目并不少，除了这两个例子，与其相似的应用程序还包括：百度外卖、美团外卖、饿了么、客如云。

---

① 图片来源：新浪财经

② 酒店预订 App

++

★**快捷酒店管家**：用户出差或旅行时可以在这个平台上查询旅馆，平台会为消费者指出旅馆的地理位置，这样消费者就能在很短时间内找到合适的旅馆入住。平台与酒店的网络平台相连接，消费者可以提前与酒店取得联系进行预订。

++

另外，像携程、艺龙、去哪儿、今夜酒店特价等也能为消费者提供这样的服务。

③ 商品推荐 App

++

★**压马路**：用户在这个网络应用程序上能够查询到形形色色的产品和设计，其主营的是服装和家居用品。这个网络平台上的产品不仅有丰富的想象力，还比线下实体店同样的产品便宜许多，另外，如果用户更偏好于到线下的商家购买产品和设计，也能够在该平台上查询到能满足自己需求的商家。

++

如果消费者想和朋友一起K歌，也能在"找K"平台上查询附近的KTV。对此，网络创业者不妨开动脑筋开发各种项目为消费者的日常生活提供便利的服务。

（4）找人服务

因为以上项目发展势头良好，2013年以来，众多创业者不断加入其中，这些项目的商业逻辑就是为用户找到能够提供给他们所需服务的人。滴滴出行和这些项目的运营逻辑一样，在人们需要乘坐出租车时，在短时间内为他们联系附近的司机。为了在消费者与服务提供者之间建立直接的联系，要在这两端都安装应用程序，当然，这个商业模式的正常运营要以互联网为基础。

减少消费者与服务商的中间环节是这种应用程序运行的本质，这样，消费者就能在短时间内找到服务提供者，既方便了消费者，也能为商家带来更多的客户。已经有许多职业加入到这些项目中，现在，我们就来看看哪些职业可以加入这类项目。

++

★**出租车司机**：用户需要乘车时可以在滴滴出行上与出租车司机取得直接联系。

★**配驾租车司机**：这项服务能为用户提供更高质量的专车服务，消费者使用易到用车、神州专车等向服务提供者发出信息，附近的司机就会赶到你身边，在节省消费者时间的同时令消费者享受到周到的服务。

★**代驾司机**：互联网平台的应用改变了这个行业以前的运行方式。这个职业的应用程序包括滴滴出行和e代驾等。这些服务程序在接收到用户的需求信息后会提示附近的5个服务提供者，消费者根据自己的情况和便利程度选择其中最适合的一名司机，不仅从最大程度上减少了寻找司机的时间，也能保障消费者的安全。

★**医生**：春雨掌上医生是一款帮助用户了解自己身体健康的应用程序，用户在该网站注册后能够向在线的医生提问，医生根据用户提供的健康数据告知他们病情，用户随后可以根据医生的指导改善自己的健康状况，如图2-29所示。

图2-29　春雨掌上医生[①]

---

① 图片来源：新浪财经

★牙医：我要看牙网是民营口腔商家专属的正品牙科耗材特卖网站。

★信用卡业务员：这个行业的典型代表是51办信用卡。用户需要时可以在这个平台上与银行的业务员取得直接联系，就相关问题进行咨询服务，不必在现场排队等候，方便快捷。

★理发师：这个行业的代表是美美豆，用户与理发师在线上直接沟通，可以向理发师咨询适合自己的发型，而且可以在线预约，这是O2O模式的成功实践。

★家政：专业应用程序上市之前，人们要去家政公司寻找小时工，这个中间环节增加了用户的费用，也减少了小时工获得的报酬。e家洁的应用让用户可以直接与附近的小时工取得联系，小时工收到需求信息后会及时上门提供服务。

★律师：大律师是一款结合图文咨询和电话咨询的法律问答工具，除了回答用户提出的法律问题外，还可以向专业律师进行电话咨询。

++

应用程序的开发和推广加速了不同职业的品牌建设，在用户和消费者之间建立了有效的沟通渠道。纵观社会的不同行业，还有许多职业可以通过应用程序来扩大用户来源，比如会计、主持人、演员、工程师、记者等。只要细心留意，还可以发掘很多的商机。

（5）直接购买

看到这个词，你脑海中浮现出的是什么呢？大概很多人的第一反应都是淘宝。人们需要的绝大多数商品都能在淘宝买到，不过创业者还是能从中发掘市场潜力。只要为消费者提供价格低廉的商品，消费者自然会买账。下面这些应用就找到了合适的发展领域。

++

★铜板街：这个平台主营的是理财产品，消费者在这里能够找到符合自己需求且风险较低的理财方法。

★格瓦拉@电影（图2-30）：有了这个电影App，用户再也不必到电影院排队买票，只要轻松一点就能在网站查询影讯并购买电影票。

★航班管家：用户可以在这个网站查询航班信息并进行机票预订，如果航班信息有所变动，用户也可以及时获知。

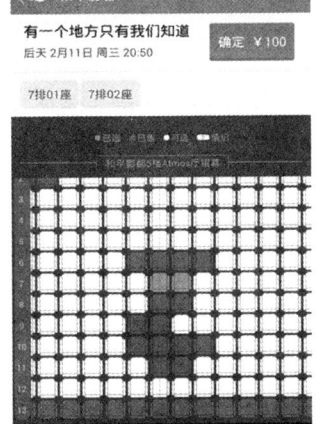

图2-30　格瓦拉@电影[①]

++

有人会对此产生怀疑，淘宝上的商品应有尽有，理财产品、电影票的购买都能在淘宝上完成，那其他商家还有发展空间吗？其实这也并非难事。要想在互联网领域获得成功，除了利用好互联网本身的平台优势外，还需要提高业务的专业化程度。

（6）智能服务

利用互联网平台，机器将人们从繁杂的劳动中解放出来，也为消费者提供了高效的服务。在专业的导航系统上市前，人们依靠的是人工带路，现在，只要连接到网络，就能轻松查询地理位置。

其他智能服务的典型代表如下：

---

① 图片来源：新浪财经

++

★**景点通**：这个应用程序为用户更好地享受旅程提供了极大的帮助，在这个软件上，用户可以随时查询地理信息、景点历史和周边的环境。

★**大谷打工网**：这个网站集中了各行各业的职位信息，一方面，有利于求职者迅速找到合适的岗位，实现就业；另一方面，也解决了企业的职位空缺问题，可谓一举两得。

★**手机租房**：之前，人们产生租房需求时都要去找房屋租赁中介，手机租房网让有需要的用户不必经过中介就能找到房源，不仅节省了时间，也降低了租房的费用。

++

2.4 互联网生态圈3.5：大连接时代，微信野蛮生长背后的商业生态圈

2.4.1 揭示微信生态蓝图：微信生态下的商业与生活之变

微信诞生至今已经5年了，这款移动应用的月活跃用户数量已经超过了5.49亿，其丰富的应用正在不断地给人们带来全新的生活方式。2014年12月10日，微信事业群总裁张小龙，在微信公开课的一段视频中向公众描述了微信未来的规划，如图2-31所示。

++

以微信为基础构建一个生态系统，微信不会亲自做所有版块，微信真正要做的是培育一个森林，而不是建造一所自有的封闭宫殿，微信将致力于培育一个环境，让所有的"动植物"在这个森林中自由成长，而不是由腾讯去一棵一棵地种树。

++

图 2-31　微信生态蓝图①

当前，微信生态系统的公众账号总数已经超过了 1000 万个，并且每天还在以 1.5 万的速度增加。构建生态系统的关键就是制定相应的游戏规则和选择标准，并让生态系统中的所有成员熟悉这些规则和标准。微信 2014 年 4 月启动的微信公开课和微信学院项目，就是希望通过典型项目的推荐讲解，向更多的企业宣讲微信的用法和规则，如图 2-32 所示。

微信公开课第一季、第二季先后在北京、上海、南京、成都等十几个城市进行了

图 2-32　微信公开课第二季海报②

---

① 图片来源：新浪财经
② 图片来源：微信精选

巡回演讲，12月份的微信公开课PRO版是2014年的压轴大戏，对硬件开放平台、微信支付、公众平台和企业号等业务线都进行了充分的展示。另外，公开课现场还创新性地推出了"微信小镇"环节，让听众处于真实的场景中，感受微信给人们的生活方式带来的变革。

（1）企业创新摇篮

微信企业号推出后，在不到3个月的时间开通的企业号就超过了10万个，每天平均消息量超过了100万条。现在微信推出的开放平台接口有110多个，企业专用接口有40多个。

微信从2013年至今所做的最重要的事情就是全力地做连接。微信一直致力于打破企业之间的信息孤岛，让企业现有IT应用与第三方云应用实现高效整合，进而实现企业在市场营销、组织管理等方面的变革创新。

++

吴德欣曾带领自己的团队历时半年开发出一款App，用于管理美的全国所有门店的服务人员。然而这款精心开发出来的App推广起来却是异常艰难，并且实际收效也不理想。微信在2014年9月18日推出的微信企业号让吴德欣觉得很实用：运用微信企业账号，员工只需要关注企业号，在相应的子目录中就能够实现各项考勤管理，而且所有员工接到的订单也都能够在第一时间上传到企业号中，从而省去了原来的申报流程。

另外，吴德欣还计划把服务号与企业号连接起来，与消费者进行一对一直接沟通，引导用户在微信服务号上购买产品和进行售后维修申请、评价，所有的反馈会直接发送到企业号上。这样企业号就可以根据用户需求自动配置相关的销售或售后人员，为用户提供更加便捷的服务。

微信也在影响着美的传统的业务流程，如今用户通过微信进行反馈，电话回访数量大幅降低，在此之前美的每年都需要支付上千万元的电话回访成本，现在通过微信与用户沟通，只需要每年缴纳300元的企业号认证费就可以了。

微信的企业号推出几个月的时间，美的就已经实现了全国几千家分店员工"全部武装"，吴德欣认为微信企业号的应用具有非常大的想象空间，他相信微信企业号的应用将会对美的整个集团的业务流程再造产生巨大的影响。

++

（2）改变生活方式

2014年7月微信启动"智慧生活"计划，还在第二季的微信公开课中，向公众展示了微信缴费、微信租车、微信电商、微信旅游、微信医疗等"智慧生活计划"的代表案例。这些应用都在深刻地改变着人们的生活方式，让人们的生活变得越来越便捷。在2014年12月的公开课现场的"微信小镇"上，微信又详细展示了智慧停车场案例。

++

科拓是一家专业开发停车引导系统的公司，当前他们在为国内众多一二线城市的1000多家停车场提供停车引导服务。案例的主讲人科拓市场部总监吴怡婷以自己的亲身经历作为开场，她谈到了自己两年前到上海出差时的情景，接送她的司机师傅告诉她车停在了停车场的F区，结果她与自己的随行人员在停车场里走了整整一个小时才找到车的位置，这种痛苦可想而知。科拓所做的，正是帮用户解决停车的烦恼。

2014年科拓在原有应用服务的基础上，与微信合作推出了智慧微信停车场。用户只需在进入停车场前扫码关注微信公众号，其车辆入场时，摄像头就会自动抓拍、识别车主车牌号、自动开闸，并为车主提供车位引导和车辆寻找信息。

该应用的缴费形式也非常方便，只需要在用户界面中输入车牌号码并点击缴费，系统就会根据停车时间自动扣除相应费用。根据科拓做过的测试，采用传统的取票方式停车，车辆进场大概需要11秒，出场最短用时是16秒，慢的话可能会超过30秒。运用智慧停车场后，停车的速度能够大幅提升，不到3秒就可以快速进场。

如今科拓已经汇集了上百个停车场的信息，建成数据云中心，计划通过停车位信息为用户提供车辆维修保养、汽车美容、新能源服务、商场的打折信息等更多的O2O服务。

在停车场的信息化改造成本方面，科拓在现有停车场基础上进行改造大概需要几万元，如果是其他的单个停车场进行信息化改造，其投入可能需要十几万元。当前科拓计划中需要改造的停车场已经达到1000多个，未来他们还会在更多的三四线城市拓展市场。

++

（3）小微企业O2O发展平台

微信能够为企业提供ID、流量、社交、推广、支付支持、数据分析等一整套O2O服务，通过将这一系列的工具和功能与企业原有的业务逻辑整合重组，就会形成一系列的各行各业的智慧解决方案，助力企业O2O业务的发展。

++

微信的O2O服务对E家帮来说是非常实用的。E家帮是一家聚焦广州、深圳两个地区的家政服务企业，E家帮的创办者熊斌将自己的企业比喻成家政领域的"滴滴出行"。E家帮主要是运用微信来进行订单管理和人员调配，当用户在微信上发出订单后，E家帮会根据用户的位置，提供5个候选人供用户选择。服务完成以后，用户还可以通过微信进行评价。

对 E 家帮这样的小微企业来说，如果开发自己的 App，相应的研发、推广成本是难以承受的，即使企业的理念再好也发展不起来。熊斌表示，选择微信作为平台一个月之后，E 家帮服务号的粉丝数就超过了 50 万，现在 E 家帮已经拥有了近百万粉丝。

E 家帮运用微信平台，实现了 O2O 服务交易的支付闭环。用户下单时把费用转到 E 家帮的财付通账户以后，帮姐就会根据约定的时间上门服务。服务结束时，用户对服务验收满意后，E 家帮就会通过财付通，与提供服务的帮姐进行费用结算。熊斌认为，未来借助微信平台，很多相关联的行业将会有更多的合作机会，比如家政 O2O 可能会有机会跟社区 O2O 或者智能家居开展合作。

++

从企业管理到人们的日常生活再到 O2O 领域，微信正在改变着社会、商业、居民生活的方方面面。微信的生态系统正在变得越来越丰富，微信也成为人们必不可少的信息应用工具，未来微信"森林"的景致必定会美不胜收。

2.4.2 微信电商生态：开放微信小店，重构移动电商格局

2014 年 5 月 29 日，"微信小店"正式上线，按照"微信小店"的规则，所有此前开通了微信支付的认证服务号，都可以在公众平台自助申请"微信小店"，之后便可以批量添加商品实现快速开店，并且商家开通"微信小店"几乎不需要任何费用，如图 2-33 所示。

商业生态圈——"互联网+"时代，构建互赢共生的商业生态模式

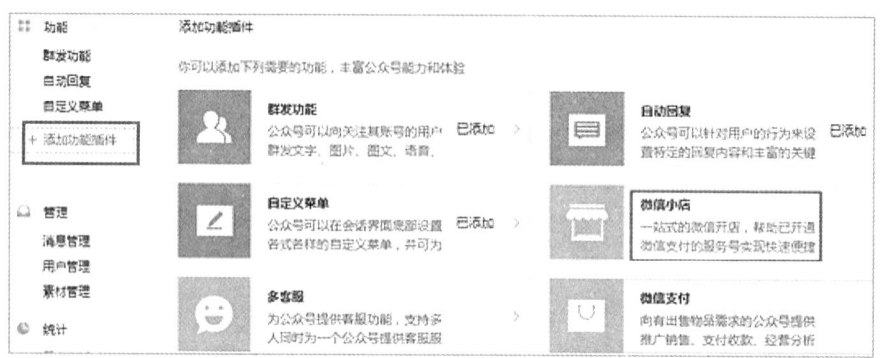

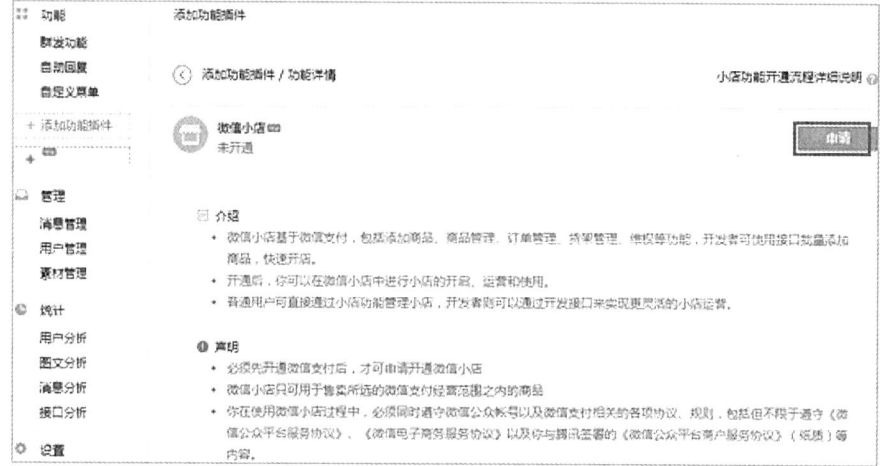

图 2-33 "微信小店"的申请条件[1]

（1）微信开启移动端全电商模式

2014 年 5 月 27 日，腾讯参股的京东集团发布消息，开始上线微信平台购物的一级入口，此后逐步向全国微信用户开通。而"微信小店"的上线，则标志着微信已向中小卖家全面开放。另外，此前还有同程网、滴滴出行、大众点评等众多生活服务类应用先后接入微信，至此腾讯完成了在移动端的 B2C+C2C+O2O 的全电商模式布局，这是其在 PC 端无法实现的，如图 2-34 所示。

---

[1] 图片来源：腾讯网

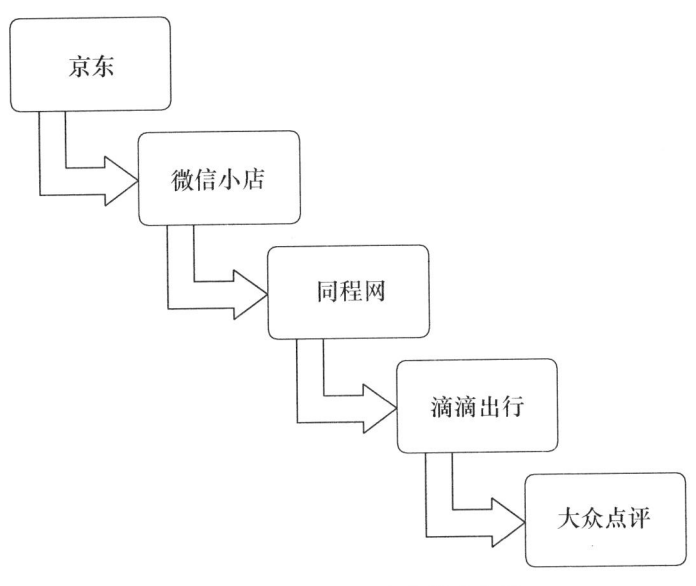

图 2-34　微信的全电商模式布局

微信面世 4 年多，用户数就达到了 6 亿，被称作移动端的超级 App。然而微信的商业化进程却一直相对保守，至 2013 年 8 月第一款游戏才上线，而被外界普遍看好的电商依然步伐缓慢。

在 O2O 领域，微购物、微生活两个团队早在 2012 年就开始尝试，但实际效果一直不尽如人意；实物电商领域，易迅接入微信后在运营半年多的时间里，也没有实现预期的经营业绩；C2C 模式的"微店"，则更多的是一些第三方服务商在分散地推进。

同时，腾讯在电商方面的整体战略做出了重大调整，2014 年 3 月 10 日，腾讯宣布，以 2.14 亿美元收购京东上市前 15% 的股份，京东收购腾讯旗下拍拍网和 QQ 网购的全部股份，还包括易迅网的部分股权。根据协议，腾讯会为京东提供微信和手 Q 客户端的显著位置的入口，还包括关键性的平台支持，另外，双方还会在在线支付领域展开深度合作。

腾讯此举曾一度被外界解读为"甩包袱",即剔除掉运营多年却鲜有成效的电商业务。但腾讯的一系列后续举措,让人们看到腾讯并没有放弃电商业务,只是把战略中心由 PC 端转移到了移动端,未来腾讯将重点依托微信发展移动电商业务。

（2）微信小店 or 第二个淘宝

"微信小店"的上线在业界引起了轩然大波,当晚有第三方服务商在微信群中表示"平台前进一小步,服务商倒退一大步"。致力于提供微信开店服务的口袋通则发表声明表示,腾讯官方终于开始着手进行市场培育了,曾经需要口袋通答疑解惑的超小商户终于有了新的咨询窗口,然而众多提供基本服务的第三方服务商可能会受到较大的冲击。

"微信小店"上线以前,在微信上开店需要向服务商购买软件。而"微信小店"上线之后,微信平台将会提供统一的交易系统。微信团队公布的规则显示,商家开通以微信支付为交易手段的"微信小店"通过公众账号销售商品,能够实现开店、货架和客户关系管理等功能,这意味着微信公众平台电商的进入模式真正实现了技术上的"零门槛",商家开店零费用,而这样的规则将会严重挤压第三方服务商的市场空间。

微信提供统一的交易系统,必然会对小型的服务商造成较大的冲击,而大型服务商则更注重市场发展所带来的机遇。微信制定统一标准能够加快完成早期的市场培育,减轻第三方服务商培育市场过程中在客户咨询、运营等方面的成本压力。比如,商派是目前国内领先的提供电商服务的公司,商派将采取与淘宝时代相似的运作模式,而微信平台提供统一的交易系统,大型的服务商则会在分析客户需求的基础上提供更有深度的定制产品,例如客户管理系统、订单处理系统等软件产品。众多小型服务商则会逐渐向代运营的方向发展,以"微信小店"为中心,将会形成与淘宝类似的产业链。

微信此时推出交易系统,很大程度上是由于微信电商交易规模爆发式的增长，由此必定会产生大量的数据，而提出自己的统一系统，就是为了避免这部分数据沉淀到第三方服务商的服务器，造成数据流失。

数据管控是电商平台最为看重的，2014年2月，淘宝推出了新政策，宣布自2月10日起，全部的数据调用只能在阿里巴巴的"聚石塔"内进行。也就是说，所有的商家或服务商都需要把应用放到聚石塔的云计算环境中，使用聚石塔的相关服务，每年向聚石塔缴纳一定的费用，从此服务商和商家的所有数据都会汇聚到淘宝平台。当然，与淘宝相比微信的交易规模还太小，短时间内也不太可能实现100%的数据管控。

当前，微信的基础设施已初步建设完成，以"微信小店"为中心形成了"店铺+服务商+基础交易系统+微信支付+广点通+大数据"的生态，而反观淘宝构建的"店铺+第三方服务商+基础交易系统+支付宝+直通车+大数据"的生态系统，两者可谓是异曲同工。

（3）微信的封闭PK电商的开放

微信电商的布局是以微信支付为基础的，2013年8月微信支付正式上线，后来的"微信红包""打的之战"都是支付用户的争夺战。在打通支付环节后实物电商和O2O都获得了快速发展，同程网（机票）、大众点评、1号店、理财通、滴滴出行、易迅等陆续入驻微信。商家要想开通"微信小店"，首先需要开通微信支付认证服务号。在淘宝关闭微信接口后，微信支付成了用户在微信平台上购物唯一的支付工具。

微信支付一直是微信重点推广的产品，2014年下半年微信又进一步推出了与营销相关的产品。微信在营销方面的各种严格的限制政策一直备受批评，包括对公众账号信息群发条数的限制、对分享诱导行为的处罚、设置了回复用户的时间限制等。这些限制让很多运营淘宝店多年的中小商家感到备受掣肘。

与淘宝的开放模式相比，微信的产品具有较强的封闭性。"微信小店"上线后，商家如何开展行销推广，目前微信官方提供两种方式：

一是搜索，通过购物入口进入京东，在上方的搜索条中搜索商品；

二是 2014 年年初上线的广点通，目前广点通只能实现微信内部数据导流，未来广点通会实现与腾讯移动广告联盟互通，届时移动端其他平台上的流量将可以通过广点通导入微信。

腾讯在 PC 端通过电商进行流量变现的目标还没有实现，未来腾讯将凭借微信自身的 6 亿用户和腾讯集团庞大的流量，借助微信平台实现流量变现的目标。

在腾讯内部除了广点通，隶属于 QQ 的营销 QQ 也在积极地围绕微信平台开发产品，并于 2014 年 4 月 16 日推出了"营销 QQ 微信版"。营销 QQ 是面向企业级用户推出的 QQ 号码，企业可以运用营销 QQ 进行在线服务和营销，而营销 QQ 微信版则能帮助企业对 QQ 和微信两个终端的客户进行高效的管理，进一步完善了企业的营销生态链。

"微信小店"上线后，微信电商基本覆盖了全部的电商形态，但各种形态却没有实现很好的整合，显得比较杂乱。以入口为例，O2O 生活电商和互联网金融，是通过二级菜单内"我的钱包"进入的，京东的入口则设置在一级菜单的"发现"，公众账号则是"微信小店"的入口，入口标准杂乱。未来能否实现互通也难以预期，微信平台接入的京东、1 号店、大众点评等商家也是各自为政，微信很难实现对它们的整合协调。

对比天猫、淘宝，"微信小店"和京东由于各自是独立的体系，标准不同，也很难在微信平台上实现流量互通。以上种种均是微信产品的封闭性与电商的开放性之间矛盾的体现。

2.4.3　支付宝 PK 微信：阿里巴巴与腾讯两大巨头的支付生态战争

阿里巴巴和腾讯同为国内互联网三巨头之一，不可避免地会产生各种形式的竞争，而作为它们各自旗下产品的支付宝和微信，二者之间的竞争自然引起了广泛的关注。因此，支付宝和微信之间产生的对抗关系，实质上背后隐藏的是马云和马化腾围绕移动支付展开的激烈角逐。

许多人认为"二马"在移动支付领域的竞争是为了抢占更多的移动支付场景，从而吸引更多用户，增加流量，从短期来看确实是这样。但是作为高瞻远瞩的互联网巨头，他们有更大的胃口，看重的是未来的互联网生态圈。

（1）生态圈之争

支付宝和微信从刚开始的小打小闹逐渐升级到更激烈的角逐，微信团队通过微博正式向支付宝宣战，指责阿里巴巴曾经散布有关微信支付的负面信息；随后，阿里巴巴就利用其社交软件"来往"的账号做出回应称，腾讯正在大规模地制造阿里巴巴的负面信息，并提出竞争不应该演化成攻击。

实质上，"二马"之争始终在以各种方式上演，表面上马化腾与马云携手做"保险生意"，而私下里腾讯应用宝将支付宝移出了首页推荐榜，手机淘宝开始屏蔽微信的链接。

早前在"来往"刚诞生的时候，马云就曾经对外宣称，企鹅已经走出南极洲，并开始逐渐改变世界的气候，与其坐以待毙，不如采取行动攻占南极洲。其中就暗含要积极与微信抗争并且力图绞杀微信的意思。随后阿里巴巴将这一意图落到了实处，运用"无线优先"战略，充分利用支付宝钱包、阿里云OS、微淘等多条线，试图与微信抗争。

马云在启动了"无线优先"战略之后，马化腾面对对手的挑衅自然也不甘落后，首先提出了"通向互联网未来的七个路标"，将业内的势力吸引到自己的阵营中。随后，腾讯在微信公众平台合作伙伴大会上又宣称已经拥有了200多万个公众账号，同时向外界公布了生态蓝图以及开放路径，向合作伙伴开放了9个高级接口。

从以上马云和马化腾持续不断的抗争中可以发现，支付宝与微信之间的抗争重点并不是移动支付，而是整个互联网生态圈，如图 2-35 所示。

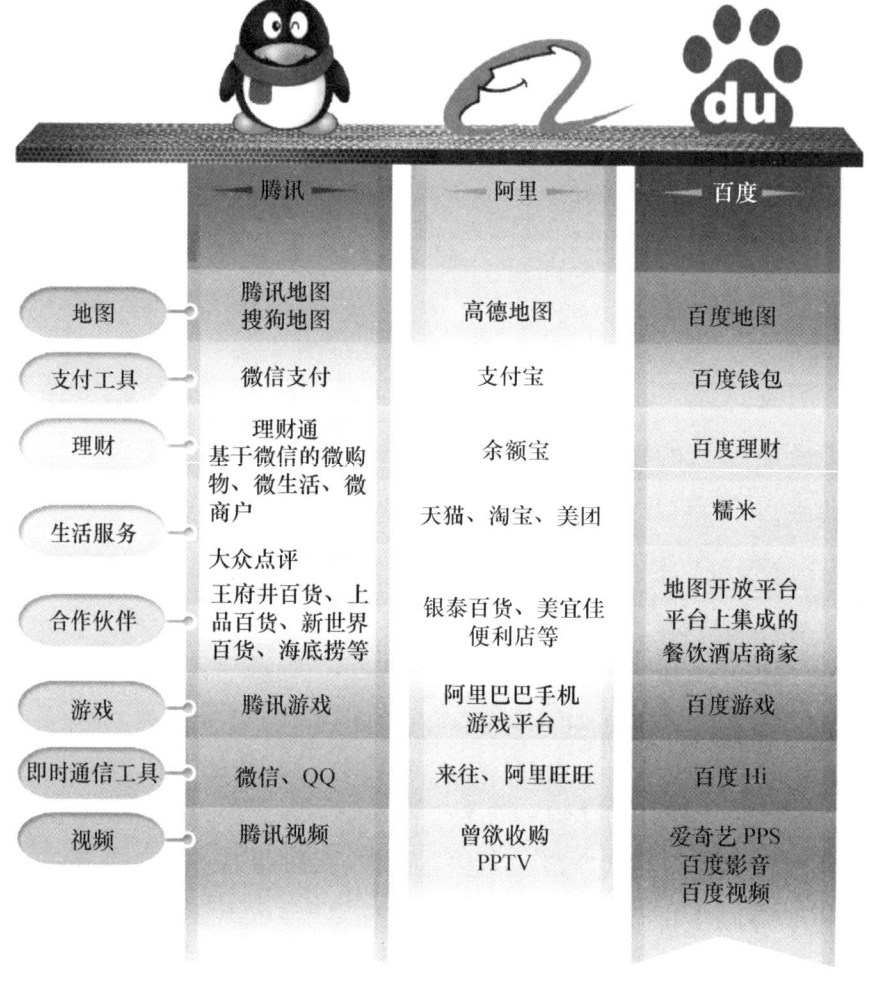

图 2-35　BAT 互联网生态之对比[①]

这并不是危言耸听，按照马云的战略构想，未来阿里巴巴将会成为一个囊

---

① 图片来源：亿邦动力网

括物流平台、电商平台、数据平台以及金融平台的互联网基础服务商。这四大平台的成功搭建将会使阿里巴巴在未来很长一段时间里,成为互联网热门领域中的领军企业,具有巨大发展前景的互联网金融市场同样也会成为阿里系的囊中之物。此外,除了构建四大平台之外,在阿里巴巴成为互联网基础服务商后,阿里巴巴的版图也会进一步扩大,搜索、游戏、音乐、地图以及互联网广告、O2O 等都将成为阿里巴巴业务板块中的重要组成部分。

而阿里巴巴进行的一系列举动也确实证明了这一点,先后收购虾米音乐、高德地图等,未来随着阿里巴巴实力的不断增强,阿里巴巴会在这些刚涉足的领域发展成为行业中的霸主。

对阿里系来说,支付宝是其布局以及扩大版图过程中的关键性节点,通过支付宝可以将更多的流量和用户吸引到平台上,同时支付宝也会成为阿里系的一个重要入口。在支付宝的支持下,四大平台可以连接在一起,并在阿里巴巴朝着互联网生态圈方向迈进的过程中起到良好的控制作用,如图 2-36 所示。

马化腾也认识并明白这一点,虽然从现在来看腾讯的业务重点与阿里系有一定的差异,但是随着时代的演进,马化腾也将会使出相似的战略。如果腾讯能够利用微信的支付功能逐渐做大易迅网,那么腾讯的下一个目标一定是搭建与阿里巴巴一样拥有相同功能的大型业务平台,从而与其形成对抗之势。

即使是未来易迅网没有成长到可以与淘宝系相抗争的地步,腾讯也拥有比较广阔的未来,比如微信强有力的推送能力就是其他企业所不能匹敌的。因此,如果未来微信可以对游戏、视频、音乐、App 等进行推广,并成为重要的分发出口,腾讯将有可能在这些领域内迅速确立霸主地位。

(2) 支付宝的优势

如果跟着马云的思路走,支付宝的优势就显而易见了。支付宝的优势就在于用户，虽然微信已经拥有了6亿多的用户，但是与支付宝相比还是略逊一筹。支付宝钱包在2015年初最新发布的数据显示，支付宝钱包活跃用户数已经超过了2.7亿，在移动支付市场上占据了80%的市场份额。而且支付宝在PC端的注册用户也已突破了8亿。

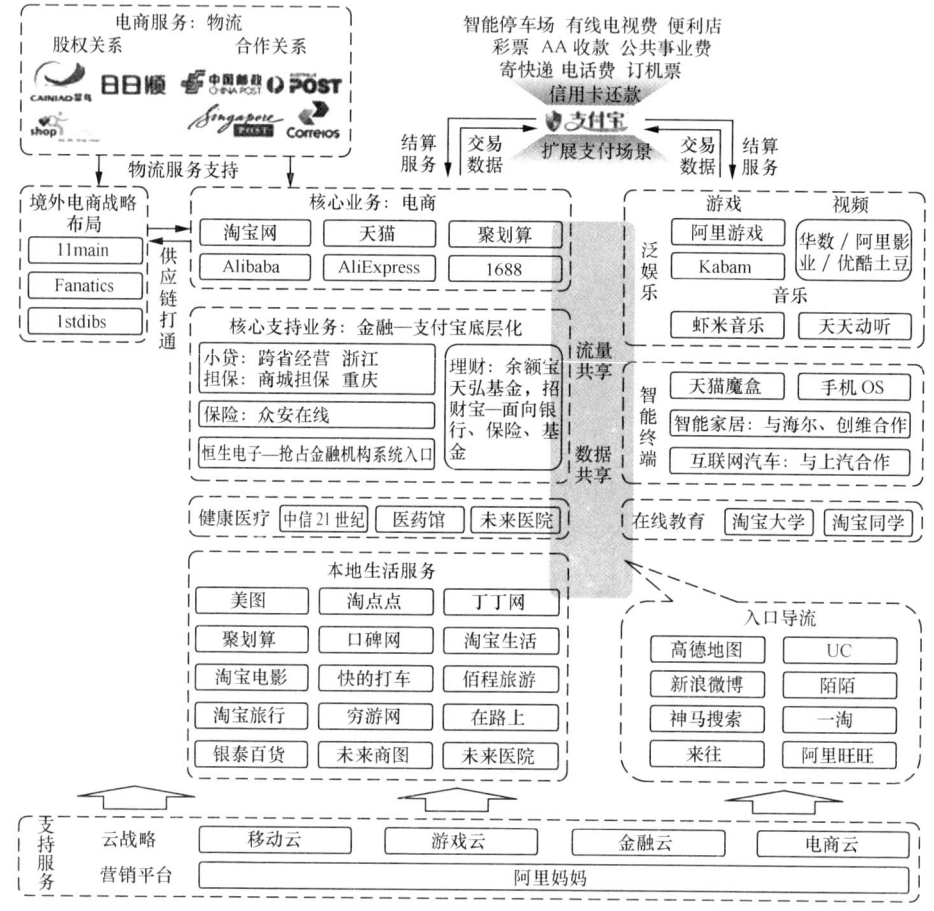

图2-36　支付宝在阿里巴巴未来版图中的角色①

---

① 图片来源：雪球网

除了庞大的用户数量作支撑之外,支付宝的用户质量也属上乘,不仅有较高的支付频率,同时还积极与四大平台进行互动。支付宝中最引人注目的当属余额宝,为用户的闲置资金找到了良好的归宿。同时支付宝还在进一步加强其线上线下的支付功能,除了支持在银泰等大型商场使用线下支付功能外,同时也开通了线下支付出租车费的功能,此外还推出了使用声波支付实现快捷购物的功能,并支持用户在12306网上订票支付,这一举措迅速让一大批人成为支付宝受众。

而微信方面,虽然微信用户已经突破了6亿大关,但是这个数字并不是微信支付的用户数。有研究机构进行的相关调查显示,在微信用户中,只有3.3%的用户表示经常使用微信支付,而认为微信支付功能比较重要的用户只占8%。

支付宝所构建起来的生态圈是其最重要的优势,以电商领域为例,如果要完成一个交易,基本会遵循这样的流程:用户产生购买需求——在淘宝、天猫等电商网站上寻找满意的商品——通过支付宝等第三方支付机构进行支付——收货。这也是一种比较标准的网购模式,一旦用户形成习惯,就会成为支付宝的忠实用户,同时相应地也会习惯使用与支付宝相关联的淘宝或天猫。

之所以能形成这样的效果,道理很简单,阿里系电商网站在经过了多年的发展之后,除了拥有更丰富的物品种类之外,还形成了相对健全和规范的运作机制,平台之间建立了更加和谐的协同关系。

此外,在已有生态系统的基础上,淘宝系和支付宝除了带来用户之外,还带来了巨大的流量和现金流,进一步稳固了阿里巴巴在互联网领域的霸主地位。

因此，如果电商领域的游戏规则不发生突变，那么阿里巴巴就能凭借其优势保持在行业中的领先地位，支付宝的地位也将难以撼动。虽然微信在支付领域频频发力，表面上看气势比较大，但是事实上微信的支付功能并没有建立比较高的技术门槛，而且加上阿里系团队也不甘落后，很难让竞争对手在短时间内超越。

（3）微信的玩法

当然提到支付宝的优势并不是要打击微信的士气，而是为了让微信能更清晰地认清形势，要想打败支付宝就需要跳出阿里巴巴设定的游戏规则，大胆地创新，建立自己的规则。

虽然微信支付的发展时间不长，但是也有其独特之处。在支付宝看来，移动支付就是将支付从PC端转移到移动端，但是在转移的过程中电商模式并没有发生改变；而在微信看来，移动支付并不仅仅是为了使用户随时随地支付，还为了让每一个用户都可以随意地转换为买家或卖家。

这也符合微信所对外宣称的：每一个微信账号都可以是一个App，每一个微信用户都能成为买家或卖家，每一个公共账号都可以成为一个营销平台。如果微信用户能够对使用订阅公共账号来寻找商品并利用微信进行支付的交易模式形成习惯，那么对已有的电商模式来说将是一场重大的创新和变革。而微信支付所进行的创新同样也可以应用到其他领域，微信也将成为腾讯在其他领域开疆拓土的重要武器，如图2-37所示。

对微信来说，最理想的状态应该是这样的：不管是淘宝网上的一个链接，还是实体店的商品，只要用户喜欢并想要购买，拿出手机点击微信支付就可以完成交易，取代钱包、网银、银行卡等现金流，帮助用户实现可以随时随地、不分场景购物的愿望。

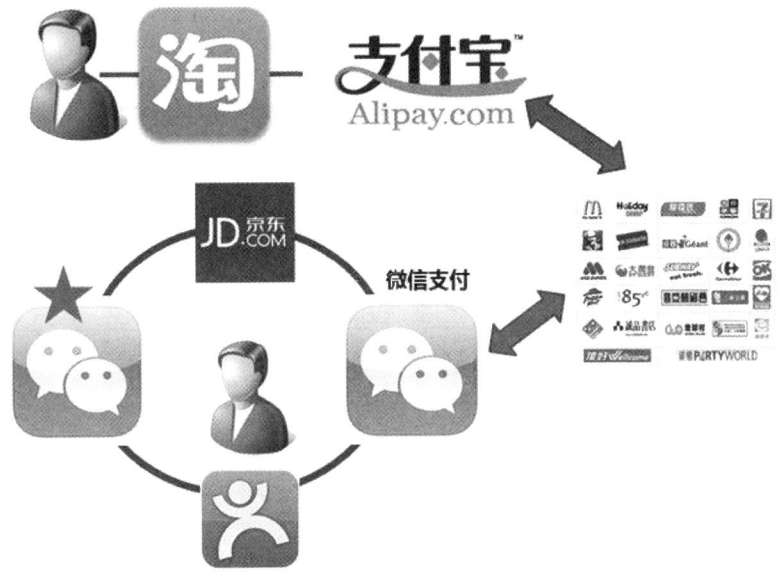

图 2-37　支付宝与微信支付的 PK[①]

但是从目前的发展状况来看，不仅微信没有实现"随时随地、不分场景购物"，支付宝同样也没有具备这一点。

从微信支付的覆盖范围来看，微信支付功能除了支持 Q 币充值、手机充值、信用卡还款等基本的业务之外，并没有多少有特色的支付服务。虽然微信推出了每天精选商品，但是效果并不好。

当然，与支付宝相比，微信也有一个巨大的优势，它获得了广大合作伙伴的大力支持。在微信公众合作伙伴的沟通会上，众多企业表示愿意通过推出"微信价"来吸引消费者，从而支持微信支付的发展。

众多企业之所以能够对微信提供大力支持，原因就在于，企业可以将微信看作一个利用低成本来获取流量和用户的重要渠道。在国内的互联网行业中，

[①] 图片来源：搜狐新闻

流量已经成为一个决定企业成败的关键性因素。但是国内大多数的流量都集中掌握在阿里巴巴、腾讯以及百度三个互联网巨头手中，因此企业要想获得流量和用户就必须通过大平台，这也就使得获取流量和用户的成本进一步加大。而微信的出现，为企业的发展提供了一种新思路，让企业可以自主掌控成本，这一点的优势是支付宝所缺失的。

（4）红包大战：微信"摇一摇"VS支付宝"咻一咻"

相关机构曾经做过一项调查，让受访者投票选择2015年央视羊年春节联欢晚会令人印象最深刻的元素，结果83%的受访者选择了微信"摇一摇"。

随着观众要求的提升，央视春晚作为除夕夜的一个重点节目越来越注重与观众的互动，而与微信携手展开的全方位深度合作则让这种互动达到了一个巅峰。在春晚直播期间，用户通过微信"摇一摇"，不仅能摇到红包、优惠券，还能摇到新春贺卡、节目单和明星祝福。另外，当摇出"晒全家福"的页面时，用户可以上传自己的全家福，将其分享到朋友圈，还有机会出现在春晚现场。

与春晚场景的高度契合，使得微信"摇一摇"在2015年的除夕夜大放光彩，其中，最夺人眼球的就是"全民抢红包"环节：22:30分"全民抢红包"正式上演，用户点开微信的"摇一摇"就可以参与"摇红包"，单个红包最大金额达到4999元。另外，抢到红包以后，用户还可以分享给朋友。

那么，通过这次合作微信取得了怎样的成绩呢？通过一组数据我们可以了解到：除夕20:00至初一00:48分，春晚微信摇一摇的互动总量达到110亿次，峰值为每分钟8.1亿次，将个人银行卡与微信绑定的用户超过8000万。

虽然与此同时，马云也在支付宝上派发红包，但由于缺乏与场景的连接且用户体验不好，取得的成绩也难以与微信抗衡。

根据相关统计数据，中央电视台春节联欢晚会能够吸引的观众数为7~8亿，其背后蕴含的商业价值自然是不容忽视的。2015年12月4日，支付宝官方发布声明，称其已经与央视猴年春晚达成合作，在春晚直播期间，支付宝准备了数轮的现金红包，用户只需根据主持人的提示点击支付宝的"咻一咻"按钮，就有机会获得数额不等的红包。

除了发红包，支付宝还创造了一种新玩法——"集福卡"：从2016年1月28日开始，用户只要在支付宝内添加10名好友，就能够获得3张福卡，另外在除夕零点之前集齐5张福卡（富强福、和谐福、友善福、爱国福、敬业福）就能够参与平分2.15亿元现金红包。

未到除夕，"集福卡"活动就受到了大量用户的关注，微博等社交平台的传播更是大大提升了其热度。根据最后的数据显示：集齐5张福卡的用户人数为791405，每个人分得的金额为271.66元。那么，支付宝"集福卡"活动背后的商业逻辑是怎样的呢？

++

★第一步：加好友，沉淀关系链。作为移动端的一大入口，微信不仅具有强大的社交功能，其支付功能也是与日俱增。相比较而言，支付宝则主要被当作支付工具来使用。因此，此次"集福卡"活动的第一步就是让用户加好友，增强其社交功能。

★第二步：交换"福"字，沉淀交流。过去，使用支付宝进行转账的用户虽然很多，但其交流的层次浅，而通过交换"福"字，则能提升交流的层次。

★第三步：提高活动的难度，增进用户的交流。由于单人集齐5个"福"

字的难度比较大，因此会进一步驱使用户与好友之间的交流，而且可以通过查看通讯录发现更多可以交流的朋友，扩大关系链。

++

支付宝官方数据显示，央视春晚互动活动中，支付宝"咻一咻"总次数达3245亿次，峰值为每分钟210亿次。通过与春晚的合作，支付宝不仅收获了更多用户，其功能也为用户所熟知，社交元素更是大大增强。

2.4.4 渗透与价值：第三方开发者如何在微信平台上获利

每一个行业在兴起之初，都会涌现出一小批富有创新精神的企业，他们对新事物敏感，愿意尝试新的领域，这时，市场往往会有很好的开端，新的用户产生新的需求，新的需求催生新的产品，随着更多新的用户和企业更深入地进入这个领域，就会创造出越来越多的新价值，这就是渗透与价值。

2012年8月，微信公众平台才刚刚起步，吸引了一大批富有创新精神的企业，随着微信向各行各业、各个平台的不断渗透，微信产生了越来越多的价值，现在，微信已经全面渗透到了整个移动互联网。

截至2013年10月，微信用户数量已经达到了6亿，如图2-38所示。而中国移动互联网用户总数是7.51亿，也就是说，微信覆盖了全国大多数移动互联网用户。同时，连接企业与用户的微信公众账号规模超过600万，每一个公众账号的背后，都是一个真实的企业，而每一个企业都可能来自不同的领域，这就意味着，微信几乎覆盖到了所有的行业。

从2003年淘宝网诞生，到2011年卖家数量接近600万，淘宝用了9年时间，这速度已经令人咋舌，而微信从诞生到拥有600万个公众账号，只用了不到两年，之所以蔓延得这么快，除了借助于高速发展的移动互联网之外，主要是因为微信自身的价值得到了越来越多的认可。

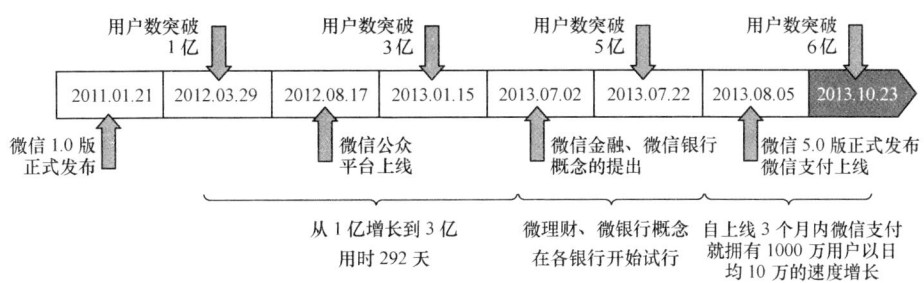

图 2-38　微信用户规模发展时间轴[①]

（1）曾经的微信机会

微信从 2011 年 1 月诞生以后，一直到 2013 年上半年，其商业开发都还处于起步阶段，那时企业对微信的认知基本停留在微博时代，认为微信除了作为导流工具以外，很少有其他的商业价值。

到了 2013 年下半年，整个微信市场成为一片红海，微信公众平台成了移动互联网大数据的开放平台，大量的企业用它来进行客户关系管理，实现了基于用户分析的精准营销。随着高级群发接口和消息模板接口的逐步开放，微信很可能彻底取代短信与 EDM，成为企业与用户进行消息触达的唯一工具。

随着物联网的接入，通过微信扫描二维码，消费者可以直接在线支付购买的商品，HTML 5 也随着微信公众平台而崛起，搜索、企业内部应用等都已经成为现实。到了 2014 年，涌入微信的企业已经越来越多，微信市场开始面临洗牌。

企业对微信的早期开发大都局限于各种微网站、微平台，商家大多试图用

———
① 图片来源：创业邦

一款产品打天下，很少有人在某一个行业深耕细作，做垂直领域细分市场。随着企业对微信的了解逐步加深，基于行业特点的个性化需求越来越多，定制化成为第三方微信产品的发展趋势，在日趋激烈的市场洗牌中，轻产品重模式的第三方微信产品必将胜出，如图2-39所示。

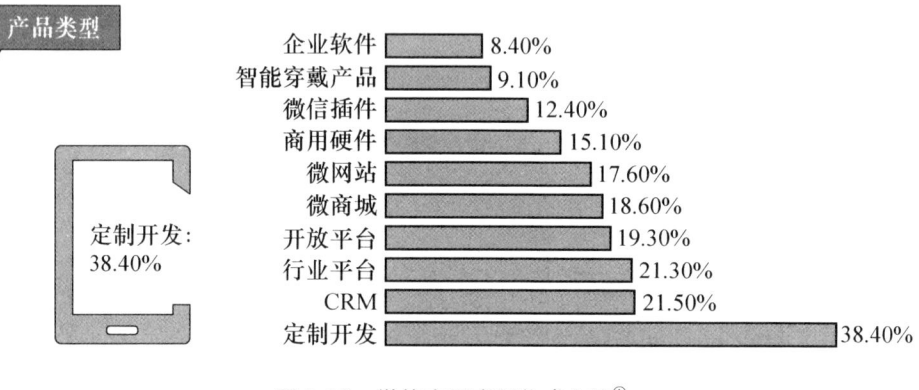

图2-39　微信应用定制化成主流[①]

（2）第三方开发者的现状

2013年3月，微信用户规模突破了3亿，招商银行、南方航空等一批行业巨头开通了微信公众账号，用于企业的客户管理和精准营销，一时之间，微信公众账号成了新兴的社会化媒体平台，一大批敏锐的第三方开发者迅速涌入微信服务市场。

5个月之后，微信开通了支付功能，变身为企业服务用户工具，也为很多企业的O2O转型提供了极大的便利。在这个时期，微信公众平台的运营重心转向产品运营和技术开发，微信的战略地位提升到了新的高度，再加上前期开发者已经获利丰厚，多重刺激下，更多的开发者蜂拥而入。

---

① 数据来源：WeMedia 数据研究中心。

在涌入微信平台的众多企业中，至少有6000家专门从事微信开发业务，其中大部分企业都实现了公司化运作，微信开发、运营和推广等方面的市场出现了大量的人才缺口，这类人才成为众多企业的核心资产，薪资也随之水涨船高。

进入微信开发市场的企业越来越多，引发了日益激烈的行业竞争，第三方开发者必须不断拿出更多的创新应用，才能在这个市场立于不败之地。越来越多的开发者开始将目光投入更加精细深入的方向，为客户提供个性化的整体解决方案，这类产品在整个微信开发市场中占据的比例已经接近四成。

同时，随着微信智能接口的推出，各种智能型产品也蜂涌而出，除了穿戴式智能设备，还有微信路由器、微信照片打印机、微信广告机、微信自动售货机、微支付盒子等创新产品。

2013年底，微信内部的规则逐步健全，开通的接口越来越多，开始吸引资本市场的关注，许多投资机构开始向微信第三方市场注资，获得投资的第三方开发者已经接近整个市场的一半。2014年5月，微信第三方服务商微信海获得了8000万元人民币的投资，实现了该市场最大的一笔融资。有了资本市场的推动，微信第三方开发市场将发展得更为迅速，该市场的竞争也将更加激烈。

（3）第三方开发者的机会

移动互联时代，所有的传统企业都开始转型，而微信成了众多企业首选的转型平台，但是产品、技术、运营等方面的人才存在着大量的缺口，未来，随着这些缺口逐渐补齐，微信第三方开发市场将继续增大。

微信第三方开发市场前景广阔，超过半数的企业愿意为微信服务付费，这就意味着服务市场规模将达到千亿级别，如图2-40所示。尽管如此，第三方服务市场还是面临着诸多问题：由于大部分企业对微信的认知还停留在相对粗浅的阶段，所以整个市场想要真正发展起来，还需要微信官方与第三方服务商对企业进行长期的教育培养；此外，由于微信官方的接口只向企业开放，所以第三方开发者在产品开发能力之外，还需要具备较好的辅助服务能力。

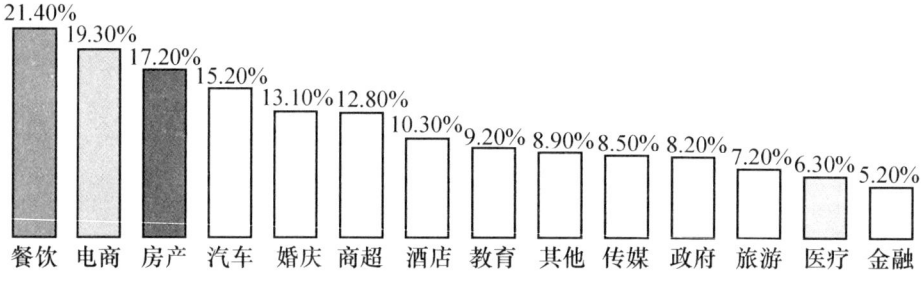

图2-40 微信第三方开发者服务的行业分布[①]

经过几年的发展，前期进入的开发者无论在资金储备、品牌影响还是客户数量方面都积累了较大的优势，新进入的开发者则需要花费更多的心思，才能在严酷的竞争中打下一方天地。

① 忘记入口拥抱平台，垂直领域横向拓展

尽管微信是一个开放的平台，但是在微信平台做一个通用的次平台也非常困难，想用一款产品打天下是不可能的，只有在垂直领域深耕细作，比同行做得更深更透，才有可能在众多的同类产品中脱颖而出，如果能够同时提供跨平台服务，那么成功的可能就更大了。

② 免费产品＋收费服务，长尾的中小企业空间巨大

[①] 数据来源：WeMedia 数据研究中心

由于企业对微信第三方产品的了解普遍较为粗浅,而同质化的产品也非常多,因此,开发者可以通过免费的产品来吸引客户,等到企业在使用的过程中产生新的需求,再通过收费的服务来寻求利润。这样,开发者就能够快速地打开市场。

③ 移动电商时代来临,微信电商缺乏周边服务

2014年5月,微信推出了移动电商应用"微信小店",表明微信正式迈入移动电商时代。可以预见,未来会有大量的商家进驻微信,这就意味着大量的代运营、培训、推广、装修、模特等服务需求将在微信上产生,这些都是新进入的开发者可以抓住的机会。

④ O2O概念依旧火爆,多元化服务伴随企业成长

依托移动互联网实现O2O转型,对传统企业来说,已经是大势所趋,而微信正是最佳的转型连接平台。新进入市场的开发者可以迎合这个趋势,为寻求转型的企业提供产品工具和整体解决方案,甚至直接参与企业的实际运营,为其提供更加多元化的服务,在帮助企业成长的过程中,依靠增值服务收费来获取更多收益。

⑤ 企业级移动应用前景广阔、简单高效,将颠覆原有产品

在我国中小企业IT市场中,移动企业应用的销售额只占了非常小的份额,随着微信推出越来越多的企业应用接口,以及新企业软件概念的提出,越来越多的企业将产生内部移动应用需求,为第三方应用开发者提供了巨大的新市场。

微信平台为企业提供了基础渠道,让企业实现更好更快的服务和传播,而第三方服务商提供的个性化服务解决方案,则能够将这种可能变成现实。这将是一个漫长的过程,需要企业和第三方服务商共同努力。

Part 2 互动与共生:什么是"互联网+生态圈"

2.4.5 微商赢天下：未来微商生态将呈现出怎样的趋势？

从 2014 年开始，在中国市场上，微商呈现了一种异常火爆的状态。不过，微商的发展虽然非常迅速，但同时也引来了很多争议，最典型的就是朋友圈刷屏现象。而虽然微商的发展饱受争议，但不可否认的是微商打破了传统的渠道藩篱，建立了一种新的游戏规则，由一个弱小的微商个体凝聚而成的一股力量，正在一步步蚕食传统电商格局，其盛行的程度已经赶上了 O2O。

微商在 2014 年悄无声息地迅速成长和发展起来，那么在未来几年又将会有怎样的发展？会不会创造更大的奇迹呢？如果微商能找到新的突破口，并实现成功跨越，其发展前景和潜力可能会超过淘宝，并为微商个体带来更多的收益。

微商是在微信的基础上逐渐发展起来的，虽然在朋友圈里看到很多人在做微商，但是微商却没有真正壮大起来，导致这种结果的原因主要有 3 个：

① 1.0 时代，强调的是"电商 + 社交"，而 2.0 时代则强调的是"社交 + 电商"，社交和电商在两个时代所占的地位和发挥的作用是不同的；

② 在朋友圈里发布信息还要顾虑好友的体验，再加上受到官方的种种限制，使得微商束手束脚，不能更好地施展自己的本领；

③ 由于微信电商发展还不够成熟，对朋友圈里的恶意营销者不敢进行严厉的惩罚，使得朋友圈里的微商更加无所顾忌地扩张起来。

微信电商主要有四种发展模式：**B2C** 电商，典型的就是京东购物；**C2C** 电商，主要以"微信小店"为代表；企业电商，主要是服务号；微商，典型的就是在朋友圈里卖货。

从以上微信电商的四种发展模式来看,京东购物在人们的网购生活中占据了一定的地位,而"微信小店"和服务号目前只是进行客户沉淀,从而留住更多的客户。微商虽然发展最为火爆,并且也拥有比较大的发展潜质,但是因为严重影响了微信用户的体验,不仅不受用户的待见,也常常遭受官方的封杀。而朋友圈里微商的肆虐,正在催促着微信进行变革。

(1)微商新生态

微商在未来几年将会面临一些新变化,微商在重生之后将迎来一种新生态,主要表现在以下3个方面,如图2-41所示。

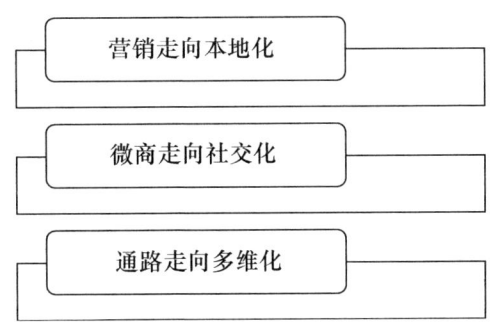

图2-41 微商的3个发展趋势

① 营销走向本地化

微商在发展过程中追求的是"小而美",服务的对象主要是本地的消费群体,可以更快捷、便利地为当地的消费者提供服务。微商将打通本地服务O2O,有效解决信息不对称的难题,为终端用户提供更便利的信息获取通道。

② 微商走向社交化

微商时代将逐渐朝着去中心化的方向发展,消费者对淘宝、天猫、京东等购物平台的依赖性越来越低,每一个人都将成为一个微商平台。此外,建立在信任关系上的微商平台,将会通过与好友的分享、互动以及交流等活动,增加与好友之间的联系，从而推动商品交易的实现。

③ 通路走向多维化

据微信官方消息称，截至2015年8月，微信平台上已经拥有了1000多万个公众账号，并且每天还在以1.5万的速度持续增长。此外，在用户端，微信月活跃用户的规模也已经超过了6亿，微信在移动社交流量方面已经牢牢占据了第一，但是对微商而言，单一的流量入口已经满足不了商家的需求。通路走向多维化能够将更多的社交流量集聚到一个平台上，从而为商家提供更多的流量入口，比如易信、来往、微博、QQ空间等都可以作为入口。

（2）微商新趋势

为了维护朋友圈秩序，提升用户的使用体验，微信正在致力于平台的优化工作，并将逐渐出台各项政策来清理朋友圈存在的恶意营销现象，从而推动微信新生态的形成和发展。在2015年，微信面临了更多的变革，并出现了下面几种变革趋势：

① 服务号和朋友圈将成为支撑微商发展的重要力量

微信作为第一大社交工具，拥有庞大的用户基数，同时也是一个重要的流量入口，一直以来，官方和用户都在借助微信的力量探索新的商业模式，并最终得出结论：微信平台上的服务号和朋友圈可以发挥最大的价值。服务号可以帮助商家沉淀用户，增加用户黏性，而朋友圈可以扩大产品的影响力，同时可以进行口碑传播。就连已经上市的微博和陌陌在增强用户黏性上都比不上微信，朋友圈已经成为微商成长的重要土壤。

② 重新整理朋友圈微商

朋友圈虽然为微商的发展提供了重要的支撑，但是对于朋友圈中存在的恶意营销现象，微信平台也应该对其加强管制，保护微信用户正常的使用体验。

而且,微商创造的所谓商业神话吸引了越来越多人加入到微商的行列中,导致微商队伍更加混乱,朋友圈开始出现各种刷屏现象,同时也被曝出各种售假现象,使得很多消费者对微商售卖的产品失去了信心。因此,微商如果要获得更好的发展,首先应该重新整理朋友圈的微商,重新获得消费者的信任。

③ 订阅号、服务号以及朋友圈三把利剑的变革

订阅号和服务号实现合并的说法一直流言不断,但是从微信去中心化的发展趋势来看,订阅号和服务号合并的话将会影响用户体验。订阅号、服务号和朋友圈作为微信走向商业化的重要武器,三者是相辅相成的关系,共同推动微信商业化的发展走向一个新台阶。

(3) 微商新方向

在微商新趋势的影响之下,微商在未来将会朝着哪些方向发展呢?如图 2-42 所示。

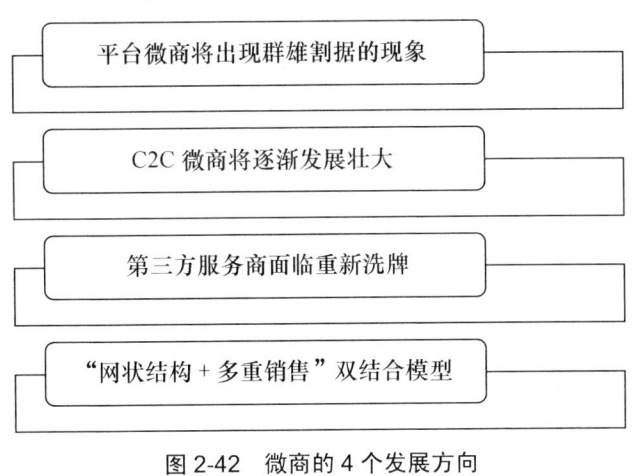

图 2-42 微商的 4 个发展方向

① 平台微商将出现群雄割据的现象

蘑菇街、美丽说以及"微信小店"等平台的发展将逐渐依靠自建 App 或者微信公众号的形式。届时，微信不再是微商发展的重要平台，而逐渐演化成可以实现营销推广的一种工具，微商之间的竞争背后是 App 和微信平台之间的战争。

② C2C 微商将逐渐发展壮大

口袋购物和拍拍网已经开始将战略重点集中在微商领域。拍拍网选择以对用户进行大幅度补贴的方式来吸引商家，而口袋购物则宣称要拿出 2 亿元为商家购买流量，C2C 微商必将会有一场激烈的争夺战。

③ 第三方服务商面临重新洗牌

随着微商的火爆程度与日俱增，微信第三方开发商也开始进入微商领域，并在该领域进行积极布局。2014 年底，服务商之间展开了激烈的"分销战"，服务商纷纷亮招，推出自己的分销系统。

④ "网状结构 + 多重销售"双结合模型

在互联网中形成的社交关系是网状的结构，不管通过哪条线都可以将人联系起来，微信就是借助这种天然优势开始运营自商业模式，这也是微商真正的魅力所在。此外，在网状链接结构的优势下，可以构建网状的微商圈子，也可以在开放的平台上销售更多不同的产品。

微商应该把握好新的发展风向，而对于微商生态的构建和维护则需要微信和用户的共同努力。虽然还不能确定微商能否实现可持续性的盈利，但是微商一定会有更广阔的发展空间，或许就在不久之后，微商能不负众望，实现新的跨越。

2.4.6 微商生态 VS 信任经济：如何与顾客建立强信任关系？

从 2014 年开始，"微商"开始在朋友圈广泛传播，现在朋友圈盛行的各种"代购"就是一种典型的微商。微商的火爆程度已经超乎了人们的想象，微商市场已不再是一小群人的事，而变成了一个新的"社会现象"，你永远猜不到朋友圈里的谁将会成为下一个"代购"。

微商不仅在朋友圈里异常火爆，同时也一直受到社会各界的广泛关注。究其原因就会发现，微商之所以这样火爆，越来越多人的趋之若鹜，主要有两点原因：一是朋友圈的微商在发展过程中遇到了难以突破的障碍，而热度却只增不减，给人一种仍在苦苦挣扎的感觉；二是在淘宝平台上开店的成本越来越高，于是很多淘宝卖家将微商当作救命稻草，并希望借助微商这个跳板实现新的跳跃。

微信是微商开展的重要平台，因此微信的一举一动都在牵动着微商们的心。随着移动互联网的发展以及智能手机的不断普及，传统的电商逐渐开始从 PC 端向移动端转移，在这交替之际，微商成为移动电商的先行者，引起了社会的广泛关注。随着对微商的谈论越来越多，微商好像已经被定义在了一个很小的领域内，失去了它本来的意义。

（1）微商并不是朋友圈卖货

虽然微商很火，但是事实上大部分人对微商并没有一个正确的理解，曾经有人针对"什么是微商"做过一项调查，一共出现了以下几种答案：

++

★ 微商就是在朋友圈里卖货；

★ 在微信上开店就属于微商；

★微商就是一种口袋购物；

★微商就是微博打赏；

★微商就是自媒体；

……

++

答案虽然五花八门，但是在众多答案中，认为"微商就是在朋友圈卖货"的答案出现的次数最多，而且大多数人已经就这个答案达成了共识。然而事实上，微商绝不是简单的朋友圈卖货，这只是微商的一种表现形式。微商发展的基础是社会化的媒体或者移动社交。

微商的"微"实质上并不是代表微信，而是指微小的意思。对微商的真正理解应该是：**微商是一个去平台化、去流量化、去品牌化的过程**，如图2-43所示。

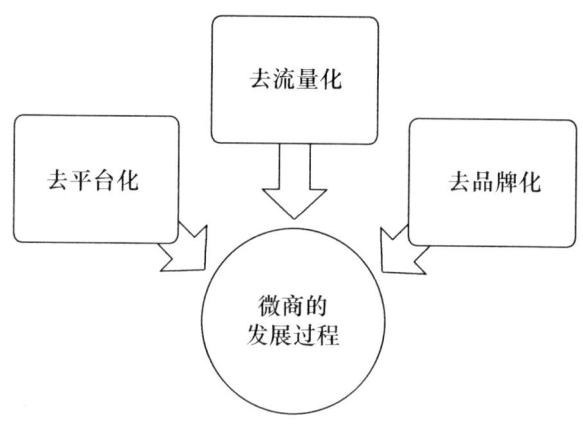

图2-43　微商的发展过程

++

★去平台化是指商家逐渐脱离淘宝、天猫等平台，开始走上独立发展之路；

★去流量化是指集聚所有的社会化媒体，一键分发商品；

★去品牌化是指随着人们消费意识的提升，人们会认识到品牌所包含的符号和口号等并不能提升产品的质量和价值，反而是这些外在的东西常常左右着消费者的消费选择，影响人们对实际物品的判断，因此，此后在消费过程中他们会更加重视商品的实用性和实际的价值，进行更理性的消费。

++

（2）微商所带来的改变

尽管微商正在经历着瓶颈期，缺乏成熟的信用保障及维权机制，没有完善的交易系统，微商刷屏现象也广受诟病，但就是在这种举步维艰的情况下，微商行业依然很受欢迎，更多的人还是奋不顾身地进入了微商行列。微商为什么受到这么多人的欢迎？微商的发展又带来了哪些变化呢？微商所带来的变化主要表现在以下几个方面：

① 扩充了自商业的群体

微商的发展经历了这样一个过程：**从微信电商逐渐发展到微电商，然后再逐步成长为微商**。朋友圈卖货可以看作是微商的萌芽阶段，而微店的兴起和发展则标志着微商逐渐走向成熟。微商的这一转变推动微商这一自商业的表现形式走向了完善，同时也让自商业拥有了更丰富的群体。

② 用户从PC端到移动端的转移速度加快

2015年的"双11"活动期间，移动端的交易额占到了天猫总交易额的68%。虽然也有人认为造成这种现象多是因为消费者选择PC端下单，但是却使用移动端进行支付。但是即便将这一部分排除的话，移动端交易的比重依然很高。微商虽然不能完全替代PC端的消费，但是却可以加快PC端用户向移动端的转移。

③完成从C端买家身份向B端买手的转变

很多人做微商其实都是因为喜欢或者自己比较熟悉，例如，因为崇尚时尚，所以对时尚界的物品乐意关注和购买，在使用了产品之后发现很好，想要跟朋友一起分享，于是成为这个品牌或产品的代理或分销，这样一来，身份就从原来的买家成了一个买手。

④买家和卖家的关系也发生了改变

在淘宝电商时代，买家和卖家之间是通过产品联系在一起的，是一种单纯的商业关系，不会产生个人之间的内在联系，而进入微商时代之后，买家和卖家存在于"社交——电商——社交"这样一个生态体系之下，买家和卖家会先通过社交关系建立联系，然后才会发生之后的商业行为。

（3）微商是一种"信任经济"

微商的发展不仅带来了很多的变化，也为很多人创造了机会。微商不管怎么发展，最终指向的都是一种"信任经济"，之所以这样说，主要是基于以下几种原因：

①微商发展的基础是通过社交建立的一种信任关系

在做微商之前，先要与用户建立联系，而且这种联系是建立在信任基础上的。第一步是通过好友申请，让其成为自己好友中的一员；第二步是让他对你发的内容感兴趣；第三步就是与好友进行互动和沟通。这样在信任的基础上，好友与你的关系就会逐渐从陌生变熟悉，从弱关系变成强关系。他们会在对你人品信任的基础上信任你的产品，进而慢慢接受你的产品，做出购买决策。

②在与朋友的分享中挖掘和获得价值

当我们看到一篇好看的文章或者发现某个新鲜的东西，并从中收获价值和快乐的时候,我们总希望与自己的朋友分享,让他们也能从中有所收获。这是一种无偿的分享,不会为你带来直接利益。但是如果你的分享可以变成有偿,并可以从中获取价值利益,相信会有更多的人进入到分享的行列中来。

在信任的基础上进行分享,并且分享的恰恰是他们感兴趣的东西,那么你的分享就可能会为你带来直接的利益,同时也会为朋友省去查询搜索的麻烦,可谓是一箭双雕。

③个人影响力决定产品或品牌的吸引力

任何一个人都可以做微商,但是却不一定能成为一个好微商。与一般人相比,专业的达人以及意见领袖在做微商的时候更有优势。通常情况下,他们在某一方面或领域有专长,并且拥有较高的影响力,同时身后还有一大群粉丝,他们进行的分享更容易获得粉丝的信任,因此个人的影响力对产品或品牌的影响具有决定性的作用。

说到底个人的影响力其实就是散发人格魅力,因此虽然说交易过程中是与产品打交道,但是背后的人在其中起到了推波助澜的作用。比如,很多人一看到苹果就会联想到乔布斯,看到罗振宇就会联想到"罗辑思维"一样。

从本质上来讲,微商属于一种信任经济,只不过这种经济形式以移动社交或者社会化媒体为基础,每个微商在为自己产品代言的时候都以自己的信誉做担保。一个产品或者品牌能否获得影响力,最终还是人格魅力的一种体现。随着移动互联网的发展,各种各样的信息逐渐趋向透明化,买家与卖家之间会建立更强的联系,而建立在信任基础上的经济形式将会使人与人之间的流通更顺畅。

(4)如何与陌生人建立强信任关系(图2-44)

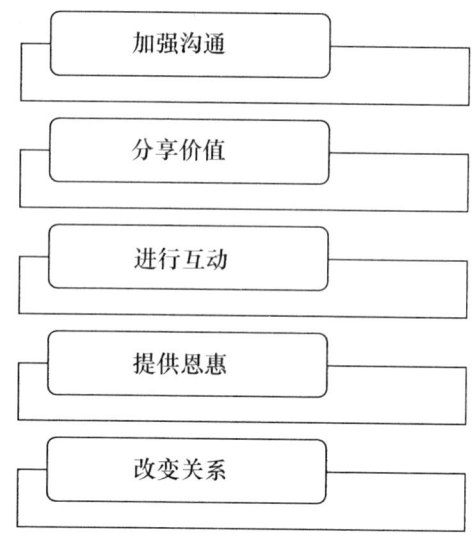

图 2-44 与陌生人建立强信任关系的五大法则

① 加强沟通

在现实生活中，你如果刚认识一个新朋友，第一步就是跟新朋友寒暄几句，握握手，再聊上几句话，表示一下支持和关心。这些方法在社交工具中也同样适用，对于每一个微信上刚加的陌生人，你都应该与他们及时进行沟通，向对方介绍自己，并认识和了解对方，而且这一过程并不麻烦，最多需要十句话就可以对对方有一个初步了解。这是与陌生人建立关系的第一步。

② 分享价值

对于刚加进来的人，不要急于向他们发布产品，这样即使你有再多的好友，也不会引起他们的兴趣，因为朋友圈里分享各种各样产品的人太多了。因此你可以分享一些对他们而言比较有用、他们感兴趣的东西。这样分享的东西容易引起他们情感上的共鸣，从而慢慢地对你关注，进而提高对你的认知。其实分享的过程就是一个展示的过程，通过分享，可以让好友觉得把你留在朋友圈里能发挥一些价值，并能持续地关注你。

③ 进行互动

与陌生人建立信任关系的源泉在于互动。在微信中积极与陌生人进行互动，可以是点赞，或者是给出几句评价，也可以不定期地向他们送一些小礼物等。当然你想用更快的方式与陌生人建立或者维护信任关系的话，最直接的方法就是在特殊的时间或者节日里，给好友发上几个红包，俗话说，吃人家的嘴短，拿人家的手软，他们收了你的红包就会希望有什么机会回报你点什么，这样你的产品就不怕没有客户了。但是，与他们进行互动的前提是要与对方进行过交流并有一定的了解，否则可能会赔了夫人又折兵。

④ 提供恩惠

这里的"恩惠"是指可以帮助陌生人做一些事情，比如为他们整理和发布一些有帮助的文档、工具以及软件等，也可以向他们发布一些工作或生活的小技巧，这样接受过恩惠的人就可能对你留下比较深刻的印象，并且对你也心存感激，不久之后，他们就会回报你提供的恩惠。

⑤ 改变关系

微商的核心就是关系，因为做微商就是改变关系。这也是与陌生人建立信任关系中的重要一步。否则，即使你的好友里有上千号人，一样没有价值。如果你比较擅长写作，那么可以在朋友圈定期发布一些内容，从而让他们对你有所了解，在了解了你的人品或性格之后，就更容易建立信任关系了。

微商最理想的状态就是让你微信里的陌生人全部变成自己的好友，并且都是信任你的人。但是在实践中却很难达成这一理想状态，如果能做到将你微信里 80% 的陌生人变成信任你的人，那么你的微信营销就算做得比较成功了。

虽然说在朋友圈里卖产品，重点是在产品上，但事实上，人与人之间建立的关系凌驾于产品之上，如果这一点做不好，再好的产品也会无人问津。

并进与融和：
互联网生态圈未来发展趋势

3.1 互联网重模式生态圈：互联网巨头布局生态战略，重构传统商业规则

3.1.1 小米生态圈：一个新创公司4年估值450亿美元的秘诀

45岁的生日，对雷军来说，大概是过得最有意义的一个生日了，先是小米手机恢复其在印度的正常销售，再是小米完成第五轮融资，在市场的估值已经达到450亿美元（2700亿元），赶超Uber的400亿美元，成为世界上估值最高的未上市公司。小米取得的这些成绩对雷军来说无疑是最大的一份贺礼。

小米公司自2010年4月正式成立，至今也不过短短几年的时间，但是它所取得的成绩却是其他同类公司无法匹敌的。小米的迅猛发展也让其成为在投资领域吸金的佼佼者，然而是什么原因让小米在几年的时间里成为估值2700亿元的企业呢？"生态"两个字无疑是最好的诠释。

随着经济的不断发展，商业世界开始走上生态化的道路，各企业之间的商业竞争也逐渐转向商业生态战，在这种背景下的竞争，单打独斗已经成为过去，

谁能在这场生态战中拥有良好的组织能力，谁就能把握成功的先机。

因此，对生态产业链上的企业而言，不被淘汰只有两条出路：**一条是自己做生态，以自己为中心构建生态网络；另一条是站好队，融进巨头构建的生态网络中**。那么，小米在这场商业生态战中是怎样做的呢？

（1）估值迅猛增长的过程

小米公司公开的数据显示，小米公司在 2010 年刚成立时注册资金是 100 万元，其中雷军和黎万强分别出资 90 万元和 10 万元；2010 年 5 月，谷歌原高级产品经理洪锋加入小米，小米的资本结构变成雷军 79.4 万元、黎万强 10.33 万元、洪锋 10.27 万元；2010 年 7 月，小米的注册资金上升到 2637.5 万元，其中雷军 2457.66 万元、洪锋 169.51 万元、黎万强 10.33 万元。

++

2010 年 7 月，小米完成 A 轮融资，筹集到 4100 万美元的资金，小米的市场估值为 2.5 亿美元。在小米获得的 4100 万美元的融资中，小米从晨兴创投、IDG 资本、启明创投三个投资机构中拿到了 3000 万美元的融资，剩余的 1100 万美元都来自于小米公司初创阶段的员工。

2011 年底，小米公司完成 B 轮融资，融资金额达到了 9000 万美元，小米的估值也上升到了 10 亿美元。参与融资的投资机构仍然包括晨兴创投、IDG 资本、启明创投，除此之外，高通投资、淡马锡以及雷军旗下的顺为基金也参与了融资。

2012 年 6 月，小米公司完成 C 轮融资，融资金额为 2.16 亿美元，小米公司的估值已经到了 40 亿美元。融资机构主要是俄罗斯 DST 集团和雷军旗下的顺为基金。

2013 年 6 月，为了进一步扩大小米的经营规模，拓宽业务范围，提高公司的资信程度，小米公司再一次增资，将公司的注册资本增加到了 5000 万元，资本结构再一次发生变更：雷军 3890.11 万元、黎万强 506.06 万元、洪锋 503.33

万元、刘德 100.5 万元。

  2013 年 8 月，小米公司又完成了新一轮的融资，市场估值达到了 100 亿美元，但是具体的投资机构以及融资金额，小米官方并未向公众透露，至今是一个未解之谜。

  2014 年 12 月，小米公司的第五轮融资正式告一段落，在本次融资中，小米获得了 11 亿美元的融资，小米的估值也赶超了 Uber，达到 450 亿美元，这也使小米成为全球估值最高的未上市公司，小米再一次成功吸引了大众的目光，并以绝对优势屹立在国内的互联网领域中。参与第五轮融资的投资机构包括 All-stars、DST、GIC、厚朴投资和云锋基金（创始人为马云和虞锋）等。

++

  从刚开始的 2.5 亿美元，到如今的估值 450 亿美元，小米几乎每年都在以四倍的速度复合增长，小米的成长可以说为人们创造了一个鲜活的商业奇迹，这也使小米逐渐变成众人竞相追捧和膜拜的神明。

  小米在短短 4 年的时间里取得的傲人成绩，使众多专业的分析人士将眼光瞄准了它，并对它进行了深入的剖析，最终得出结论：小米之所以能在这么短的时间实现估值 450 亿美元，谜底就在雷军围绕"小米手机 +MIUI+ 电商"所打造的智能生态系统闭环上。

（2）小米勾画的生态图

  互联网上市公司有一条这样的规律：应用级公司的估值一般是 10 亿美元，平台级企业的估值大约是 100 亿美元，而生态系统公司的估值则会达到千亿美元。

  但事实上，雷军在创立小米的时候并没有想到小米将来能成为一家估值达到千亿美元的公司。雷军曾经在公开场合表示，小米的目标是成为一家百亿美元的公司，而现在小米已经达成了目标，并开始向着更高的目标迈进。

小米在成立之初的定位是围绕"硬件+软件+服务"进行发展，从这也可以看出小米公司的目标是成长为一家软硬结合的平台型公司，并将苹果公司和三星电子作为参照的对象。

但是随着阿里巴巴投资领域的多元化，并在上市之后迅速发展成为一家超千亿美元的公司；腾讯借助微信的力量开展生态系统的布局；谷歌和苹果先后启动了以"系统+硬件"为中心的智能家居布局工作……迅速成长的小米也顺势抓住重要的发展机遇开始了其在智能生态领域的布局。

2014年，小米先后投资了凡客诚品、猎豹移动、积木盒子、九安医疗、优酷土豆、美的等企业，投资领域更加广泛，内容更加丰富。而在此之前，小米就已经通过自身的天使投资和旗下的顺为基金及小米风投，开启了在多领域投资的旅程，涉及的领域包括手游、电商、新媒体、移动安全、智能医疗、影视市场、互联网金融等，如图3-1所示。

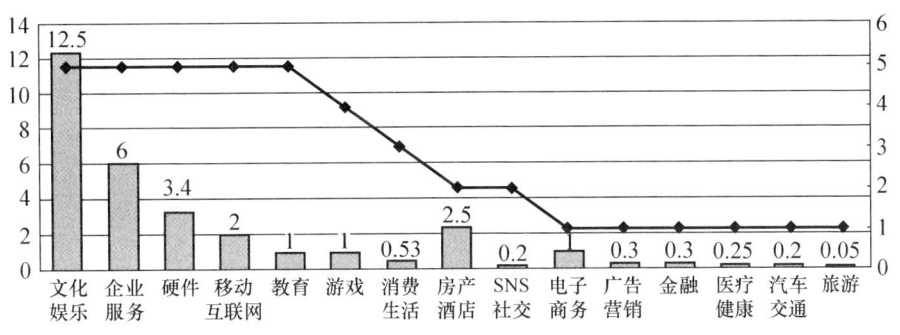

图3-1　2014年小米（雷军）系投资布局[①]

从雷军的这一系列举动就可以看出，小米开始逐渐向阿里巴巴和腾讯这样的互联网巨头看齐。而小米正是怀揣着这样一个伟大的目标，才逐渐成长为估

---

① 图片来源：虎嗅网

值450亿美元的公司。

阿里巴巴的上市给了雷军一个重要的启示，即要做一个超级大的市场，就要找超级靠谱的人，及永远花不完的钱。

++

★小米虽然在融资中创造了比较高的估值，但雷军控股的比例基本没有发生变化，小米在融资的同时也向银行贷款，这就是所谓的"花不完的钱"；

★从雷军自己做天使投资人只找熟人以及其组建的小米科技创业团队来看，就是雷军的"找靠谱的人"；

★小米投资不同领域的公司：致力于发展100家硬件企业以及50家类小米公司的目标，表明了小米要做的"一个超级大的市场"。

++

从某种程度上来说，雷军是在尝试学习阿里巴巴和腾讯的商业生态建设，但是小米与它们又有不同：阿里巴巴构建的是从购物平台逐渐走向生活一体化的生态系统；腾讯是从社交平台逐渐走向生活一体化的生态系统；而小米则是从系统级别整合"硬件＋软件＋云存储"的用户生活一体化生态系统。

与阿里巴巴和腾讯相比，小米构建的生态系统是更接近商业和生态闭环的系统。如果小米构建的生态系统能最终形成通路，那么必定会对互联网公司和独立于系统之外的中型硬件企业带来深远的影响，同时也会让大量的创业公司重新找到自己的定位，朝着正确的发展方向不断前进。

（3）中型公司进退维谷

中型企业可以分为以下几种：

++

★发展比较成熟，但是还未走向生态建设的企业，主要包括互联网三巨头之外的互联网企业；

★初具规模的移动互联网企业；

★传统手机企业；

★传统家电企业；

★在移动互联网冲击下，被改造的其他传统行业的企业。

++

面对竞争日益激烈的商业环境，中型公司大致有 3 条出路：

++

★出路一：站好队，依附于 BAT 体系，在它们的护佑下实现系统性的成长，比如腾讯入股滴滴出行、阿里巴巴入股快的打车，两大打车软件在巨头的撑腰下大打出手，通过为客户提供补贴的方式抢占打车软件市场；

★出路二：选择一个 BAT 还没有涉足或者还没有布好局的领域，潜心研究和发展，展现出自己的特色，并确保其他企业在短期内无法复制，比如奇虎360；

★出路三：尝试自建不同于 BAT 和小米的生态系统，比如乐视和魅族。

++

也正是因为这些选择，才使得 2014 年互联网企业、家电企业、移动应用企业以及终端企业奏响了大规模合纵连横的序曲。

随着移动互联网的高速发展，移动互联网公司开始以一种强势的力量崛起，再加上巨头互联网公司开始将业务触角伸向更广泛的领域，大多数中型公司受到了两面夹击，处境越来越艰难，比如联想和格力等传统企业。

++

在传统企业中，联想有比较完整的硬件设计和制作能力，也拥有智能手机、PC、平板、智能手环等一系列智能硬件产品线。2014 年 1 月，联想收购摩托罗拉，打开了联想手机的海外市场,同时联想也获得摩托罗拉的移动业务,弥补了其在移动业务方面的缺陷,使其发展更加顺利。

然而即便联想极力弥补其短板,却依然没有形成完整的系统整合能力。如果依然不改之前单纯的硬件套路,那么联想在将来一定会被BAT、小米等生态系统所整合,失去自己的独立地位。当然事情或许还有转机,这要取决于联想智能终端和服务业子公司"神奇工场"能够在短时间内给联想生态带来多大的影响。

智能家电和智能家庭的迅速发展对传统家电行业来说是个不小的打击,阿里巴巴入股海尔、小米入股美的,两大家电企业都已经找到了靠山,这样下去,还没有找靠山的格力就显得有些形单影只。如果智能生态的商业模式能够成为通路,那么整个传统家电行业就会在短时间内重新洗牌,完成新旧格局的更替。未来,格力就会变成智能生态颠覆传统家电企业格局中的一个典型案例。

++

(4)初创公司应该怎样做?

虽然在激烈的竞争以及互联网的冲击下,中型企业陷入了进退两难的困境,但是中型公司毕竟有了一定的发展基础,并且在市场上拥有一定的地位,有一定的用户基础,而与它们形成鲜明对比的是无论在用户还是市场方面都没有任何基础的初创公司,小米等生态系统对它们的影响更值得关注。

腾讯曾经借助自身生态系统的抄袭能力构建生态系统,结果受到了大量互联网和移动互联网初创公司的非议,在业界引发了一场针对腾讯的大讨论。后来,腾讯在与奇虎360的争斗中逐渐意识到这个问题,并开始借助资本投资或平台合作创造了一种新的发展模式。腾讯通过大量的投资和并购,不断扩大业务范围,从而逐步建立起腾讯的生态系统。

与之相比,小米的生态系统建设还不够完善:一般来说,与手机和小米生态结合度比较高的产品都是小米亲自做，而其他硬件产品虽然也寻求合作伙伴，但是对合作伙伴的要求也比较高，在合作中通常会带有排他性的协议。而雷军所设立的"打造50家类小米公司""投资100家硬件企业"的目标也就表明，未来大量的硬件初创企业与小米硬件产品线布局必定会产生交集。

到那时，初创企业将会面临三种命运：要么向小米妥协，成为其构建的生态系统中的一分子，从此开始做毛利率比较低的爆款产品；要么产品被小米OEM；要么就是被小米入股和授权的同领域的竞争对手冲击市场，逐渐在市场上被淘汰。

典型的例子就是深圳数家智能手环企业的泯灭，小米手环在推出市场时靠着79元的定价使销量在三个月内上升到了100万，让众多的智能手环企业逐渐失去市场，最终倒闭。当然这样的例子还有不少，这里就不一一列举了。

初创公司在发展初期，因为缺乏有效的市场推广和营销渠道，它们主要的经营对家是单款利润率比较高的产品，这与小米生态系统中低利润、高出货的模式相比根本没有任何胜算。但是小米要在低利润的情况下依然保持高估值，那就无法避免资本逐利性和简单粗暴的合作模式。

那么面对小米等生态系统的冲击，对初创公司来说，应该怎样做呢？

++

★从智能手环的教训中可以得出，初创公司应避开这类产品。虽然此类市场门槛较低，短期内利润较高，但是很快会变成红海；

★面向大众市场的产品技术门槛虽然比较低，但是极易引起巨头企业的关注，而如果将目光瞄准细分市场，虽然有一定的技术门槛，但是突破技术大关后会有更广阔的发展空间；

★对专注移动应用类的初创公司来说，应该尽量避开通信和社交这两个领域，要广泛地与终端企业进行合作，降低市场风险，同时也可以进一步提高溢价。

++

（5）小米生态的风险

虽然小米生态的成长速度令人惊讶，但是在发展的过程中依然遇到了巨大的挑战。

第一，国内智能手机市场已经完成了第一轮换机大潮，在未来几年的时间里，智能手机必须将出货量维持在每年 4.2～4.5 亿部，这就意味着三星在国内市场发展的巅峰时期都没有达到的 20% 的市场份额，小米等国产智能手机也将很难实现。8000 万将有可能成为小米手机在国内市场上的一个最高值。在海外市场，小米可能会因为专利问题无法在短时间内放大生产量，而小米没有了智能手机的出货量做支撑，小米智能生态的发展速度也会减缓。

第二，小米主打定价在 2000 元左右的小米手机和定价在 600～900 元之间的红米手机，这也就意味着小米与同等价位的手机品牌之间的竞争会更加激烈。而且随着硬件同质化现象越来越严重，各种不同的软件和 ROM 体验与小米的 MIUI 之间的差距也逐渐缩小。

第三，随着小米生态体系向更广泛的领域扩张，小米在产品层面出错的几率会进一步提高。怎样控制小米生态体系的合理性增长以及如何降低出错所造成的影响，是小米要重点考虑的问题。

综上所述，小米在经过五轮融资之后，在用户、市场和融资方面已经形成了比较大的规模，这些要素都将推动小米以更快的速度成长，而围绕用户生活一体化的智能生态也将会成为巨头们的必争之地。因此，产业链上的每一家企业现在都应该思考自建生态系统以及怎样在巨头争霸中站好队的问题了。

3.1.2 乐视：打造"平台+内容+终端+应用"的垂直整合生态圈

乐视自诞生以来，商业模式就大逐渐发生变化，从最开始的视频网站，过渡到垂直整合生态，再到后来发展成开放型的化反生态公司，乐视根据其发展阶段的不同不断调整自身的战略。在这里，我们就分析一下乐视的战略布局。

（1）乐视生态的基础平台布局

乐视在2012年成为智能电视终端的一员，到2015年，它所采取的垂直整合生态的发展模式——"平台+内容+终端+应用"已经比较成熟。为了让乐视涉足的行业之间协同发展、产生生态化反效应，乐视将这种发展模式应用到其旗下的乐视移动、乐视体育等不同领域，如图3-2所示。乐视之所以能够这么做，是因为在发展中形成的7个底层平台为其打下了坚实的基础，如图3-3所示。

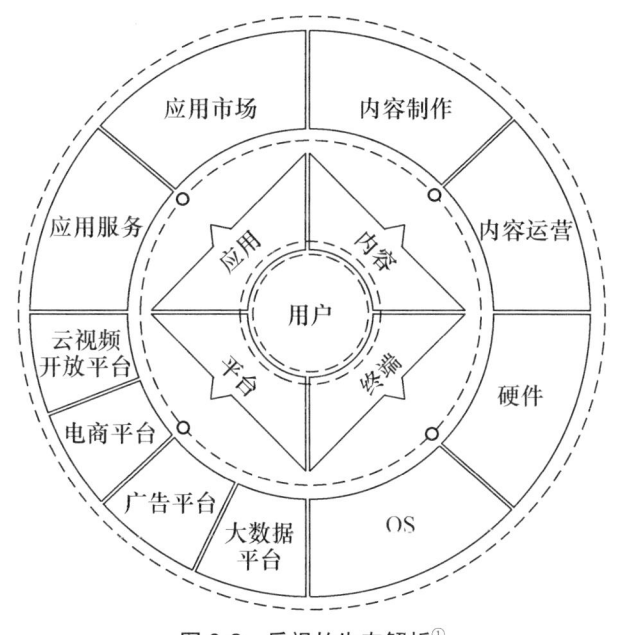

图3-2　乐视的生态解析①

---
① 图片来源：乐视网

图3-3 乐视生态基础平台布局

① 终端平台

我们把乐视的终端平台划分成以下两种：

++

★**核心入口的终端平台**：超级手机、超级电视、超级汽车都是其组成部分。这三大终端已经囊括了用户日常生活和移动应用的所有入口。

★**各产业生态的终端平台**：超级自行车、乐小宝故事光机是其组成部分。想要在垂直领域如鱼得水，就要选择这类终端平台。

++

② 内容平台

我们把乐视的内容平台划分成以下两种：

★**垂直生态的版权内容平台**：乐视自身出产的内容、乐视影业、拥有自身版权的内容以及花儿影视都是其组成部分。

★**开放生态的内容平台**：合作商提供的内容、乐视云包含的内容是其组成部分。

③ 应用平台

我们把乐视的应用平台划分成以下两种：

★**乐视EUI**：乐视终端的用户操作系统，用户从这里查询所需服务。

★**应用商店**：乐视终端上的应用软件商店。

④ 技术平台

我们把乐视的技术平台划分成以下两种：

★**云技术平台**：该平台可以细分为三类：一类是乐视生态协同的技术平台，提供EUI等乐视终端的同步；一类是乐视提供的视频处理服务，包括视频的播放、剪辑、存储、格式转换等；还有一类是拥有众多用户的平台，如乐视网、乐视商城。

★**大数据平台**：该平台可以细分为四类：第一类是实现针对不同用户的生态智能推荐平台；第二类是根据用户需求定制的界面系统；第三类是推送的内容系统个性；第四类是精准营销的推广系统。

⑤ 电商平台

我们把乐视的电商平台划分成以下两类：

+++

★乐视商城：乐视商品的销售在该平台进行。

★物流平台：配送乐视相关商品。

+++

⑥ LePar 平台

该平台是乐视商城进一步发展的结果，也是线上线下结合运营落实的结果；是众筹模式的升华，也是 C2B 商务模式的进一步运用。

⑦ 金融平台

到 2015 年 6 月初，乐视的金融平台还没有正式上线，但在我看来，该平台的服务推出后会参与到乐视整个运营系统中，乐视的合作商及用户都包括在内。我认为其金融业务将可能涉及三大方向。

+++

★为乐视用户在金融方面提供服务。

★为生态链上下游的参与者提供金融方面的服务。

★为乐视生态系统的合作伙伴提供金融方面的服务。

+++

（2）乐视生态的终端战略

乐视生态的终端战略可以分为三个方向，如图 3-4 所示。

① 无内容不硬件

乐视通过这个方式涉足智能电视领域，把内容作为关键部分，免费提供硬件产品。

② 无 UI 不智能

该战略与上一战略相结合，通过整合乐视的垂直失态，共同为其智能电视的发展保驾护航。通过提供免费的硬件产品，乐视将平台、内容、终端和应用相结合，涉足智能电视领域，并以内容、硬件、软件三者结合的运营模式对智能电视的发展产生重大的影响。乐视生态用户系统也是其商业大门，通过向消费者提供免费的硬件，乐视也能通过其用户系统来获取利润。

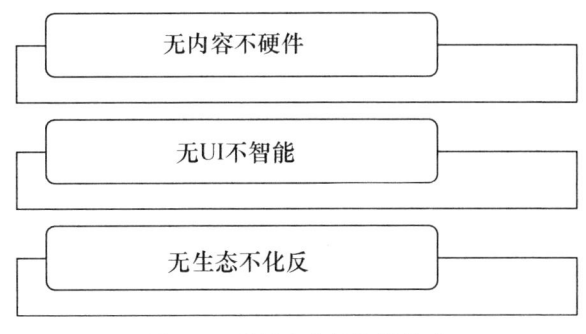

图 3-4　乐视生态的终端战略

③ 无生态不化反

乐视通过该方式从基础平台延伸到其他领域。超级电视的运营模式发展成熟后，乐视将其运用到智能手机中。

平台、内容、终端及应用相结合的方式让乐视通过提供免费硬件进入智能手机领域，依靠支持其智能电视产品的海量用户、明显的内容优势、生态用户系统的完善及云技术平台，乐视进军到移动终端领域，其化反方式可以分为两种：

++

★设备连接简便：乐视超级手机中的文件既可以在云盘上查询，也能够连接到电视设备上。

★完善的 4K 视频：着手于视频制作的各个环节，如视频的摄取、传输、存储、转化、分发和播放，实现垂直状生态。

++

（3）乐视智能终端的运行方式

乐视在智能终端采取的运行方式可以概括为以下 7 种，如图 3-5 所示。

图 3-5　乐视智能终端战略

① 大屏终端：超级电视

++

★将内容、平台、终端及应用相结合，不断开发垂直生态领域的运行方式。

★从超级电视出发，探索硬件方面的运行方式，待发展成熟将其运用到其他领域。

★在EUI中,运用乐视电视用户系统在完善过程中积累的经验,并将该经验运用到其他领域。

★用众筹营销的模式来增大乐视商城的覆盖范围,该模式成熟后将用于销售其他商品。

++

② 移动终端:超级手机

++

★将超级电视领域积累的发展模式运用到乐视移动终端,这个方式为乐视超级手机的发展奠定了基础。

★在乐视运营过程中,加强同运营商的合作关系,不仅提高了移动终端的流量,也为移动端的发展积累了经验,为其他终端的发展做铺垫。

★乐视移动端产品的支持者众多,乐视以此为优势条件吸收应用平台的开发者,这个做法能够完善乐视在软件方面的不足。

★超级电视及超级手机的协同发展与完善为乐视超级终端的开发打下了基础,乐视在生态用户系统及云技术平台中的发展经验是其他领域协同发展的前提条件。

++

③ 车联网:超级汽车

++

★大屏终端与移动终端发展到一定阶段后,乐视延伸至汽车领域,通过提供免费的硬件让消费者享受乐视系统带来的便捷生活。超级汽车不是无稽之谈,这个目标的提出蕴含着严密的商业逻辑。

★乐视的大屏视频与相应的软件相互配合，再加上生态用户系统和乐视硬件的连接，超级汽车背后蕴含的车联网的发展顺理成章。

++

④ 开放乐视生态平台

与QQ所蕴含的能量相比，将QQ的账号体系开放，使其可以接入其他第三方平台，则具有更加巨大的能量；同样，安卓的强大也在于其开源的实现。因此，乐视也借鉴这些经验，开始了其开放生态之路。

⑤ 开放乐视云平台

乐视在发展中形成基础设施即服务（IaaS）与视频即服务（VaaS）相结合的云平台之后，乐视云逐渐独立发展，云平台也会开放。也就是说，乐视云平台不再只针对乐视网提供各项服务，其他公众平台也可以与其合作，该平台也不再局限于视频方面，而是向平台即服务（PaaS）乃至软件即服务（SaaS）的方向过渡。

⑥ 开放内容平台

开放云平台，对传统企业向互联网企业的转变产生了影响，教育业、影视行业等都包含在其中，这种变革也会对乐视开放内容平台产生影响。不仅企业用户或会员能够接收到乐视云传送的信息内容，开放内容平台还能够使更多的会员接收到乐视的信息内容。

⑦ 开放应用平台

开放云平台和内容平台后，UI系统能够让传统的硬件厂商为用户提供全面的服务。同时，UI系统作为乐视生态的商业入口，在今后的发展中，会为传统硬件制造商提供服务。

3.1.3 百度的野心：调整组织架构，构建智能硬件闭环生态系统

百度总裁在 2015 年 2 月 2 日以邮件的形式发布了百度要重组业务、调整组织架构的消息。结构调整后，百度的事业群组将分为三个部分：新兴业务事业群组、搜索业务群组和移动服务事业群组。

以"连接人与服务"为核心指导思想，百度重组业务的目的是建设生态系统，开拓发展空间，提高信息技术水平。百度原有的移动云事业部与 LBS 事业部合并为移动服务事业群组，该事业群组的发展在百度进行互联网竞争中发挥着重大作用，也是百度在建设智能硬件闭环系统中的必经之路。

（1）百度的野心：欲构建一个智能生态系统

百度于 2014 年开始与智能硬件领域展开合作，此战略名为 Baidu Inside，该战略的启动表明了百度打造智能硬件生态系统的企图，其背后的运营方式是借助百度已有的网络平台和接口，与智能硬件企业合作，为它们提供产品销售的平台和信息管理方面的便利，如表 3-1 所示。

表 3-1　2014 年百度的投资盘点[①]

投资类型	时间	公司	领域	融资金额	融资轮次	其他投资方
国内投资	2014.11	爱奇艺	文化娱乐	3亿美元	B轮	小米、顺为基金
	2014.11	oTMS百川快线	汽车交通	600万美元	A轮	经纬、紫辉投资
	2014.9	智课网	教育	1060万美元	A轮	
	2014.9	上海汉枫	硬件	数千万元	A轮	
	2014.7	万学教育	教育	数千万元	C轮	浩然教育、DCM
	2014.5	蓝港在线	游戏	2000万美元	D轮	
	2014.4	猎豹移动	移动互联网	5000万美元	IPO及以后	小米、金山
	2014.4	沪江网	教育	8000万美元	C轮	

① 资料来源：虎嗅网

（续表）

投资类型	时间	公司	领域	融资金额	融资轮次	其他投资方
国内收购	2014.7	传课网	教育	N/A	收购	
	2014.1	乐彩	文化娱乐	N/A	收购	
	2014.1	糯米网	消费生活	N/A	收购	
国外	2014.12	Pixellot	文化娱乐	300万美元	天使投资	
	2014.12	Uber	汽车交通	6亿美元	E轮	
	2014.10	Indoor Atlas	移动互联网	1000万美元	A轮	
	2014.10	Peixe Urbano	电子商务	N/A	收购	

依靠已有的网络平台和接口优势来吸引智能硬件企业的合作，是百度涉足智能硬件领域的方式。为此，百度正在致力于建设面对智能硬件企业的平台，为其提供技术服务和支持。

我们可以这样理解，借助于平台和接口方面的优势，百度计划通过构建一个智能生态系统来成为该领域的霸主。

（2）百度的方式：利用 PC 传统技术向智能硬件延伸

百度是通过什么方式进军智能硬件领域，又是怎样在这个领域建设平台来提供技术服务的呢？

自 2014 年以来，百度主要通过在电脑终端提供的 LBS 位置服务功能、语音识别和搜索功能来进军智能硬件领域。

到 2015 年 2 月，百度向智能硬件行业提供的主要技术服务有 4 种：LBS 位置服务、图像识别技术、语音识别技术以及云存储技术。百度最初凭借 LBS 技术涉足智能领域的发展，该技术也是百度建设智能硬件运营模式中必不可少的元素，百度调整结构后将其建设成独立的移动事业群组。

++

百度鹰眼是百度与联发科共同出台的新方案，主要功能是提供位置轨迹服务，用户可以通过它查询和存储位置轨迹或者获知自己当前的地理位置，同时，该产品配备了供开发者使用的SDK接口。

查询和存储位置轨迹是百度鹰眼的主要服务，百度提供的LBS技术是其主要的支撑。该技术的信息存储量很大，搜索信息方面的误差不超过1%，这些优势都为百度鹰眼提供了发展基础。不仅如此，开发者还能够通过百度鹰眼进行直接的数据处理，只要把数据连接到百度云端，就能在后台进行直接处理，也可以进行数据的测试或者产品功能的完善等。

目前，百度鹰眼已应用到产品设计中。我国一家生产运动装备的企业利用百度鹰眼开发出了智能化的儿童运动鞋。用户不仅能够通过该运动鞋进行定位，还能获知很多在运动过程中产生的信息，家长可以把这些信息传到百度云，百度云会把处理过的信息反馈给家长，家长就能了解孩子的运动和健康状况。

通过位置轨迹技术服务涉足智能硬件不失为聪明之举，这是因为多数智能硬件产品，比如上文提到的智能运动童鞋，都需要向用户提供位置轨迹服务，为了满足用户的需求，许多智能硬件企业在产品前期的设计环节进行了大规模的投资。百度鹰眼为智能硬件提供了技术方面的支持，智能硬件企业与百度合作既减少了前期的投资，也减少了产品设计环节耗费的时间。假如利用这样的优势能吸引更多智能硬件公司的加入，就能扩大LBS技术平台的覆盖范围。

++

百度正致力于打造这样的智能硬件开放性平台，语音及图像识别技术、云存储技术也为其奠定了基础。为此,百度建设了一个旨在参与智能硬件设计(尤指那些穿戴硬件)的"X实验室",这个实验室的研究范围包括大数据研究、传感设备方面的研究等。到2015年2月,百度研发的技术接口约为170个,提供给智能硬件企业的接口也达到几十个。依靠技术优势,百度涉足的领域越来越多,医疗行业、家居行业、车载产品行业都包含在其中。

(3)百度的难处:互联网优势在硬件领域恐难奏效

在电脑终端提供的技术支持是一方面,除此之外,百度企图把互联网的优势运用到智能硬件领域中,然而,互联网模式在硬件领域恐难奏效。

互联网思维以免费和快速更新为特点,智能硬件产品则不同,它既有硬件的特点,也具备软件的特性,无论是设计环节、经营方式,还是产品的获利方式,都与互联网思维有很大出入。

在产品的设计环节,智能硬件领域的产品在工艺和质量方面有很高的标准,从产品的立项到最终面向消费者,要经过一个相当长的过程,任何一个环节出现纰漏都会产生很大的问题。百度运营的平台形式是让智能硬件企业以快速更新的方法来发展,如果智能硬件采用这种形式来发展,很难避免产品的同质化,产品质量也会因为不间断的更新难以维系,如果产品质量出现问题,该产品的品牌形象就会大打折扣。

在经营过程中,智能硬件产品需要从设计、运送系统等方面着手,但是无论是在产品的销售方面,还是在设计及运送方面,又或者是在降低智能硬件产品的生产消耗及管理中,百度都没有占据有利的地位。

我们再来分析一下智能硬件产品的利润获取。互联网思维是通过获得大量用户的支持来产生利润的,例如,免费方式的顺利进行以成功吸引用户为基础。然而,这种方式在智能领域并不适用,智能硬件产品涉及产品的存储,如果依然采用这样的方式,就会让企业在运营中损失的利润越来越多。

百度企图借助平台优势建设智能硬件领域的整体系统,依靠技术确立自身的领导力量。百度总裁也是这样规划着百度的蓝图,希望百度在搜索功能上向更深层次拓展,与智能硬件企业形成稳定的合作关系。

不过,百度是在互联网的基础上发展而来的,而硬件产品具有自身的特点,百度在今后的发展过程中要依照硬件产品的运营规律来进行,才能满足市场需求,依靠产品的优势特点获得用户的青睐。反之,生搬硬套互联网运营模式会使得企业生产出来的产品无法满足用户的个性化需求,并阻碍我国智能硬件行业的发展。

3.1.4 腾讯移动生态战略:打造以社交为核心的移动闭环生态圈

社交图谱的完整建立,移动通信和互联网的结合,使社交化与移动化成为互联网发展的必然趋势。4G时代的到来以及移动通信设备的普及,使得移动社交的用户数量也呈现出爆炸式的增长。工信部发布的数据显示,2015年上半年中国移动互联网用户数达到9.05亿,4G用户半年增长100%。

腾讯作为中国社交领域的翘楚,其社交网络有一个典型的发展历程:在传统PC端时代,抓住核心点,并让用户有良好的体验;进入SNS社交网络时代,在庞大的用户群中建立联系,提供优质的服务;随后,腾讯又发布QQ和微信移动客户端,形成两个全面拥抱移动互联网的社交产品。那么,腾讯又是如何改革、构建自己的移动社交生态圈,以适应移动互联网的浪潮的呢?

（1）两条腿走路，多触角延伸

在移动互联网时代，更多的社交产品如雨后春笋般出现，如将用户拍视频做到极致的美拍、在图片App中占领一席之地的Nice等，这些社交产品的出现改变了人们的社交行为和习惯，同时也让人们对社交产品功能的要求越来越严苛，期待无论在何时何地都能够跟既定人群联系。这对腾讯来说既是机遇又是挑战，腾讯形成了手机QQ与微信相辅相成的"两条腿"发展格局，既有重合又各有分工。

QQ和微信在本质上是一个工具，它们建立的土壤都是熟人关系，QQ和微信就好比生态圈中的空气和水，陌生人关系基于这些基本的设施会自动生长，用户通过QQ好友可以认识好友的好友，并逐渐形成一个庞大的社交网络。

数据显示，在2014年4月11日晚上9时11分，QQ用户同时在线人数已高达2亿，而在这些用户中，超过一半的人是通过移动客户端登录的，这不仅是用户规模庞大的体现，也是QQ从PC端向移动端成功迁移的标志。QQ的成功变革，也为微信的成功运营奠定了基础。据统计，微信用户中的4.38亿人是通过QQ的关系链导入的，不仅如此，微信中还有大量的用户是通过手机通讯录里的真实关系链导入的。

在互联网和通信关系链的全面融合下，更多的熟人通过这样或那样的关系链进入社交网络，形成一个丰富交叉的社交关系链，使微信在移动客户端实现了"弯道超车"，如表3-2所示。

腾讯在社交网络发展多年，积累了丰富的经验，在转向移动互联网发展时，自然也有其优势。手机QQ和微信作为移动社交网络最成功的两款产品，分别采用一守一攻两种发展模式。手机QQ拥有庞大的用户规模，可赢取规模红利；而微信作为新兴产品，大有"一针捅破天"之势，只要找对了发展的"点"，就可以颠覆"0"和"1"，实现创新发展，成为移动互联网时代的弄潮儿。

表 3-2 2014 年上半年细分领域移动应用活跃用户数排名[1]

2014H1细分领域移动应用活跃用户数排名						
序号	男24岁及以下	男25～40岁	男41岁以上	女24岁及以下	女25～40岁	女41岁以上
1	QQ	微信	微信	QQ	微信	微信
2	微信	QQ	QQ	微信	QQ	QQ
3	UC浏览器	UC浏览器	QQ浏览器	QQ空间	淘宝网	360手机卫士
4	QQ空间	QQ浏览器	360手机卫士	淘宝网	QQ浏览器	淘宝网
5	QQ浏览器	腾讯手机管家	腾讯手机管家	新浪微博	QQ空间	QQ浏览器
6	腾讯手机管家	360手机卫士	UC浏览器	腾讯手机管家	腾讯手机管家	腾讯手机管家
7	淘宝网	淘宝网	腾讯新闻	QQ浏览器	360手机卫士	腾讯新闻
8	优酷视频	腾讯应用宝	百度	UC浏览器	搜狗手机输入法	搜狗手机输入法
9	腾讯应用宝	腾讯新闻	360手机助手	优酷视频	UC浏览器	QQ空间
10	360手机卫士	QQ空间	腾讯应用宝	搜狗手机输入法	新浪微博	UC浏览器

手机 QQ 的成功运营，使腾讯在由 PC 端用户向移动社交平台转变的过程中，更加注重用户的规模和信息传输的速率，以便抢占市场先机。因此，仅仅凭"两条腿"走稳已不能满足腾讯的野心，多样化的移动社交网络才是它的需求。

在与微博的同质化市场卡位战中，腾讯为防止新浪微博抢占 QQ 用户，而推出了与微博相同类型、相同制作手段、传递内容类似的"腾讯微博"，虽然 QQ 有着庞大的用户群，在用户数上可以和新浪微博分庭抗礼，腾讯微博自身也

[1] 资料来源：易观智库

可以通过网页、手机QQ空间、电子邮箱等使用，但是腾讯微博在关注度和影响力上还是与新浪微博存在着较大差距。

为此，腾讯公司做出了内部调整。2014年7月，腾讯将微博事业部与腾讯新闻团队进行整合。腾讯的整体社交资讯服务功能得到强化，针对用户关注资讯和发布信息的特点，腾讯"新闻"与"社交"联系起来，在加强媒介属性的同时又尊重了用户的主体性。

在差异化竞争的移动社交市场中，腾讯内部在将腾讯微博放逐后，开始重视微视业务的发展，成立了微视产品部，用户可将拍摄的短视频上传到朋友圈、好友圈。腾讯在扩大社交网络覆盖面的同时，也着力挖掘强关系社交潜力，为手机QQ、微信、手机腾讯微博、手机QQ空间、微视等基于移动互联网的社交产品的发展提供更多的战略资源，打造出基于移动社交、聚合更多功能的移动生态圈，完善其生态链。

（2）围绕社交核心打造移动生态

微信在与"来往"的正面之战中取得了胜利，但"移动社交帝国"的构建并未让腾讯止步于简单的人际沟通，它要发展的是集多种功能于一体的移动生态圈。利用增加访问量和停留时间产生的用户聚集效应和用户黏性，在多方面为用户提供服务：方便用户使用移动终端进行支付、商业银行为客户提供个性化的金融服务、用户在互联网等信息平台上进行电子交易、为人们的日常生活提供家庭服务等。

腾讯用支付链条将线上线下连接起来，形成一个莫比乌斯环般的O2O生态闭环，没有起点，也没有终点。因此，腾讯以手机QQ、微信以及开放的公众平台为基础，将用户、商品、服务连接起来，打造了完整、丰富的移动端生态圈。

为打造有序、开放的移动端生态圈，腾讯内部进行了多方面整合。腾讯为掌握O2O的首要战略入口——地理位置，2014年，以11.7亿元入股为用户提供专业化地理信息服务的四维图新，成为其第二大股东；其推出了微信钱包和手机QQ钱包，与大众点评和滴滴出行形成线上线下相互联动的O2O闭环。

同时，腾讯进行电商大整合，撤销腾讯电商控股公司，将易迅等电商业务并入京东，QQ网购和拍拍网的人员和资产由京东收购，掌管权益，腾讯自身则成为更具发展潜力的移动电商平台。另外，腾讯将O2O业务并入微信事业群，着重发展微信事业，使微信成为与QQ并列发展的事业群，而微信的发展又将有利于O2O的稳固。个人金融、移动支付、生活服务、电子商务等将成为腾讯移动社交生态圈的主要构成要素。

就微信而言，二维码和地图+LBS是有效连接移动生态圈线上线下的两大入口，它们对强化和稳固微信O2O生态圈是不可或缺的，但微信钱包却是真正将微信生态封闭起来的要素，用户可以使用微信钱包购买商品和享受生活服务。微信钱包的使用使用户可以在线付款，交易方便。这使得微信的功能除了在线即时通信外，又形成了生态化的交易闭环。

就手机QQ而言，基于用户的多种需求，腾讯推出了多屏融合，用户可以在手机、电视、电脑之间随意转换，实现无缝对接，PC端建立的优势可以导入移动端，移动端的优势也可以向PC端导入，实现功能互补。在日常生活中，人们经常会以茶会友、以书会友，手机QQ也注重这种社交方式，挖掘"兴趣社交"在移动社交中的用户凝聚能力，并同微信一样开发QQ钱包的移动支付能力，使用户可以随时随地享受更多的团购、打车、网购等本地生活服务，更好地体验移动互联网带来的"吃喝玩乐"的社交生活。

(3) 深挖社交基因，促进平台商业化

在用户端，腾讯致力于借助移动社交打造"一站式"的移动生活平台，集交通、娱乐、购物等于一体，形成闭环生态圈。在企业端，腾讯试图在现有的社交基础上扩大自身的商业价值，加快平台的商业化进程。基于此，腾讯已经在腾讯开放平台、微信公众平台进行了尝试。

腾讯开放平台是为广大开发者提供的一个舞台，开发者可以利用腾讯提供的资源进行游戏和各种软件的开发，而腾讯通过QQ、腾讯微博、腾讯游戏等带来的流量增加收益。由于腾讯开放平台整合了如手机QQ平台、微信平台等社交开放平台，形成了多个入口可供用户触达，可对大量的用户进行分流，提高了访问速率，而Q币、财付通等则实现了变现。这种开放的平台模式，吸引了大量的开发者加入腾讯的移动生态系统，游戏、生活、时尚等应用一应俱全，进而扩大了生态链，提高了市场竞争力。

微信公众平台是腾讯在微信的基础上推出的一个移动社交平台，企业可以通过微信公众平台发布文字、图片、声音等，进行企业宣传。

作为一个自媒体平台，微信公众平台也允许个人发布信息。腾讯将微信公众平台作为近期移动社交平台的重点发展对象，开放了微信公众平台的外链功能，用户可通过链接访问想要访问的网页，以此来提升商家的外部流量转化能力；同时，腾讯也开始尝试"广点通"的商业模式，在微信公众平台中卖广告，原本的微博用户也成为微信公众号的内容提供者，而由这些微博大鳄吸引来的访问量，又提高了广告收入，微信广点通为内容提供者支付收入，又吸引了更多的用户，最后形成内容更优质、用户数量更多的良好局面。

除此之外，微信还将阅读数和点赞数公开，对公众账号的活跃度进行量化，

为广告主的营销提供了更加清晰的依据。广告主可以根据这些数据，在阅读量大、点赞数高的公众账号进行高效率的广告投放。腾讯的这些改革，使微信作为移动社交平台，在扩大其本身的商业价值、增加营销属性的同时，也实现了商业化的流量变现。

同时，微信在闭环的移动生态圈中，推出了为民生、交通、医疗、酒店、高校等提供便利的"微信智慧生活"全行业解决方案。"微信智慧生活"以"微信公众账号+微信支付"为基础，利用移动社交平台的优势，微信支付下的商业闭环，帮助传统企业接触互联网，并向移动互联网转化，将原有的商业模式"移植"到微信平台，使微信渗透进各行各业。这也预示着微信进一步加大商业化开放步伐，并推动传统企业向移动社交化转变。

微信不是把QQ或者手机通讯录里的好友全部复制过来，而是重新建立起一个关系链，在这条关系链上，好友是彼此在现实生活中熟悉的人。腾讯正是利用自身移动社交平台用户的真实性、及时触达性以及信息的定向推送等，为企业提供了优质的营销服务。

企业在对社交用户的数据进行分析和梳理之后，可以为用户推送其所需要的特定商品信息和服务内容，实现准确化、细致化营销，形成口碑营销，增加客户数量，提升客户的忠诚度。

移动社交平台在商业化发展中有着举足轻重的地位，但是腾讯在移动社交生态圈的发展中，则需把握好商业化进程与用户体验之间的矛盾关系。在社交属性较强的平台上挖掘商业价值，可以利用用户黏性和用户规模效应来实现流量变现，但是也要注意度，过犹不及，容易使用户反感。

因此，社交平台中的"大数据"就显得尤其必要，企业可以根据这些"大数据"了解用户的消费习惯、个人喜好等，进而精准投放，有的放矢，让广告成为真正的有效信息，契合用户需要，而不是垃圾广告。

（4）领跑移动社交，引领未来趋势

移动社交在经历了早期探索期、市场启动期后，已进入高速发展期，并日臻成熟。目前，移动社交产品已拥有多种形态，有免费模式、用户付费模式、用户赚钱模式等，这些移动平台产品已开始跨平台整合并进入人们的日常生活中，为人们的生活提供便捷的服务，产生了移动社交的生态化趋势。而拥有着庞大用户群的腾讯，凭着微信和手机QQ所拥有的活跃用户群和独特的个性化体验正在逐步垄断市场，在移动社交市场扮演领头羊角色。

腾讯在移动社交市场的领先地位，让其他厂商也纷纷针对定位采取策略，借助移动平台进行合作，利用创新差异化的产品抢占用户。

移动社交的平台化、生态化成为未来行业发展的趋势，综观腾讯、新浪的发展不外如是。腾讯移动社交生态的完善，给各移动社交产品的多元发展提供了一个契机，开始进行跨平台、跨行业的整合，并将多种生活服务功能集成到产品中，如缴费、购票、餐饮、娱乐等。移动社交在微信和手机QQ的引领下日益平台化、生态化，线上线下的闭环模式逐渐形成。丰富的商业模式，迅速的产品商业化进程，使盈利的空间变得越来越大。

腾讯如何做移动社交，并在移动社交的浪潮中占有一席之地，对于移动社交市场的发展有借鉴意义，我们也能够由此判断出未来移动社交市场的趋势。腾讯利用移动社交生态圈给我们的生活提供了极大的便利，让我们可以获得人性化的购物体验、便捷的支付体验、及时的信息共享，更值得庆幸的是，移动社交市场并没有因腾讯的一家独大而停滞不前，而是在差异中谋发展。伴随着移动社交产品的更新，用户的移动社交生活会发生翻天覆地的变化，我们在未来也能够享受到移动社交应用带来的更多移动场景和更为便捷的服务。

3.2 互联网轻模式生态圈：如何以最小的投入创造最大的价值

3.2.1 轻生活 VS 轻商业：互联网生态模式下的商业思维创新

++

从2007年11月推出第一代Kindle开始，亚马逊通过不断升级更新Kindle电子阅读器，有效整合了电子书出版业，并对传统出版业和纸质图书市场形成了巨大冲击。

2011年初，西班牙裔创业者阿尤索（Joaquin Ayuso）推出了Kuapay。这款以"快速、简便、安全"为口号的App应用，将二维码和移动支付结合起来，让人们通过智能手机就可以轻松地完成购物支付。

2011年秋，美国的Fitbit公司推出了同名智能手环Fitbit记录器，让人们随时可以了解自己在三维空间中的运动情况，并能够将健康数据传输给自己的医生。

同年11月，美国非上市公司股票交易平台Second Market完成了总计1500万美元的第三轮融资。通过这一平台，企业可以提前变现未到期的股权，让股权交易变得更加轻松，从而有了更多的业务发展机会。

++

可以看出，互联网对社会生活各个领域的深入渗透，促进了近几年商业模式的不断创新。**互联网生态模式使企业突破了物理场景的时空限制，可以整合更多的资源和市场，为企业应对互联网特别是移动互联网的冲击、重塑传统商业模式提供了巨大的想象空间和机遇。**

在互联网生态基调下，无数的公司和创业者借助互联网新思维充分发挥自己的想象力，让商业世界呈现出了百花齐放的繁荣局面。这些商业模式创新，有些是借助于互联网的契机让传统行业有了新的可能，如亚马逊的 Kindle；有些则是对现有商业模式的细分和深耕，如 Path 就是一个与 Facebook 有差异化的深度社交网站。

虽然这些商业新思维没有带来如 Facebook 这样的社交奇迹，也没有出现全民狂欢式的网购模式。但是，这些层出不穷的创新，却蕴含着互联网生态模式下商业发展的新趋势：轻商业；也预示着一种新的生活方式：轻生活。

（1）更轻的世界

2005 年，三次普利策奖得主、《纽约时报》专栏作家托马斯·弗里德曼（Thomas L. Friedman）在《世界是平的》一书中，提出了包括互联网、应用软件、移动技术等在内的"踏平世界"的十个革命性因素。弗里德曼指出，这些不断发展的新技术和平台，将与新的商业模式一起，推动社会生产率的极大提升，并最终将人类社会带入一个"更轻的世界"。

十年后的今天，我们正目睹这一场生产力的"大爆炸"。互联网技术和平台的不断发展，将人们从地理、时间和体能的物理限制中解放出来。"互联网+"时代的到来，让社会生活的一切都可以被数字化、虚拟化，存储在移动设备或"云"中，并让人们可以随时随地根据自己的需求与喜好获取、传输和控制。我们似乎正进入弗里德曼所预言的更"轻"的世界。

最近几年，互联网特别是移动互联网技术，已经由在传统商业模式中充当技术工具的从属性角色，逐渐演变成为一种新的商业模式本身，并渗透入衣食住行等社会生活的各个方面。在办公室，人们使用电脑和网络来提升管理和工作的效率，但走出办公室，他们又成了移动技术的消费者，享受着移动互联网带来的优质生活体验。而且，在"互联网+"时代，商业领域中最精彩的故事，也总是与不断发展出的新型应用有关。

对创业者和企业来说，这是一个充满机遇和挑战的时代。信息和数字技术重构了整个人类社会的生活方式，为企业发展提供了无限广阔的市场空间。因此，只要企业或者创业者能够抓住市场的痛点，不断通过商业模式的创新来重新定义人们生活的细节，就一定能够在不断追逐多元化和个性化的互联网市场中找到自己的目标群体：在一个价值10亿美元甚至更多的市场中，哪怕1%的份额都是十分可观的。

（2）Path：深度社交

2010年，Facebook前高管Dave Morin与Shawn Fanning和Dustin Mieraul联合创建了一款私密社交应用平台：Path。不同于Facebook的社交体验，Path定位于私密社交应用，致力于构建一个私密好友的分享平台。

Path称自己为"私人网络"，用户最多只能设置50个朋友，后来的Path2朋友上限也只有150人。相对于其他流行社交网站和应用，Path没有"关注"和"朋友"系统，是基于电子邮件地址和电话号码（而非用户的公共数据库）分享照片、视频、音乐、想法等自己生活的点滴。这一模式具有较强的私密性，有效减轻了用户对陌生人分享信息的担忧。

另外，Path在分享内容上也比Facebook更加深入、细致。针对Facebook等流行社交平台互动范围广泛却不够深入细致的缺陷，Path 提供了解决方案：在范围上，将用户社交网络里的好友数限制在 150 人；在对照片、心情、地址等生活点滴的分享上，通过"被看到"和"东西"标签等独特的功能设计，让用户可以与好友进行更加深入细致的交流互动。

Path 的逻辑是，社交网络中的大部分好友只是网友，只有极少部分进入了用户的真实生活。因此，"好友"们和用户的关系远近与对用户的价值程度是不同的。基于这种深度社交理念建立的 Path，虽然在一定程度上阻碍了它的发展（系统不会给地址簿中的所有朋友发送邀请垃圾邮件），但是，在社交网络活跃度、黏性以及用户之间的深度互动方面，都不是其他流行社交平台所能比拟的。

（3）亚马逊 Kindle：传统图书业颠覆者

2011 年，科技圈风头最劲的人物要属亚马逊 CEO 杰弗里·贝佐斯（Jeffrey Bezos）。美国知名财经网站 Market Watch 把他评为 2011 年最佳 CEO。同年 9 月 28 日，贝佐斯基于 Android 系统推出了极具挑战色彩的 KindleFire（金读之光）平板电脑，内置亚马逊的应用程序商店、流媒体电影和电视节目以及电子书，实现了 Kindle 系列产品的持续换代升级。

正如美国《商业周刊》评论的，如果说 2001 年苹果推出的 iTunes 播放器应用给传统唱片业造成了巨大冲击，那么从 2007 年开始亚马逊推出了 Kindle 阅读器系列产品，则极大地改变了图书零售行业，并逐渐侵蚀了纸质书的商业市场，如图 3-6 所示。

2007 年 11 月 19 日，贝佐斯在纽约联合广场的 W 纽约大酒店以 399 美元的价格推出了第一代 Kindle 阅读器，并宣布《纽约时报》畅销书榜的电子书仅售 9.99 美元。在仅仅五个半小时里，Kindle 的第一批存货就销售一空。之后，亚马逊平均每一年都会通过不断优化创新推出新一代的 Kindle 产品，重新定义人们的阅读方式，吸引了越来越多的粉丝，并由此造成了与传统出版商之间越来越激烈和公开化的矛盾。

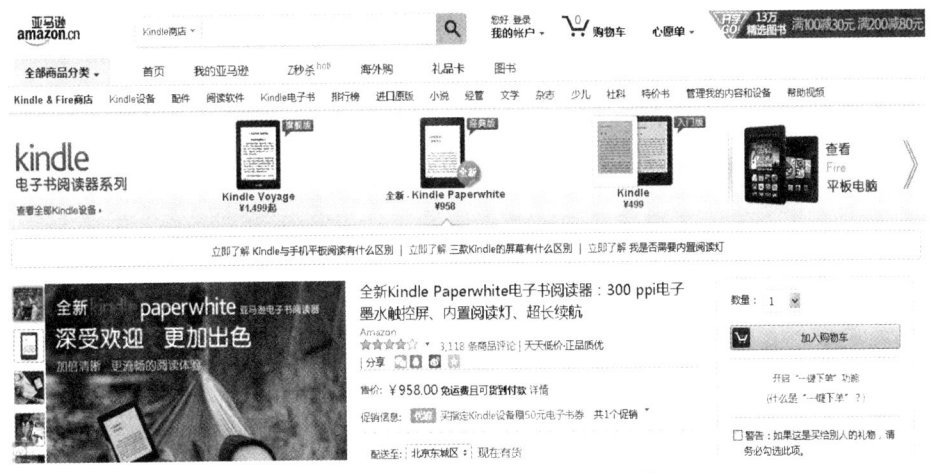

图 3-6 亚马逊网站的 Kindle 页面[①]

在与出版商漫长的博弈中，亚马逊积极整合自身的发行业务，试图直接获得图书版权，从而完全控制图书出版过程，包括电子书的定价等。这一目标实现的关键点是 2011 年。在当年的 5 月，亚马逊聘请了前华纳图书 CEO 克什巴姆负责出版业务，积极与名作家签约。通过这种方式，亚马逊削减了中间费用，从而可以向作者支付更高的版权费，并向读者提供价格更低的图书。同时，也为 Kindle 电子商店积累了大量的独家内容，能够有效吸引和留住粉丝。

总之，随着整个社会的互联网化转向，数字化的图书将重新定义人们的阅读方式，并逐渐侵蚀传统书店和图书的市场价值。以 Kindle 系列产品为代

---

① 图片来源：亚马逊

表的重量更"轻"、方式更便捷的阅读体验,将成为移动互联网时代主流的阅读方式。

(4) Airbnb:私人房屋短租社区

2008年8月,内森·布莱卡斯亚克(Nathan Blecharczyk)、布莱恩·切斯基(Brian Chesky)和乔·杰比亚(Joe Gebbia)在美国加州旧金山市创建了Airbnb(Airbed and Breakfast,空中食宿)网站。作为一个旅行房屋租赁社区,用户可通过网络或手机发布、搜索度假房屋租赁信息并完成在线预订,如图3-7所示。它是"互联网+"时代基于共享经济的一种新商业模式,被《时代周刊》称为"住房中的eBay"。

图3-7 Airbnb[①]

2010年以后,Airbnb迎来了真正的爆发:从2010年全年累计成功出租80万张床位,到2011年每天可供出租的床位达到11万张,并以每天1000张床位的速度增长。至2015年,Airbnb已经在全世界190多个国家拥有了一亿两千万个房源,

---
① 图片来源:雷锋网

平均每晚有 40 万人住在 Airbnb 提供的房间里。

Airbnb 商业模式重新定义了人们的旅游住宿方式，对所在行业产生了极大冲击。其独特之处在于，所提供的租赁房屋主要是私人住宅，不仅比宾馆更加便宜，而且让消费者有了不一样的居住体验，顺应了当今社会人们旅游体验休闲化、家庭化的趋势。

Airbnb 的成功，源于它有效整合了线上线下渠道，构建了一个以消费者为中心的互联网生态圈，顺应了人们追逐"轻生活"的趋势。同时，通过不断的产品和服务创新，Airbnb 极大地优化了客户的消费体验，满足了"互联网+"时代个性化和多元化的消费需求。

3.2.2 玩转电商轻模式：商家如何选择合适的仓储物流服务商

在互联网高速发展的背景之下，商家要想在渠道市场上取得更多的优势，就需要有更高的物流能力。而且随着库存居高不下的趋势，越来越多的商家为了能够降低库存，提高库存的周转效率，开始纷纷选择与第三方物流服务商合作。

对目前大多数商家来说，他们仍然还在自建仓储物流和外包这两种物流服务方式之间徘徊。如果选择自建仓储物流，应该怎样解决资金、仓储选址以及相关人员招聘等问题，都是商家在仓储物流方面需要好好思考和解决的问题。或许，随着轻模式运营的盛行，实现仓库外包对商家来说也是一个不错的选择。

（1）第三方仓储物流

在实践过程中，已经有很多品牌商家将自己的仓储物流业务外包给了第三方，比如特步就是一个典型的例子。从产品的出库到入库都由第三方公司来管理和完成，特步只是派一名工作人员每个月定期对仓储运作情况进行跟踪以及总结，并将具体情况汇报给公司。此外，鸿星尔克也将电商业务中的仓储以及物流配送交给了第三方管理。

随着第三方公司仓储物流服务的不断提升和完善，仓储外包也开始受到众多电商企业的重视。诺奇、茵曼等一大批品牌商开始将物流仓储业务外包出去，并通过这样的方式来降低公司的物流仓储成本，提高物流效率，同时越来越多的企业对第三方物流企业的支持也推动了其专业服务能力的提升。

有品牌物流部经理算过一笔账，如果公司每年在物流业务方面需要支出的费用是1300万元，将物流业务采用外包的形式可以为其节省近250万元的费用，主要减少的是仓储以及人员管理等方面的费用。

除了外包形式之外，还有很多电商企业选择建分仓以及买进设备等方式来自建仓储物流，但是这并不是一件容易的事，不仅需要考虑仓库的选址、招人以及ERP升级磨合等问题，还要有一定的资金能力来承担巨额设备闲置的压力。从根本上来说，电商企业在自建仓储物流的时候之所以会遇到这么多的问题，就是因为对物流仓储外包公司没有更深入的了解，包括相应的操作流程及业务模式等，而且对其信息安全风险也没有充分的考虑以及准备。

电子商务的火爆催生了一批专门为电商提供物流服务的第三方仓储物流公司，比如百世物流、发网物流、五洲在线等，它们的出现帮助很多电商企业解决了仓储物流问题，但是也因为快速的成长而出现了项目人员不足等问题，使得物流服务的水平以及用户的物流体验受到了影响。从目前的状况来看，第三方仓储物流公司也开始进入一个新的转型阶段，其规模以及服务水平将得到极大的提升。

而随着一些新的第三方仓储物流公司的出现，仓储物流方面的竞争会更加激烈，它们也更加重视新设备的引进，并通过服务水平以及品质的提升来形成自己的竞争优势。比如中联网仓，通过引进高自动化的设备以及定制化的系统，有效提升了工作效率，同时还研制了一套标准化的操作流程，帮助公司成功实现转型，并在第三方电商仓储物流领域建立了一种新标准，确定了自己在这一领域的地位和优势。

（2）仓储物流外包总动员

选择仓储物流外包，对电商企业来说，有什么好处？下面我将通过一个具体的事例来进行说明。

++

以一家服装电商公司为例，这家公司的平均日单量在300～400单。

★如果采用自建物流，需要付出的成本大约包括：

仓库的租金：按照每个月每平方米20元来计算的话，每月的租金就需要20000元；

人力工资：8人×3500元/人（普通员工）+5500元/人（管理层）=33500元；

引进的先进设备：分摊到每个月大约是2300元；

行政费用：约2500元/月；

公司管理成本：3350元/月；

总计：61650元。

★而如果外包给第三方仓储物流服务公司，其需要付出的成本大约包括：

仓库的租金：每个月每件商品是0.42元，那么一个月就是0.42元×40000=16800元；

正常操作费用：3.31元/单×400×30=39720元；

逆向操作费用：3.5 元 / 单 ×400×30×6%=2520 元；

总计：59040 元。

从总成本来看，两者相差 2610 元，外包给第三方可以使其降低 4.2% 的费用。

++

对品牌商而言，将物流仓储服务外包给第三方公司，可以帮助其降低运营管理成本以及资产投入，省去很多不必要的麻烦，从而将更多的精力放在产品以及其他方面，同时也可以有效提升工作效率，帮助其更快实现"轻模式"。美国供应链及采购协会发布的数据显示，外包给第三方仓储物流公司可以为品牌商节约 13% 的资本投入，降低 3.7% 的成本。而客户体验以及后端供应链管理的不断完善，也能够为品牌商带来一些隐性的利润，而这些是无法拿具体的数据来体现的。

（2）怎样选择第三方仓储物流服务商？

将仓储物流交给第三方公司可以帮助商家降低运营成本，将更多的精力以及资金省下来放在品牌前端的发展。但是对品牌商来说，这些商品就相当于他们的命根，如果不能及时送达或者造成遗失，不仅会有损商家的信誉，还会影响商家的生产以及后续其他工作的进展。因此选择好第三方，对商家来说也是至关重要的一环。那么，面对市场上出现的众多不同的第三方仓储物流服务提供商，商家应该怎样选择呢？

我认为，在选择的时候商家需要观察第三方以下的几个方面：

① 是否有比较完善的内部管理标准

商家可以要求对方向其展示内部的管理文件，虽然现在市面上出现的第三方物流公司都已经获得了 ISO9001 认证，但是一般情况下，公司真正的文件都有一定的层级，商家可以要求第三方向其展示各个层级不同的文件，比如《商业流程设计说明》《标准作业手册》等，通过各个层级的文件可以对第三方进行更加细致的了解，看看其内部管理是否完善、是否符合标准。

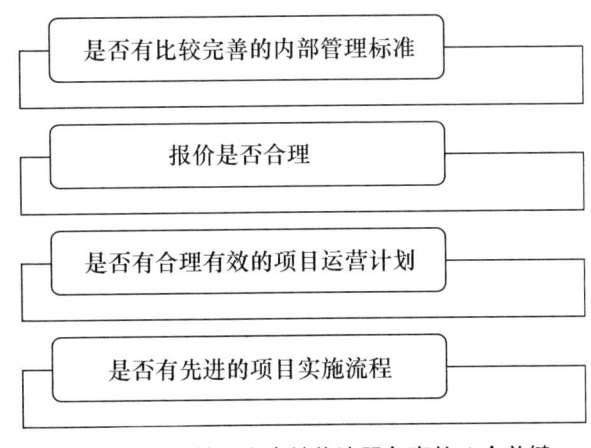

图3-8　选择第三方仓储物流服务商的4个关键

② 报价是否合理

第三方针对电商企业总共有两种收费模式：

++

★根据操作量计费：商品入库、存储、发货、退货等都是按件收费；

★根据耗用资源，开发式合同收费：根据在仓储物流服务中投入的仓库、设备、人力、材料损耗等进行收费。

++

商家一般会自己计算相关的物流成本，并通过与第三方的报价来进行对比，不同的报价之间会存在差异，商家需要认真核算，从而避免一些不合理的收费，为自己节约更多的成本。

③ 是否有合理有效的项目运营计划

商家在选择第三方之前，首先应该明确自己的需求以及需要达到的目标，并根据实际的需要来选择能够满足其需求的第三方。一般而言，一个优秀的第三方会制订一个未来的项目运营计划，而商家可以据此判断是否能满足自身需求，从而最终做出恰当的选择。

④ 是否有先进的项目实施流程

在制定一个项目运营方案之后，第三方还会针对不同商家的特性，在采购、销售以及财务管控上做出相应的调整，并设计出具体的业务流程。对商家来说，要清楚在外包给第三方之后，业务流程有什么变化，与第三方怎样实现ERP系统的对接，怎样核算库存管理的账目等问题。比如中联网仓，它会深入商家内部，了解商家的具体收发订单以及商品的操作特性、商品结构、商家的战略规划等，并根据每个商家的不同特点，制定符合商家运营节奏的方案，同时还追求工作的精细化，尽量在每个环节都做到尽善尽美。此外，它还引进高自动化的设备和系统，不断对操作流程进行优化。

3.2.3 Instacart：共享经济时代，即时生活电商的轻模式运营

随着移动互联网时代的快速发展，O2O模式开始兴起，出行、工作、娱乐、就餐等领域都出现了O2O服务，这使消费者的生活发生了巨大的改变。传统的行业在移动互联网的改造下开始出现"共享经济""众包"等新的机制，传统行业的商业模式与价值链被重新定义，逐渐走向了转型升级之路。

电商领域的物流一直是商家着力解决的痛点，而采用O2O模式的"即时生活电商"给这一问题的解决带来了新的思路。传统的电商与即时生活电商的最大区别在于后者更加强调仓储与配送，1号店这种采用中心仓与快递物流的配送

体系，注定了这种商品到达消费者手中要花费一天的时间，但是即时生活电商却可以将配送时间减少至 60 分钟，甚至是 30 分钟。

物流的这种极限速度，需要的是一种全新的思路，而且这种思路往往来源于跨界的颠覆。下面我们要讲的就是成立于 2012 年的美国即时电商 Instacart 公司，看看它是如何在短短几年之内打造成估值 20 亿美元的日用品服务公司的。

从本质上来讲，Instacart 是一家日用杂货投递公司，为用户提供的是跑腿代买服务。用户通过移动客户端完成下单，Instacart 对订单进行集中处理，由专门的采购人员在商场以及超市负责采购并提供送货上门服务，主要经营的是日常生活使用的物品，短短 1 小时之内就可以将商品送至消费者手中，收取的服务费用为 9.9 美元。Instacart 无自营商品、没有仓储设施、配送人员数量也很少，物流配送过程中的人员主要借助社会化的众包。

Instacart 在不到 3 年的时间内融资 2 亿多美元，从一家小型的创业公司成功地成长为估值 20 亿美元的新型创业公司中的佼佼者，许多投资机构，如红杉资本、安德森·霍洛维茨基金（Andreessen Horowitz）、凯鹏华盈（KPCB）、Thrive Capital 等都对其进行了投资。2014 年其业务范围已经覆盖至美国的 15 个城市，2015 年将实现全美主要城市的全面覆盖。Instacart 在《纽约时报》中透露其 2014 年的营业额相比于 2013 年增加了将近 10 倍。

而在国内，一些勇于创新者对 Instacart 模式在中国市场也进行了尝试。目前主要产生了轻模式及重模式两种形式，主要在业务链条、市场定位以及目标用户等方面存在区别。

（1）以快快鱼等为代表的轻模式（图 3-9）

快快鱼的市场定位于校园市场，并非是采用 Instacart 的城市社区模式。消费者在手机上选购商品进行下单，配送人员（主要是以学生兼职为主）负责购买商品并送货上门，利润来源主要是快快鱼与校园周边的商家合作产生的价格差价。

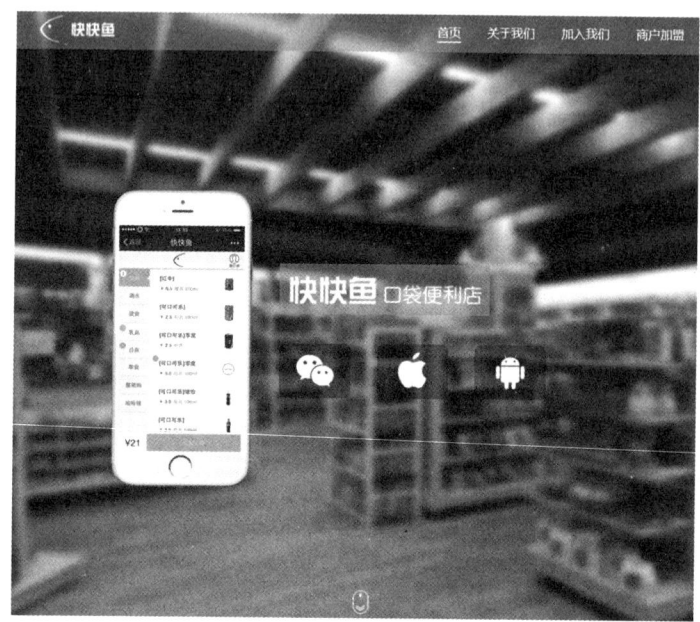

图 3-9　快快鱼[①]

快快鱼这种以校园市场为切入点的轻模式，具有以下独特的优势：

首先，用户社群、地域与消费群体都比较集中，而且商家主要分布在距离消费者两公里以内，这为物流配送时间的压缩提供了巨大的便利。同 Instacart 一样，快快鱼也没有自营商品、没有仓储设施，它实现了用户与商家无缝对接，本质上是一种用户细分领域的 O2O 轻模式电商。

其次，快快鱼以校园市场为切入点，实现的是由 0 到 1 的突破，这有利于快速占领市场份额，并且极易形成一家独大的局面，比城市社区市场更具爆发力。

---

① 图片来源：快快鱼网站截图

这和小米先从一个小的市场发展100个种子用户，再引爆有着同种需求的消费者群体的模式有着异曲同工之妙。

再者，校园市场决定了其在营销推广成本、口碑传播方面有着巨大的优势，而且配送人员与消费者之间也极易达成信任。快快鱼截止到2015年6月底已经在国内100个城市拓展了业务，涉及的学校有上千所，注册用户20多万，日均单量达2万以上。

快快鱼之所以选择轻模式是因为O2O的裂变就在于物流。这种时候比拼的就是效率、用户流量及物流的成本，另外扩展速度也成为其崛起的重要因素。

（2）以爱鲜蜂为代表的重模式（图3-10）

图3-10 爱鲜蜂[①]

---

① 图片来源：爱鲜蜂网站截图

采用重模式的爱鲜蜂的产业链上包括众多的环节：商品供应链、种类、物流、用户等。在Instacart的基础上爱鲜蜂又有所发展。

爱鲜蜂本质上是自营商品与网络平台结合的发展模式，其自营的产品都是代理的商品，网络平台则是和商家合作，吸引社区商家入驻平台。商品经营的种类也主要是日常生活使用的商品，用户根据自己的需求在平台上选择就近位置的商家产品并完成下单。产品的物流配送就交给这些商家的员工，用户的人群定位主要是城市社区的居民。

这种重模式的优势在于能够形成一种城市社区市场的门槛，减少竞争者的存在。但是这种传统电商、代理商及众包配送相混合的模式，会使将来的发展遇到诸多的难题。一些即时消费需求的产品是否要进行自营，是值得重模式平台思考的一件事。但是如果不选择那些有即时消费需求的商品而使用自己代理的产品，与电商巨头去比拼物流速度，最大的弊端是品牌与用户流量毫无优势，而且成本还会提高。

（3）选择"轻模式"的Instacart能走多远

Instacart所在的国外市场环境与国内相比有着较大的差别。美国校园的聚集性和国内的学校有一定的差别，美国市民的购物习惯、出行方式与国内的市民差别也比较明显。美国发达的经济、便利的交通，使市民多数会选择周末进行集中采购，而且超市与社区的便利店也没有国内这么多，驾车出行还要付出时间消耗及停车费用的代价。这些情况的不同导致了国内与美国在这一模式选择的差异性。

但是无论轻、重模式如何选择，都必须建立在迎合消费者需求的前提下，成本消耗、配送体系及利益分配应该合理。Instacart创始人阿普瓦·梅塔（Apoorva Meht）创建这个公司的初衷就是因为他看到了亚马逊服务的缺点，作为一个曾在亚马逊负责程序算法、优化配送路线的互联网人，轻模式成了他的选择。

以互联网思维来看，轻模式抢占市场份额的速度更快，而且资本的利用率比较高，便于向周边城市快速扩展。这种模式有效减少了自营商品的压货和仓储建设的成本，节省下的资金可以直接用于拓展用户，迅速夺下市场。而且，轻模式发展到重模式相比于重模式发展到轻模式要容易实现得多。

Instacart 的投资方看中的正是 Instacart 对资本高效运转及利用的商业模式，这种模式将会以很快的速度进入一个新市场。而估值达 20 亿美元的 Instacart 除了扩大其经营的城市规模以外，增加除了日用商品服务以外的其他服务也将会被提上公司发展的日程。

3.2.4 爱学贷的轻模式：创造"百万日销"的互联网金融神话

2014 年上线的爱学贷，是一家专门为在校大学生提供分期消费服务的网站，在开张近 3 个月的时间里就创造了一个互联网金融神话，日销售额已经突破百万。爱学贷依靠月消费只有 1500 元的大学生群体，以一种非常惊人的速度发展和成长起来：6 月份完成测试，7 月份已经招到了百人，8 月份正式上线运营，如图 3-11 所示。

对于爱学贷的飞速成长，很多人都表示了疑问：为什么学生能够为其带来如此之大的分期付款业务？爱学贷又是怎样依靠这个群体迅速成长起来的呢？下面我将就这两个问题进行深度解读。

（1）经济学原理：供给断层为学生付款分期的增多提供了肥沃的土壤

举一个比较实际的例子，在 2014 年 9 月 iPhone 6 刚进入中国市场的时候，

商业生态圈——"互联网+"时代，构建互赢共生的商业生态模式

标价是5288元，这个价钱对普通的学生群体来说，无疑是一种天价，大多数学生只能将其当作一种可遇而不可求的奢望。而爱学贷的出现可以将5288元拆开，分成6~24期，如果学生选择月供299元，那么还款周期为两年，这样的付款方式更容易被其接受。

图 3-11　爱学贷[①]

乍一听，爱学贷的运作模式有点类似于信用卡分期，但是与信用卡分期相比，爱学贷面向的是广大的学生群体，他们由于没有稳定的收入来源以及相应的支付凭证，在国家相关禁令的影响下，是无法办理信用卡的，而爱学贷就可以为其提供相似的分期付款服务。

因此，刚步入大学，没有稳定收入和信用凭证，但是有一定消费欲望和生

---

① 图片来源：爱学贷网站截图

活费的大学生群体就成了爱学贷锁定的唯一客户群。而且随着年龄的增长，他们的消费欲望也会增长，这就与还没有收入造成了一种冲突，为学生分期付款业务的增长提供了肥沃的土壤。

学生分期付款的业务只能在国内生长，在国外不仅没有相关的案例，也没有合适的生长土壤，因为国外有比较发达的银行体系，一般中小银行就可以满足这部分需求。而国内由于缺乏相关的执行机构和产品，以及国家相关政策的变动，为其提供了一个良好的生长环境。

（2）爱学贷是怎样炼成的

①学生分期：夹缝中成长起来的万亿级市场

从目前市场上的状况来看，学生分期付款主要面向的产品是3C。事实上，从本质上来讲，爱学贷的分期付款与P2P金融有些相似，除了手机、电脑等3C产品可以实现分期付款之外，未来随着这一行业的深入发展，英语培训、驾校、旅游等都可以实现分期付款。只要学生有大额付款的需要，爱学贷就可以将其拆分成小额定期还款，在满足他们需求的同时，缓解他们的资金压力。

爱学贷将分期付款的合约做成一种资产包，并在金银猫、铜板街等互联网金融机构上销售，年化利率大约在10%。从实际的运作效果来看，大学生虽然没有固定的收入，但是其分期付款的不良还款率仅为2‰，远低于全国信用卡的8‰。

事实上，大学生分期付款的业务在电子商务领域开始扮演一个线上虚拟信用卡的角色。参考全国银行信用卡发卡总量为1.7亿张的数据，那么即使爱学贷锁定的目标群体只有5000万，也是一个比较大的市场容量了。而如果这些目标群体中有5%左右的用户能够接受该业务，按照每人4000元左右的客单价来计算的话，那么这将是一个万亿级规模的市场。

随着新一代消费群体的出现，消费观开始不断更新和超前，同时也开启了真正的红利时代。在"70后"看来，分期付款消费是一种意想不到的消费方式；在"80后"看来，这已经是一件司空见惯的事情；而在新一代消费群体"90后"看来，分期付款是一种比较超前并且实用的消费方式。市场发展之快已经超出了人们的想象，未来这将是一个寡头独占的时代，谁能够占据寡头市场，成为市场的霸主，有待时间来检验。

② 连连地推：阿里铁军与三个"神一般"的投资人

爱学贷 CEO 钱志龙曾经是阿里电商帝国系的缔造者之一，在从支付宝离开之后，钱志龙仍然非常关注和看好互联网金融市场。

2014年5月，面向大学生提供分期消费的金融服务平台趣分期上线，这开始让钱志龙认识到，互联网金融领域即将掀起一股新的浪潮，大学生分期付款业务将成长为一个万亿级的市场，而且在市场上还没有出现强有力的竞争对手。因此在6月初，爱学贷上线了其测试版。同时钱志龙开始全力以赴地建设人才梯队，为爱学贷的发展构建一支有力的运作团队。

在互联网时代，虽然什么都在追求速度，但是从长远来看，优质的产品仍然占据着优势，能够创造出一流产品的必将是一流的人才，因此钱志龙在6~8月的主要工作就是找合适的搭档。他将会议室变成了办公室，准备好茶具以及上好的茶叶来迎接客人，有时候一晚上要见十几波人。

通过这样的方式，钱志龙找到了第一个强有力的搭档——连连支付的首任CTO王锋，他在连连支付开展线下网点铺设的过程中发挥了重要的作用。在国内，甚至是全球的金融市场上，支付宝与连连支付都是具有一定地位的线上金融帝国。

而双方之所以能成为最佳拍档，除了在互联网金融领域拥有同样丰富的运作经验、广阔的人脉以及资源外，还有一个重要的原因就是，支付宝与连连支付都是依靠地推成长起来的，而钱志龙与王锋都曾是地推的主导人物之一，而且最重要的是，在钱志龙看来，地推能力在争夺学生分期付款业务市场中是团队应该具备的一种核心能力。

而在金融领域，地推能力最强的企业，除了支付宝之外就是连连科技。因此，凭借钱志龙与王锋两人积攒的强大的人脉资源，爱学贷以一种不可思议的速度开始在杭州境内广泛吸纳人才。

仅用一个月的时间，钱志龙就建立了一支百人规模的互联网金融专业团队，同时还有一支强悍的地推团队。而对市场具有敏锐感知能力的BAT三大派系早已经发觉了钱志龙的动作，因此在钱志龙刚发出融资讯号时，阿里十八罗汉吴咏铭、创始人戴志康、挖财网CEO李治国，三个神一般的人物就聚在了一起，并最终决定联手为爱学贷提供1000万元的融资。另外，他们还分别向其推荐了一批优秀的人才。

③ 上线不到半年，增速赶超趣分期

在发展不到半年的时间里，爱学贷的规模已经迅速赶上了这一领域的最早开拓者——趣分期，而且其增速也远远超过趣分期。在不到半年的时间里，爱学贷的注册会员就已经超过了2万人，并且注册使用率达到了70%，人均消费额为4000元。

在资金端上，学生分期付款业务的运作模式与金融P2P相似；而在商品端，其运作模式又类似于电子商务，在运营方面校园地推是其主要的力量。因此，如果要将这个市场做大，就需要在互联网金融、电商以及校园地推三个方面找到相应的人才，这样才能牢牢掌握住这三方面的优势。

此外，在学生分期付款业务呈现井喷式增长的同时，也出现了一种远期利润。在金融端上，拿比较盛行的12期分期来看，如果按照一年周期来结算，分期付款的利差能达到20%，除去10%左右的资金成本，还能获得10%左右的毛利。而在商品端，批量的货物预订可以压低产品价格，爱学贷面向的3C产品货差利润比较薄，只有10%左右，不过随着其业务的不断扩展和延伸，其利润也会得到极大的提升。